ANITA MOORJANI

Hochsensibel ist das neue Stark

arkana

ANITA MOORJANI

HOCH-SENSIBEL IST DAS NEUE STARK

Warum Empathie der Schlüssel für ein besseres Leben und eine bessere Welt ist

Aus dem amerikanischen Englisch von Elisabeth Liebl

arkana

Die englische Originalausgabe ist 2021 unter dem Titel »Sensitive Is the New Strong – The Power of Empaths in an Increasingly Harsh World« bei Enliven Books / Atria, einem Imprint von Simon & Schuster Inc., in New York, USA, erschienen.

MIX
Papier | Fördert gute Waldnutzung
FSC® C014496

Penguin Random House Verlagsgruppe FSC® N001967

3. Auflage
Deutsche Erstausgabe

in der Penguin Random House Verlagsgruppe GmbH,
Neumarkter Straße 28, 81673 München
Originalausgabe English language edition:

Lektorat: Diane Zilliges
Umschlaggestaltung: ki 36 Editorial Design, München, Daniela Hofner, unter Verwendung einer Layoutvorlage der Originalausgabe von Enliven Books / Atria, Simon & Schuster Inc.
Covermotiv: © enjoynz / gettyimages
Satz: Satzwerk Huber, Germering
Druck und Bindung: GGP Media GmbH, Pößneck
Printed in Germany
ISBN 978-3-442-34281-5

www.arkana-verlag.de

Widmung

Für all die zartbesaiteten Seelen unter uns, die Sensiblen, Mitfühlenden, die sich unermüdlich verströmen, ohne auch nur einmal an sich selbst zu denken. Für all jene, die sich aufopfern und nicht wissen, wie man lernt, auch einmal zu nehmen.

Mit diesen empfindsamen Seelen sind all jene gemeint, die Ja sagen, selbst wenn sie Nein meinen; die allen anderen dienen, nur nicht sich selbst; die sich schuldig fühlen, wenn sie einmal etwas nur für sich tun; die herumgeschubst und drangsaliert werden und nicht die geringste Vorstellung von ihrem Selbstwert haben. Für diese Menschen gibt es seit einiger Zeit eine Bezeichnung: Empath beziehungsweise Empathin. Ihnen widme ich dieses Buch.

Viel zu lange habt ihr geschwiegen und euch kleingemacht, damit sich andere groß fühlen konnten. Ihr habt euer Licht so lange unter den Scheffel gestellt, dass ihr verlernt habt zu strahlen.

Ihr habt alle möglichen Bücher über Spiritualität und Selbsthilfe verschlungen. Ihr habt gebetet, meditiert, gechantet und allen Menschen vergeben, die euch Unrecht getan haben. Ihr habt vergeben und wieder vergeben, nur um am Ende feststellen zu müssen, dass in der Welt da draußen längst jene das Ruder übernommen hatten, die sich am lautesten und rücksichtslosesten gebärden, während ihr den Blick nach innen gerichtet hattet.

Dieses Buch ist für euch. Denn eure Stimme ist lebendig und euer Licht bedeutsam. Es ist an der Zeit, heimzufinden in eure Wahrheit und euch eure Seele zurückzuerobern, euer Leben und eure Welt.

Inhalt

Einführung

Hast du je beobachtet, wie ein Kind hinfiel und sich das Knie aufschlug – und dabei den Schmerz am eigenen Leib verspürt? Warst du je mit einer Freundin zusammen, die ängstlich oder nervös war, und hast genau dieselbe Angst, dieselbe Nervosität empfunden? Fühlst du dich einfach ausgelaugt, wenn du mit bestimmten Menschen zusammen warst? Machen dich große Menschenansammlungen nervös? Kannst du es spüren, wenn jemand nicht die Wahrheit sagt? Hat dir dein Körper schon einmal ganz klar ein Nein signalisiert, und du hast trotzdem mit Ja geantwortet? Oder hast du vielleicht schon öfter zu hören bekommen, du seist einfach »zu sensibel«, »zu emotional«? Oder dass du nicht so »empfindlich« sein und die Dinge »nicht so ernst nehmen« sollst? Wirst du vielleicht öfter gefragt: »Warum kannst du nicht einfach so sein wie andere Leute auch?«

Lautet deine Antwort auf diese Fragen Ja, dann bist du – so wie ich und viele andere Menschen, mit denen ich bisher gesprochen habe – höchstwahrscheinlich ein Empath, eine Empathin: ein hochgradig sensibler Mensch, der die Gedanken, Gefühle und Energien anderer spüren kann und sie in sich aufnimmt.

Als Empathen haben wir eine ganz eigene Art, die Welt zu sehen und zu spüren – wir empfinden alles ein bisschen intensiver als unsere Mitmenschen. Unsere Intuition ist hoch entwickelt. Wir nehmen immer an, dass andere die Welt genauso wahrnehmen wie wir, was aber in Wirklichkeit selten der Fall ist. Und so kommen wir uns ein wenig eigenartig und anders als unser Umfeld vor. Dabei verschwimmt uns oft die Grenze, die uns von anderen Menschen trennt. Und man drangsaliert und schikaniert uns. Man versucht, uns zu blamieren, damit wir uns unzulänglich und beschämt fühlen. Man rät uns, wir sollten uns endlich »ein dickeres Fell zulegen« und »Mumm beweisen«. Als Mann haben Sie bestimmt schon mal Dinge zu hören bekommen wie: »Benimm dich wie ein Mann und nicht wie ein Waschlappen!« Oder gar: »Männer heulen nicht!«

Kritik und Missbilligung setzen uns stärker zu als anderen. Um diesem Schmerz zu entgehen, versuchen wir, uns anzupassen und so zu werden, wie die anderen uns unserer Meinung nach haben wollen. Mit dem Resultat, dass wir zu ewigen Jasagern werden, zu dem, was ich liebevoll als »Fußabtreter« bezeichne. (Beides sind nur Masken, nicht das, was du wirklich bist.) Und weil wir Angst haben, verspottet oder tyrannisiert zu werden und nicht dazuzugehören, verbergen wir unsere besonderen Fähigkeiten und damit letztlich auch unser wahres Selbst. Das geht so weit, dass wir am Ende gar nicht mehr wissen, wer wir eigentlich sind.

Ich glaube, dass jede Entscheidung, die wir fällen, jede Wahl, die wir treffen, uns entweder einen Schritt voranbringt, hin zum Ausdruck und zur Akzeptanz unseres authentischen Selbst. Oder aber sie wirft uns einen Schritt zurück, sodass wir uns selbst verlieren, uns kleinmachen und vor lauter Unwohlsein schließlich krank werden. Ich bin in einer Kultur groß geworden, die mich dafür lobte, nicht für mich einzustehen, unsichtbar zu sein, aber möglichst von allen gemocht zu werden. Ich habe mich so sehr verbogen, dass ich am Ende schier unsichtbar war und meinte, mich für meine bloße Existenz entschuldigen zu müssen. Vielen Empathen, zu denen ich Kontakt habe, geht es genauso. Wenn unsere Geschichte, unsere Wurzeln in einer Welt liegen, die uns dafür belohnt, nie den Mund aufzumachen, fällt es uns immer schwerer, das Wort zu ergreifen und für uns selbst ebenso einzutreten, wie gegen die zahllosen Ungerechtigkeiten dieser Welt aufzustehen.

Unser Planet braucht Heilung, und dies auf vielen Ebenen. Unsere Welt ist bedroht. Wenn du die Nachrichten oder die Meldungen in den sozialen Medien verfolgst und Angst hast, dass die Menschheit auf dem besten Weg ist, sich selbst auszurotten, dann ist diese Angst nicht unbegründet. Achte doch nur mal darauf, worüber die Medien berichten: Schießereien, Fälle von gewaltsamem Tod, politische Kriege und die Art, wie Menschen einander verbal oder in anderer Form attackieren. Die Menschheit wird immer zorniger. Wir alle stehen ständig unter Stress. Wir können uns nicht einmal mehr unterhalten, ohne über Politik zu reden. In dem Moment, in dem ich diese Zeilen schreibe, kämpft die ganze Welt gegen die Covid-19-Pandemie. Und das Internet, das uns einerseits viele Vorteile brachte, trägt seinen Teil dazu dabei, dass alles, was um uns herum geschieht, noch einmal stärker in den Fokus rückt. Es scheint fast so, als würde über jedes Vorkommnis auf diesem Planeten ununterbrochen und in Echtzeit berichtet. Es gibt keine Regeln mehr, keinen gültigen Verhaltenskodex, und die Welt fühlt sich überwiegend bedrückend und entmutigend an.

Als Empathen erleben wir sie als ein Minenfeld. Am liebsten würden wir den Machthabern unsere Empörung entgegenschreien – all jenen, die das »Überleben des Stärkeren« propagieren und denen jedes Mittel recht ist, um sich an der Spitze zu halten. Am liebsten würden wir sie schütteln, damit sie endlich aufhören, Angst und Schrecken zu verbreiten, und stattdessen Mitgefühl zeigen. Doch wir sind nun mal nicht darauf gepolt, uns zu Wort zu melden. Uns in die Öffentlichkeit zu wagen erfordert enormen Mut, weil es uns angreifbar macht. Mit Attacken können wir nicht umgehen. Schon der bloße Gedanke, unsere Stimme zu erheben, lässt uns die Flucht ergreifen. Am liebsten würden wir uns irgendwo verstecken.

Und doch gab es nie eine bessere Zeit für uns Empathen, aus dem Schatten herauszutreten.

Denn uns sind Charakterzüge eigen, die dieser Kultur in den letzten Jahren immer mehr verloren gegangen sind: Sensibilität, Einfühlungsvermögen, Güte und Mitgefühl. Empathen gibt es seit jeher, und angesichts des Zustands, in dem sich unsere Welt mittlerweile befindet, wurden viele Bücher veröffentlicht, die ihnen helfen können. Das heißt, dass nicht nur immer mehr Menschen erkennen, dass sie Empathen sind. Möglicherweise wird auch ihr Anteil insgesamt größer.

Christiane Northrup, Autorin eines ausgezeichneten Buches über Energievampire mit dem Titel *Vom Schatten ins Licht*, schreibt: »Empathen sind hoch entwickelte Seelen, die sich auf der Erde in immer größerer Anzahl inkarnieren, um in dieser Zeit des Wandels Licht ins Dunkel zu bringen.«[1]

Aus eben diesem Grund habe ich diesem Buch auch seinen Titel gegeben: *Hochsensibel ist das neue Stark.*

Als mir klar wurde, dass ich eine Empathin bin, hatte ich nichts zur Verfügung, was mir hätte helfen können. Keine Bücher oder Apps, die mich hätten lehren können, mit dieser speziellen Veranlagung umzugehen. Nichts, was mich dabei unterstützt hätte, aus der Unsichtbarkeit herauszutreten und in einen Zustand »klarer Erkennbarkeit« einzutauchen. Ich musste selbst die Strategien finden, die aus dem Menschen, der ich damals war, den Menschen machen konnten, der ich heute bin.

Was ich dir hier als Hilfestellung an die Hand geben möchte, ist vielleicht nicht das, worüber du da und dort schon gelesen hast. Ich werde dir nicht erzählen, wie du mit eiserner Hand Grenzen setzen und dich vor anderen schützen kannst. In diesem Buch geht es nicht um Bollwerke, Grenzen und Schutzwälle. Wenn wir uns hinter hohen Mauern verstecken, um uns selbst zu schützen, können wir nie unser Licht in der Welt erstrahlen lassen.

Dieses Buch dreht sich um Weite, Befreiung und Verbindung mit der eigenen Göttlichkeit. Darum, dass wir endlich den Mund aufmachen, uns selbst wertschätzen und lieben lernen. Darum, dass wir uns ohne Wenn und Aber akzeptieren und von dem lösen, was wir eben nicht sind. Darum, wie wir Fesseln lösen können, statt uns neue anzulegen. Sobald du einmal weißt, wie du dich selbst schätzen und deine Gaben entwickeln kannst, solltest du, wie ich finde, in die Welt hinausgehen und dein empathisches Licht leuchten lassen. Übernimm die Rolle einer Anführerin, eines Anführers, und sei so anderen ein Vorbild!

Ich habe dieses Buch in drei Abschnitte gegliedert: »Die Welt der Empathen«, »Deine Beziehung zu dir selbst« und »Deine Beziehung zur Welt«. In jedem Kapitel findest du auch die Geschichte meiner eigenen Reise, auf der ich lernte, mit bestimmten Herausforderungen fertigzuwerden, bis ich endlich die Sensibilität, die mich heute ausmacht, ganz akzeptieren konnte. Dazu kommen Erfahrungen von meinen Schülern, meinen Leserinnen, meinen Freunden, meiner Familie – kurz gesagt, von all jenen Menschen, die mir über ihre eigene Reise berichtet haben. All diese Geschichten haben mir einen Weg aufgezeigt, von dem ich hoffe, dass er dich dazu inspiriert, deinen eigenen Pfad zu finden und herauszutreten aus der Unsichtbarkeit. So kannst du die spezielle Rolle als Wegweiser, Heilerin und Motor des Wandels übernehmen, die dir bestimmt ist.

Neben diesen Geschichten findest du die Informationen, Übungen und Hilfsmittel, die mich dabei unterstützt haben, meine Gaben zu erkennen und zu würdigen, wer ich im Innersten bin. Du wirst erfahren, was es heißt, Empath oder Empathin zu sein. Wir werden uns mit den speziellen Hürden befassen, die Empathen zu nehmen haben. Aber auch mit den Superkräften, die sie besitzen. So wirst du bald verinnerlicht haben, dass an dir nichts »komisch« oder »falsch« ist. Du wirst deine Stärken erkennen und Mittel und Wege finden, wie du vom »Opfer« und »Fußabtreter« zu einem Menschen wirst, der sich seiner selbst gewiss ist. Du wirst lernen, deine einzigartige Sensibilität anzunehmen und einzusetzen, damit sie dich nicht länger behindert oder dir gar schadet.

Du wirst auf diesen Seiten lernen, dich auf der Suche nach Führung nach innen zu wenden statt nach außen. Du wirst miterleben, wie man zum »Fußabtreter« wird und wie du dem von Anfang an einen Riegel vorschieben kannst. Wie du aufhören kannst, Ja zu sagen, wenn du Nein meinst. Und wie du dich vor Krankheit schützen beziehungsweise deinen Heilungsprozess vorantreiben kannst. Wir werden uns auch mit dem Thema »Geld« beschäftigen: Wie du endlich verdienen kannst, was du wert bist. Zu lernen, was du und deine Arbeit wert sind, ist ein wichtiger Schritt zur eigenen Autarkie. Nicht zuletzt, weil du dann auch anderen Menschen helfen kannst.

Einleitend findest du in jedem Kapitel ein Mantra, das seinen Inhalt auf den Punkt bringt. Am Ende jedes Kapitel gibt es dann eine Meditation in Form einiger affirmativer positiver Aussagen. Sie sollen dir helfen, die eben gelernte Lektion im tiefen Raum deines Unbewussten zu verankern. Ich lade dich ein, dir dafür jeweils zwanzig Minuten Zeit zu nehmen und dir einen ruhigen Ort zu suchen. Atme viermal tief ein und aus, bevor du diese Sätze langsam und still im Geist wiederholst. Oder du sagst sie achtmal laut, wobei du zwischen den einzelnen Sätzen jeweils viermal tief ein- und ausatmest. Danach schließt du für fünf bis sieben Minuten die Augen und lässt die Worte in dich einsinken.

Alles, was dabei in deinem Geist auftaucht, kannst du in einem eigenen Tagebuch festhalten. Keine Sorge, wenn anfangs noch vieles unklar ist. Viele von uns haben ihre Intuition jahrelang zum Schweigen verurteilt. Gut möglich, dass du ein wenig Übung brauchst, bis ihre Stimme wieder hörbar wird.

Wenn du zwar weißt, dass du empathisch veranlagt bist, dich aber fragst, wie du diese Gabe in eine Stärke verwandeln sollst; wenn du vermutest, dass du zu den Empathen gehörst, und mehr wissen willst; wenn dich das Thema irgendwie anspricht, du dich aber noch nie mit der Frage beschäftigt hast, ob du ein Empath oder eine Empathin bist; oder wenn du glaubst, dass einer deiner Angehörigen oder Freunde zu dieser Spezies gehört: Dann ist dieses Buch das Richtige für dich.

Ich lade dich ein, dich selbst und die Welt aus einem ganz neuen Blickwinkel zu erforschen; mit den Augen der Liebe, nicht mit denen der Angst; motiviert vom Wunsch nach Wachstum und Verbundenheit, nicht nach Rückzug und Isolation. Wie wäre es, wenn du authentisch und selbstsicher aus deiner unmittelbaren Intuition heraus handeln könntest? Weil du weißt, welchen Sinn dein Dasein auf dieser Erde hat?

Bist du dazu bereit?

Ja? Dann lass uns anfangen!

Teil I

Die Welt der Empathen

1

Gehörst du zu diesen besonders feinsinnigen Menschen?

Ich bin eine Seele, keine Rolle.

Ich lag auf meiner Matte und atmete die Mischung aus Weihrauch und Neroliöl ein. Langsam öffnete ich die Augen, nur einen Spalt, und spähte verstohlen herum. Der Schamane umkreiste die rund vierzig Teilnehmenden der Zeremonie und sang dabei in seiner Muttersprache Mantras, die hoch hinauf zum Dach unserer Hütte aufstiegen. Einige Zeit war er damit beschäftigt, mit einem Bündel aus weißem Räuchersalbei über dem Kopf jedes Anwesenden einen Kreis in die Luft zu zeichnen. Ein Helfer versprühte eine Flüssigkeit, die genauso roch wie die Öle, die ich zu Hause zur Aromatherapie verwendete. Ein anderer malte mit einem Stock, der aussah wie die Geweihstange eines Hirschs, Zeichen in den dichten Rauch. Das Ritual sollte, so hatte man uns gesagt, uns von unerwünschten Energien befreien, die wir unbewusst mit uns herumtrugen – Energien aus unserem Leben in den Städten, die uns irgendwann in Erschöpfung, Stress und Depression enden lassen würden.

Ich schloss die Augen wieder und nach ein paar Minuten hörte ich, wie der Schamane sich mir näherte, gefolgt von seinen tanzenden, trommelnden und in einem fort räuchernden

Helfern. Ich spürte, wie er auf mich hinunterblickte. Der Rauchgeruch wurde fast unerträglich stark, als ich eine kräftige, tiefe Stimme hörte, die mir ins Ohr flüsterte: »Steh auf und komm mit mir.«

Der Schamane war ganz in Weiß gekleidet und trug einen Kopfschmuck aus weißen Federn. Links und rechts von ihm standen seine Helfer. Noch einmal forderte er mich auf, mich zu erheben und mit ihm zu kommen. Ich schaute mich im Kreis um. Die anderen lagen immer noch in tiefer Trance auf ihren Matten.

Seine Helfer hielten den Rhythmus der Trommel und chanteten leise, um die anderen in ihrer Trance zu unterstützen. Ich folgte dem Schamanen zur Stirnseite des Raumes, wo es, abgesehen vom Licht einiger Kerzen, völlig dunkel war. Ich wusste zwar, dass diese Zeremonie die ganze Nacht dauern sollte, hatte aber keine Ahnung, wie spät es mittlerweile war. Zwei Uhr morgens? Drei Uhr? Und warum hatte der Schamane mich als Einzige aufgeweckt, hier in dieser weiträumigen Hütte im costa-ricanischen Dschungel? (Eigentlich hatte ich hier nur Urlaub machen wollen, stattdessen nahm ich, angestachelt von zwei Freunden und meiner eigenen Neugier, an einer mir völlig neuen Zeremonie teil.)

Der Schamane setzte sich in einen großen Sessel aus Weidengeflecht, dessen Rückenlehne sich über ihm wölbte wie ein Pfauenrad. Er bedeutete mir, vor ihm auf dem Boden Platz zu nehmen. Ich war gespannt und irgendwie auch aufgeregt. *Was würde er mir wohl sagen?*

»Ich habe den Eindruck, dass du eine besondere Form der Heilung brauchst«, sagte er. »Und die würde ich dir sehr gern geben.«

Wieso ich?

»Du bist anders«, antwortete er, als hätte er meine Gedanken gelesen. »Du hast eine besondere Aufgabe hier, und ich spüre, dass du dabei ein wenig Unterstützung brauchst.«

Er bat mich, die Augen zu schließen. Dann legte er mir die Hände auf den Kopf und fing wieder an zu chanten. Er lud mich ein, mich hinzulegen. Dann besprenkelte er meinen Körper mit der schon bekannten Mischung aus Weihrauch und Neroliöl. Das Ritual dauerte gut zwanzig Minuten. Am Ende meinte er, ich könne mich wieder aufsetzen. Ich fühlte mich ein wenig benommen und aus dem Gleichgewicht.

»Du hast eine besondere Aufgabe«, wiederholte er schließlich. »Aber du kannst sie nicht nach besten Kräften erfüllen. Du hast eine Menge Energie aufgenommen, die nicht zu dir gehört. Ist dir in deinem Leben vielleicht irgendetwas Besonderes passiert? Du bist anders. Deine Energie ist verschieden von der der Übrigen. Du hast eine Gabe, aber du hast sie tief in dir verborgen.«

Tatsächlich war mir etwas recht Ungewöhnliches widerfahren. Ich erzählte dem Schamanen, dass ich einige Jahre zuvor beinahe an Krebs gestorben wäre. Ich schilderte ihm meine Nahtoderfahrung, die mir das Leben gerettet hatte. Und wie ich dann angefangen hatte, darüber zu berichten und sie zu beschreiben. Der mittlerweile verstorbene, großartige Wayne Dyer hatte meine Geschichte im Internet gelesen und mich ermutigt, mein erstes Buch zu schreiben: *Heilung im Licht.* Dieses katapultierte mich urplötzlich auf die Bühne der großen, weiten Welt. Tief drinnen wusste ich, dass dies meine Berufung war, mein Schicksal. Ich sollte mit der Welt teilen, was ich durch diese Erfahrung gelernt hatte. Die Botschaft der Selbstliebe, die darin bestand, furchtlos authentisch zu sein und unsere Wahrheit auszudrücken, kompromisslos das zu sein, was wir im Innersten sind. Schließlich sind alle Menschen ein Ausdruck des Göttlichen.

Allerdings versetzte mir die Veröffentlichung meines Buches einen Schubs in ein Leben, das größer war als alles, was ich mir je hätte vorstellen können. Es fühlte sich unglaublich *richtig* an – wie das Leben, das mir zugedacht war. Und doch war es gleichzeitig ein Dasein, auf das mich meine Sozialisation nicht vorbereitet hatte.

Denn in der Vergangenheit, also vor meiner Nahtoderfahrung, war ich unsichtbar gewesen. Ich hatte mich emotional verbogen, um anderen Leuten zu gefallen. Ich hatte meine Bedürfnisse verleugnet und stets Ja gesagt, auch wenn ich Nein meinte. Ich hatte mein Licht unter den Scheffel gestellt, damit ich die Anerkennung anderer bekam oder sie zumindest nicht enttäuschte. Bei alldem war ich hochgradig sensibel – so sehr, dass ich häufig die emotionalen oder physischen Leiden anderer Menschen am eigenen Leib spürte. Ich war für fremde Gefühle empfänglicher als für meine eigenen, denn ich hatte mich stets an die letzte Stelle gesetzt und mich dafür entschuldigt, dass ich überhaupt da war.

Und nun gab es plötzlich nirgendwo mehr ein Versteck für mich, ja noch nicht einmal einen Grund, mich zu verstecken. Aber diese neue Erfahrung war schwieriger, als ich gedacht hatte. Zehntausende hatten plötzlich das große Bedürfnis, von mir etwas über Wege zur Heilung zu erfahren. Sie suchten nach Weisheit, Trost und Verbundenheit. Und ich wollte ja aus ganzem Herzen helfen, jedem einzelnen Menschen, der mich kontaktierte. Aber das war nicht möglich, schließlich war ich allein. Und das tat mir noch mehr weh – die Tatsache, dass ich Menschen vielleicht enttäuschen oder im Stich lassen könnte.

»Du hast eine zweite Chance im Leben bekommen und das Geschenk der Heilung erfahren«, sagte der Schamane zu mir. Er sah mir direkt in die Augen. »Deine Nahtoderfahrung hat dich offen gemacht für die Energien um dich herum. So wurdest du selbst geheilt. Das ist eine große Gabe – aber auch eine Herausforderung, die Verantwortung mit sich bringt. Denn du bist empfänglich für die machtvollen Energien der Heilung, aber auch für solche, die deinem Wohlergehen schaden. Es ist nicht deine Aufgabe, fremde Energien aufzunehmen. Es ist nicht deine Bestimmung, Menschen auf deine Kosten zu retten oder sie davon zu überzeugen, dass Heilung möglich ist, wenn sie dir nicht glauben wollen. Deine einzige Aufgabe ist es, dir selbst Kraft zu schenken. Bleib in Verbindung mit deiner Mitte und lass deine Präsenz andere inspirieren. Dann werden sie von allein wissen, was in puncto Heilung möglich ist, wenn dies ihr Schicksal sein sollte.«

Ich saß da und hing an seinen Lippen. Niemand hatte zu mir je so gesprochen, hatte mit solcher Klarheit und Gewissheit von meinem Zustand geredet.

»Wenn du nicht bewusst zentriert bleibst«, meinte der Schamane, »wirst du ständig fremde Energien in dich aufnehmen, wenn du anderen Menschen hilfst. Ich habe dich mit diesem Ritual von diesen Energien befreit. Hätte ich das nicht getan, hättest du vielleicht wieder eine so schwere Erkrankung bekommen wie beim ersten Mal.« Nun war mir einiges klar. »Du musst dich schützen«, fuhr er fort. »Du hast hier eine große Aufgabe zu erledigen. Größer, als dir im Moment bewusst ist. Deine zweite Chance war ein Geschenk – ein Geschenk der tiefen Einsicht und auch eine Gelegenheit. Vergeude sie nicht.«

Die Macht seiner Worte durchdrang mich auf jeder Ebene meines Seins. Sie verwies mich einmal mehr zurück auf eine

Frage, die ich mir ohnehin schon oft gestellt hatte: Wenn meine Gabe Segen und Fluch zugleich ist, ein zweischneidiges Schwert, wie kann ich mich selbst stärken und in meiner Mitte bleiben? Wie kann ich das Wissen, das ich während meiner Nahtoderfahrung erlangt hatte, im Leben umsetzen? Wie kann ich mich schützen und mir zugleich ein offenes Herz bewahren, damit ich anderen und auch mir selbst besser dienen kann? Wie können Menschen, die mit der gleichen scharfen und mitunter überwältigenden Sensibilität dem Leben gegenüber ausgestattet sind, diese Kraft *praktisch nutzen*? Ich persönlich wusste jedenfalls nicht, wie ich es hätte anders machen können. Ich hatte keine entsprechenden Strategien in petto. Aber der Schamane hatte etwas Entscheidendes entdeckt.

Und so war meine Nahtoderfahrung damals abgelaufen: Der 2. Februar 2006 hätte der letzte Tag meines Lebens sein sollen. Das war der Tag, an dem die Ärzte meiner Familie eröffneten, dass ich ein Hodgkin-Lymphom im letzten Stadium hatte, einen bösartigen Tumor der Lymphdrüsen. Dieser hatte sich längst über meinen ganzen Körper ausgebreitet, vom Hals zu den Brüsten, unter den Armen und bis in die Bauchregion hinunter. Meine Lunge hatte sich mit Flüssigkeit gefüllt, und ich konnte keine Nährstoffe mehr aufnehmen. Ich fiel ins Koma, meine Organe begannen zu versagen. Mein Tod stand unmittelbar bevor.

Aber während ich im Sterben lag und mir der Reaktionen um mich herum vollkommen bewusst war, der Hektik des medizinischen Personals, des Leidens meiner Familie, der Worte der Ärzte (»Ihr Herz schlägt noch, aber es ist zu spät. Sie kann nicht mehr gerettet werden.«), erlebte ich etwas so Unglaubliches, ja Fantastisches, dass ich ein Kapitel in *Heilung im Licht* überschrieb mit: »Etwas Grenzenloses und ganz und gar Fantastisches«. Anders kann man das nicht ausdrücken. Kurz gesagt: Mein Körper war gestorben, aber *ich* – meine Seele, meine Essenz, mein Sein – war nicht tot! Ich fühlte mich wunderbar – leicht und frei. Schmerz und Angst waren verschwunden. Die Furcht vor der Krankheit, die meinen Körper verwüstet hatte, die Furcht vor dem Tod – samt und sonders verschwunden.

Plötzlich war ich mir der Weite, der Vielschichtigkeit und Tiefe all dessen bewusst, was mich umgab. Und gleichzeitig spürte ich, dass ich Teil von etwas durch und durch Lebendigem, Grenzenlosem und absolut Fantastischem war. Vor mir entfaltete sich ein facettenreiches, gewaltiges Gewebe, das alles Sehen und Hören überstieg. Ein Ort absoluter Klarheit, an dem alles einen Sinn hatte. Ich fühlte tief in mir, wie wir alle miteinander verwoben sind, alle Teil eines Bewusstseins. Ich begriff auf einmal, wie mich jeder Gedanke, jede Entscheidung, die ich im Leben getroffen hatte, zu eben jenem Moment geführt hatten, den ich nun erfuhr: Ich lag in meinem Krankenhausbett und starb an Krebs.

Schließlich gelangte ich in diesem transzendenten Zustand an einen bestimmten Punkt. Ich hatte eine Entscheidung zu treffen: Will ich zurück in diesen physischen Körper oder bleibe ich in diesem anderen Reich? Anfangs wollte nicht eine einzige Zelle meines Körpers zurück. Warum sollte ich diesen wunderschönen Raum auch verlassen? Dann aber spürte ich die Anwesenheit meines Vaters, der zehn Jahre zuvor gestorben war. Er war da, um mir beim Übergang zu helfen. »Deine Zeit ist noch nicht gekommen«, sagte er. »Es gibt da noch Gaben, die auf dich warten. Daher musst du in deinen Körper zurückkehren.«

»Aber warum soll ich in einen kranken, sterbenden Körper zurück?«, protestierte ich.

Natürlich kommunizierten wir nicht mit Worten, denn in diesem anderen Reich hatten wir dafür ja keine biologischen Grundlagen. Und es gab auch keine Grenze zwischen der reinen Essenz meines Vaters und meiner eigenen. Dabei waren wir uns im Leben nicht mal besonders nahe gewesen. Ich *wusste* einfach, was er mir mitteilen wollte. Selbst der Begriff der »telepathischen Kommunikation« beschreibt diesen Austausch nicht genau genug. Mein Vater wollte mir jedenfalls sagen, dass jetzt, wo ich erkannt hatte, wer ich wirklich war, und wusste, wo der Krebs seine Wurzeln hatte, dieser abheilen würde, falls ich mich dafür entscheiden sollte, in meinen Körper zurückzukehren. In dem Augenblick, als ich die Entscheidung traf, auf die Ebene des Materiellen zurückzukehren, gab mir mein Vater die Botschaft: »Geh zurück und lebe furchtlos dein Leben.«

Ich kehrte in meinen Körper zurück, öffnete die Augen und erwachte aus dem Koma. Nach fünf Wochen fanden die Ärzte keine Spur des Tumors mehr in meinem Körper. Es war ein Wunder, nicht einmal die Ärzte fanden eine andere Erklärung für das, was mir geschehen war.

Empathen sind anders

Zurück von meiner Reise nach Costa Rica stellte ich Recherchen an, wie ich mich schützen und Grenzen setzen konnte. Dabei begegnete mir immer wieder ein Wort: »Empathen«. Der Begriff war mir nicht unbekannt, doch hatte ich mich nie sonderlich mit diesem Thema beschäftigt. Selbst als Bekannte mich früher mal gefragt hatten, ob ich nicht vielleicht eine Empathin sei, tat ich das einfach ab, denn, ob nun zutreffend oder nicht, in meinen Augen war dies nur ein weiteres Etikett, und mit Etiketten hatte ich nichts am Hut. Nun aber war ich neugierig geworden. Also stellte ich mich diesmal der Frage, und zwar auf eine recht simple Weise: Ich machte ein Online-Quiz! Und siehe da: Ich hatte neunundzwanzig von dreißig Punkten.

So ein Online-Fragebogen scheint auf den ersten Blick kein sonderlich wissenschaftliches Verfahren zu sein. Sucht man sich aber eine zuverlässige Adresse, dann werden da durchaus Fragen aufgeworfen, die dir erlauben, wunde Punkte und Stärken besser einzuschätzen. In diesem Buch werden wir tiefer gehen, als jeder Online-Fragebogen dies tut, aber solltest du im Internet einen solchen finden, kannst du ihn ruhig für eine erste Einschätzung verwenden. Alternativ kannst du den Fragebogen am Ende dieses Kapitels ausfüllen (den du – in englischer Sprache – auch auf meiner Website findest).

Mein Testergebnis motivierte mich zu weiteren Nachforschungen. Ich las Bücher und Zeitungsartikel über Empathen und begann allmählich zu verstehen, warum ich solche Schwierigkeiten damit hatte, ich selbst zu bleiben. Ich begriff, dass meine empathische Veranlagung etwas war, das ich nicht loswerden konnte. Ich musste also aufhören, mir selbst ständig Vorwürfe zu machen, weil ich so war, wie ich nun einmal war. Stattdessen musste ich lernen, diese Eigenheit an mir zu akzeptieren, sie wertzuschätzen und damit zu arbeiten. Ich verstand nun auch, weshalb ich immer Probleme hatte, mit der Welt zurechtzukommen. Einfach weil ich meinem Erleben nach in einer völlig anderen Welt lebte als die meisten anderen Menschen.

Diese Einsicht ermöglichte mir einen ganz neuen Blick auf mich selbst und andere. An diesem Punkt erkannte ich auch, dass viele Menschen, die sich von meiner Arbeit angezogen fühlen, selbst Empathen sind. Ich fing an, nach meinen Vorträgen die Zuhörenden zu fragen, ob sie sich selbst für Empathen halten. Und regelmäßig hoben etwa 80 bis 90 Prozent der Anwesenden die Hände. Für viele allerdings war der Begriff selbst völlig neu, also zählte ich immer eine Reihe von typischen Eigenschaften auf, woraufhin sich noch mehr Hände hoben. Das verblüffte mich. Ich versprach mir selbst, mehr darüber in Erfahrung zu bringen, wie man als Empath durchs Leben gehen kann. Und entsprechende Strategien zu entwickeln, nicht nur für mich selbst, sondern auch für all die anderen Empathen da draußen in der Welt.

Bevor ich mich nun der Welt der Empathen und ihren spezifischen Charakterzügen zuwende, möchte ich noch einen Punkt ausdrücklich betonen: Du musst nicht – wie ich – erst dem Tod nahe sein, um diese Fähigkeiten zum Leben zu erwecken. Du kannst zu ihnen jederzeit Zugang finden. Einige Menschen waren schon immer Empathen, ohne es zu wissen oder einen Namen für diesen Zustand zu haben. Andere sind vielleicht keine »Vollblut-Empathen«, besitzen aber dennoch Charakterzüge, die ins Spektrum jener Sensibilität gehören, die Empathen von anderen unterscheidet.

Und zwar gehörig. Mir persönlich fällt es schwer, das hier so hinzuschreiben, war doch eine der wichtigsten Einsichten, die ich während meiner Nahtoderfahrung gewann, dass wir alle aus demselben Stoff sind. Wenn wir unseren materiellen Körper ablegen, sind wir alle reine Essenz, reine Liebe, reine Göttlichkeit und reine Spiritualität. Wir sind alle miteinander verwoben. Doch solange wir diesen materiellen Körper haben, ist es die Akzeptanz unserer Unterschiede, die uns eben diese Verbundenheit aufzeigt. Wenn wir akzeptieren, dass wir anders sind – und damit auch das Anderssein anderer Menschen akzeptieren –, dann feiern wir so das mannigfaltige Bewusstsein all dessen, was ist.

Ich glaube, dass diese Verbundenheit unsere grundlegende Natur ist. Die aber vergessen wir, wenn wir in unseren physischen Körper auf der irdischen Ebene eintauchen. Jeder Mensch, der auf die Welt kommt, tritt in ein Umfeld ein, das von bestimmten Umständen geprägt ist. Und diese Umstände – Familie, Kultur, Erziehung und die endlose Folge von Lebenserfahrungen – prägen seine Persönlichkeit und seine Psyche. (Mit diesem Thema beschäftigen wir uns später noch eingehender.) Ich glaube, dass wir tief im Herzen alle *gut* sind und aus dem, was wir haben, das Beste machen. Ich glaube nicht, dass wir andere bewusst verletzen oder ihnen gar absichtlich schaden. Schaden richten wir nur an, weil wir unwissend sind, Angst haben oder ums Überleben kämpfen. Aus dieser Perspektive heraus glauben wir (zu Recht oder fälschlicherweise), dass es keine andere Möglichkeit gibt, mit den Umständen fertigzuwerden, mit denen uns das Leben konfrontiert. Und indem wir anderen unseren Willen und unsere Überzeugungen aufzwingen, nehmen wir ihnen etwas von ihrer Fähigkeit, angemessen mit einer Situation umzugehen.

Wie dem auch sei: Unsere spezifischen Lebensumstände sind der Grund dafür, dass wir unseren Kern Schicht um Schicht unter Ängsten, Zorn und sozialer Konditionierung vergraben. Das bewirkt schließlich eine Art Gedächtnisschwund, der sich sowohl individuell wie auch kollektiv bemerkbar macht. Wir vergessen, wer wir wahrhaft sind. Für uns Empathen aber ist diese Amnesie besonders schädlich. Denn unsere ungewöhnlich hohe Sensibilität verwandelt sich schnell in das zweischneidige Schwert, das der Schamane mir gegenüber erwähnte: Fluch und Segen zugleich.

An dieser Stelle ist eine Erklärung angebracht, worin der Unterschied zwischen Hochsensiblen und Empathen besteht. Elaine Aron, die den Begriff der Hochsensibilität entscheidend prägte, schrieb darüber ein bahnbrechendes Buch: *Sind Sie hochsensibel?* Der anerkannten Psychologin zufolge sind etwa 15 bis 20 Prozent der Bevölkerung hochsensibel, weil sich ihr Nervensystem von dem anderer Menschen biologisch unterscheidet.[2] Von diesen Hochsensiblen gehört ein kleiner Prozentsatz zu den Empathen. Diese weisen alle Charakterzüge von Hochsensiblen auf, aber ihr Erleben ist viel intensiver. Judith Orloff schrieb ein Überlebenshandbuch für Empathen mit dem Titel: *Wenn dir alles unter die Haut geht.* Darin erklärt sie, dass Empathen die positiven und negativen Energien in ihrer Umgebung eben nicht nur fühlen, sondern sie in ihr System aufnehmen: »Wir besitzen nicht die Filter, die andere haben, um Reize abzuschirmen (...) Wir sind derart empfindsam, dass es ungefähr so ist, als hätten wir fünfzig Finger, wenn wir etwas in der Hand halten, und nicht nur fünf.«[3]

Diesen Unterschied zwischen Empathen und Hochsensiblen kann ich unmittelbar in meinem eigenen Leben beobachten. Mein Mann Danny ist unglaublich intuitiv. Er spürt die Bedürfnisse anderer Menschen, noch bevor sie diese ausdrücken. Und er ist ein Mensch, der für die Sorge um andere geboren zu sein scheint. Aber er ist kein Empath, denn er nimmt diese Energien nie in sein Feld auf. Um selbst gut drauf zu sein, ist er nicht darauf angewiesen, dass sich um ihn herum alle wohlfühlen. Ich hingegen habe das regelrechte Bedürfnis, dass die Menschen in meinem Umfeld glücklich sind, weil sie andernfalls mein Wohlbefinden beeinträchtigen. Das ist ein weiterer Grund, weshalb Empathen meist zu Jasagern werden – sie sind abhängig davon, dass es den Menschen um sie herum gut geht, weil sie sonst selbst leiden. Deswegen sind sie ständig damit beschäftigt, andere zu unterstützen und sie zu retten.

Meine Follower in den sozialen Medien und die Zuhörerinnen und Zuhörer bei meinen Vorträgen beklagen unisono immer wieder, dass sie emotional ständig überfrachtet sind, weil sie dauernd anderen Menschen beispringen und enorme Probleme haben, auch mal Nein zu sagen. Den meisten fällt es schwer, sich um ihre eigenen Interessen zu kümmern, denn die Bedürfnisse anderer scheinen immer dringlicher oder wichtiger zu sein als die eigenen.

Wir Empathen spüren meist das Energiefeld, das andere Menschen umgibt. Es ist beinahe so, als könnten wir uns auf mehrere Radiosender gleichzeitig einstellen und dann nicht mehr auseinanderhalten, welcher davon nun der *unsere* ist. So können wir aber kaum das hören, was unser innerer Kompass uns sagt. Es entsteht ein massives Rauschen, das unseren Sender überlagert, zu Verwirrung und schließlich zu massiver Erschöpfung führt, weil die Bedürfnisse anderer sich immer vor unsere eigenen schieben. Wir aber können nicht anders, als diese fremden Frequenzen und Energien aufzunehmen.

Dazu kommt noch, dass sich Menschen, die Probleme haben und eine Schulter zum Ausweinen brauchen, zu dem Zweck gern einen Empathen herauspicken, denn letztlich stellen wir eine recht seltene Spezies dar: hochsensible Geschöpfe, die anderen *wirklich zuhören* und ihren Schmerz nachvollziehen können. Wir Empathen sind Retter, Gebende und Heiler. Es schmerzt uns tief, andere leiden zu sehen. Wir *spüren* tatsächlich, was sie empfinden. Diese Gabe hat damit einen gravierenden Nachteil: Wenn uns nicht bewusst ist, wie tief unsere Sensibilität geht, wenn wir unsere Kraft mit vollen Händen verschenken und unsere emotionalen und körperlichen Ressourcen ausbeuten –

dann ist das Resultat, dass wir zwar großartige Heiler für andere sind, für uns selbst aber so gut wie nichts tun können.

Meine Nahtoderfahrung und die mit ihr verbundenen Einsichten machten mir deutlich, dass ich wie nur wenige andere in der Lage bin, Hilfen für all jene Menschen zu entwickeln, die so besonders empathisch sind. Ich bin der festen Überzeugung, dass ich starb, weil ich nicht wusste, wie man ein Leben als Empath führen kann (ja, weil ich noch nicht einmal wusste, dass ich Empathin bin). Und weil ich ständig auf meine Kosten fremde Energien aufnahm (und verbarg, wer ich wirklich war). Ich habe aus erster Hand erlebt, was geschehen kann, wenn wir unsere Selbstverurteilung und unsere Zweifel loslassen, das Bedürfnis, von anderen Menschen geliebt und anerkannt zu werden. Und ich lernte, worin das eigentliche Geheimnis besteht: die ganze Fülle dessen anzunehmen, was wir sind, und unser Leben voll, furchtlos und laut zu leben – was für Empathen meist nicht leicht ist. Und so erfuhr ich auch, welch unfassbar schönes Leben möglich ist, wenn wir genau das tun. Mir wurde vollkommen klar, dass ich, wie jede und jeder von uns, ein Ausdruck des Göttlichen bin. Nur dass ich das vorher nicht wusste und mir daher nicht erlaubte, mich voll und ganz damit zu leben. Immer dachte ich: »Wer bin ich denn, dass ich den Mund aufmachen könnte? Dass ich für das eintrete, was ich möchte? Dass ich mit Konventionen breche?« Häufig zweifelte ich auch im Nachhinein an mir und meinem Tun. Andere Menschen waren in meinen Augen immer wichtiger und qualifizierter als ich. Ich ließ ihnen ständig den Vortritt. Die Nahtoderfahrung aber zeigte mir, dass ich als Ausdruck des Göttlichen eine Aufgabe zu erfüllen hatte. Wenn ich mir den Selbstausdruck versagte, hinderte ich eine Facette des Göttlichen daran, sich in dieser Welt zu verwirklichen.

Stell dir vor, was für ein Leben wir führen können, wenn wir uns bewusst machen, dass wir alle wahrhaftige Aspekte des Göttlichen sind. Stell dir vor, du lebst dein Leben so, wie es einem Menschen zukommt, der weiß, dass er eine Facette all dessen ist, was existiert. Stell dir vor, wie du dann leben könntest. Wie wir alle leben könnten.

Als Mensch mit sechs Sinnen in einer Fünf-Sinne-Welt leben

Ich glaube, dass jeder Mensch mit einem sechsten Sinn zur Welt kommt – einem intuitiven Gewahrsein, das sich nicht mit der Funktion unserer übrigen fünf Sinne erklären lässt. Dieses Gewahrsein kann sich ganz unterschiedlich ausdrücken: unter anderem in hellseherischen Fähigkeiten (Dinge wahrnehmen, die unsere fünf Sinne nicht erkennen können), in Präkognition (zukünftige Ereignisse wahrnehmen), aber auch in einem Dasein als Empath. Unsere Lebensumstände führen häufig dazu, dass wir die Verbindung zu diesem sechsten Sinn verlieren. Dabei hat jeder von uns schon mal die Erfahrung gemacht, dass er etwas wusste, noch bevor es passierte. Oder erahnte, dass in einer bestimmten Situation mehr passierte, als es den Anschein hatte. Das nennt man Intuition: Wir wissen, was wahr ist. Die Intuition ist das Fundament aller empathischen Fähigkeiten. Doch viele von uns verlieren den Kontakt zu ihren intuitiven Einsichten. Wer über hochgradig intuitive Fähigkeiten verfügt, kommt mit der tief inneren Gewissheit auf die Welt, dass wir alle miteinander und mit unserer Umwelt verbunden sind (mehr dazu in Kapitel 3). Doch während wir heranwachsen, lernen wir, unserer Intuition lieber nicht zu vertrauen, sodass wir sie schließlich ignorieren oder sogar unterdrücken.

Aus diesem Grund ist vielen Empathen gar nicht klar, dass sie einen sechsten Sinn haben. Jedenfalls erging es mir so. Doch die Nahtoderfahrung eröffnete mir den Zugang zu meinem sechsten Sinn auf radikale Weise. Dabei merkte ich, dass er absolut real war und dass ich ihn immer schon besessen hatte. Und obwohl ich diesen Aspekt meiner selbst vollkommen vergessen hatte, fühlte er sich total vertraut an, als ich ihn wiederfand. Ich fragte mich sogar, wie ich es geschafft hatte, all die Jahre ohne ihn zu leben.

Vielleicht hast du ja auch schon eine solche Erfahrung gemacht, die dich plötzlich in dein intuitives Erleben hineinkatapultierte. Möglicherweise aufgrund eines Notfalls (jemand anderer oder du selbst hast Hilfe gebraucht) oder eines Traumas. Manchmal aber wachen die Menschen auch einfach nur auf und stellen fest, dass ihr sechster Sinn zurück ist oder sie ihn überhaupt zum ersten Mal bemerken.

Wir alle kommen mit einer starken intuitiven Verbindung zu allem und jedem um uns herum auf die Welt. Leider aber leben wir in einer Welt, die unseren sechsten Sinn kaum zu würdigen weiß. Manchmal ist dieses innere Wissen jedoch genauso stark oder sogar noch stärker als die anderen fünf Sinne – der Gesichtssinn oder das Hörvermögen zum Beispiel. Denk nur mal an Babys, die sofort, sogar mit geschlossenen Augen, spüren, wenn ihre Mutter den Raum betritt. Oder an Haustiere, die an der Tür warten, obwohl ihr Besitzer noch gar nicht in Hörweite ist.

Ich hatte einen Hund namens Cosmo, der sich immer exakt fünf Minuten vor meiner Ankunft an der Wohnungstür niederließ, um mich zu begrüßen. Was auch immer er trieb und wo immer er sich aufhielt, fünf Minuten bevor ich nach Hause kam, ließ er alles stehen und liegen und wartete an der Tür. Und wer immer gerade zu Hause war, wusste, dass ich in fünf Minuten durch diese Tür treten würde. Und wenn ich fünf Minuten sage, dann meine ich fünf Autominuten. Was bedeutet, dass ich noch gut eineinhalb Kilometer entfernt war, wenn Cosmo spürte, dass ich bald kommen würde. Er konnte mich also weder hören noch sehen oder riechen. Wir wohnten in einem mehrgeschossigen Hochhaus, und wenn ich den Aufzug betrat, fing Cosmo hinter der geschlossenen Wohnungstür an, mit dem Schwanz zu wedeln. Danny und ich hatten viel Spaß mit Cosmo und seiner unglaublich scharfen Intuition.

In unserer Kultur bringt man uns leider bei, dass unsere Intuition nicht real ist, dass sie nur ein Teil unseres Vorstellungsvermögens ist. Vielleicht hattest du als Kind ja auch imaginäre Freunde, die für dich aber ganz real waren. Nur hat deine Familie dich deshalb ausgelacht und dir erzählt, dass du dir das alles bloß einbildest. Oder deine Eltern wollten, dass du einen bestimmten Freund oder Verwandten umarmst. Du hast aber genau gespürt, dass die Absichten dieser Person nicht gut waren. Trotzdem hat man dich vermutlich gezwungen, diesen Menschen zu umarmen, und dich ermahnt, nicht so unhöflich zu sein. Was war in dieser Situation die Botschaft an dich? Mir ist so etwas oft passiert, und ich war beschämt, fühlte mich anders und verwirrt. Am Ende vergrub ich den Vorfall tief in meinem Gedächtnis und meine Intuition gleich mit. Ich nehme an, solche Erfahrungen kennen viele meiner Leserinnen und Leser. Ich bekomme oft E-Mails, in denen die Schreibenden mir berichten, wie sie ihre intuitive Wahrnehmung unterdrücken mussten, weil man ihnen einredete, das sei reine Fantasie. Sie wurden ausgelacht und von ihren Altersgenossen angepöbelt.

Oder man bestrafte sie zu Hause und in der Schule. Die meisten erlebten ihre Intuition als etwas mit schmerzhaften Folgen.

Dabei ist unser sechster Sinn genauso real wie die anderen fünf. Gehen wir dieser Frage doch mal kurz nach. Müsstest du plötzlich auf einen der fünf übrigen Sinne verzichten, würdest du das schnell merken. Stell dir nur mal vor, man würde dir, kaum bist du auf der Welt, verbieten, die Augen aufzumachen. Dir erklären, dass es gefährlich sei, sie zu öffnen und die Welt um dich herum anzuschauen. Deine Intuition würde sich in der Folge zwar deutlich stärker entwickeln, um den fehlenden Gesichtssinn durch deine Innensicht zu kompensieren, doch könntest du die Schönheit der Welt nicht mit deinen Augen wahrnehmen.

Das würde bedeuten, dass du nie Farben sehen könntest, den Himmel oder einen Regenbogen. Dein Auge würde keine Flüsse und Berge, keine Bäume und Sterne, keine Wolken kennen. Nehmen wir nun weiter an, dass du als Kind hin und wieder vergisst, dass du die Augen nicht aufmachen sollst, und dann die Welt siehst. Natürlich erzählst du den Erwachsenen das, die aber erklären dir, du hättest dir alles nur eingebildet: »Das ist doch nur deine Fantasie. Du musst deine Augen immer schön zumachen, wenn du es in dieser Welt zu etwas bringen willst.« Überleg dir mal, wie anders die Welt wäre, wenn wir so aufwachsen würden. All unsere Erfindungen, all unsere Technologien würden sich darum drehen, wie wir uns mit geschlossenen Augen in dieser Welt zurechtfinden.

Natürlich würdest du lernen, die Augen geschlossen zu halten, schließlich willst du ja dazugehören. Du willst niemanden enttäuschen. Du bist als lebendes Wesen mit fünf Sinnen begabt, aber zu diesen Sinnen – Intuition, Gehör, Geschmack, Geruch und Berührung – gehört der Gesichtssinn nicht. Du hast die Schule besucht, wo alle – auch die Lehrer – die Augen geschlossen hielten. Du hast deinen Abschluss gemacht, Arbeit gefunden und Karriere als Mensch ohne Gesichtssinn gemacht. Du lebst in einer Welt, die von Menschen ohne Gesichtssinn für Menschen ohne Gesichtssinn geschaffen wurde. Die Intuition in dieser Welt ist stark ausgeprägt, sehen aber kann dort niemand. Dabei *könnte* jeder sehen, wenn diese Menschen nur an das Sehen glauben und ihre Augen öffnen würden.

Und nun stell dir vor, dass du dich als Erwachsener plötzlich daran erinnerst, dass du als Kind Dinge sehen konntest! Dir fällt ein, dass es da noch einen weiteren Sinn gab, man dir aber stets gesagt hat, das sei reine Einbildung. Aber du hast eine vage Erinnerung daran, wie die Welt ausgesehen hat, und würdest dir diesen Sinn gern zurückerobern. Du sehnst dich nach diesem Aufblitzen von etwas, das größer ist als du selbst. Und so beschließt du, damit zu experimentieren. Du willst wieder in diese Welt eintauchen, die du als Kind wirklich gesehen hast.

Du gehst nach draußen. Das Gras ist grüner, als du es in Erinnerung hattest. Du siehst den plätschernden Bach, statt ihn nur zu hören. Auf deinem Weg siehst du Felsen und Büsche und weichst ihnen mühelos aus. Du schaust in die Ferne und ahnst zum ersten Mal, in welcher Entfernung die Berge liegen. Früher wusstest du, wie weit der Ozean weg ist, weil du die salzige Luft riechen konntest. Jetzt aber kannst du das auch sehen. Und du siehst, wie sich die Farben des Wassers ändern, je weiter der Ozean sich zum Horizont dehnt. Und wie das Wasser dort, wo es auf den Sand des Ufers trifft, durchsichtig wird – und du begreifst endlich, was das heißt: »durchsichtig«.

Überleg nur mal: eine derartige Klarheit! Wie anders könntest du dich mit diesem wiederentdeckten Sinn in der Welt bewegen!

Nun hast du also diese Entdeckung gemacht und willst sie mit anderen Menschen teilen. Du sagst ihnen: »Macht die Augen auf. Es ist ein Wunder! Wir haben einen sechsten Sinn, den wir von Kindesbeinen an unterdrückt haben. Aber das Sehen ist wirklich! Ihr könnt das auch! Ihr müsst keine Angst haben. Tatsächlich wird dieser Sinn euer Leben besser und einfacher machen.«

Du bist so aufgeregt über deine Entdeckung, dass du sie am liebsten von allen Dächern herabposaunen würdest. »He, Leute, ihr könnt die Augen aufmachen. Euer Leben ist dann viel einfacher.« Aber die Leute gucken dich nur misstrauisch an und sagen: »Nein. Man darf seine Augen nicht aufmachen. Das wäre respektlos. Es widerspricht allem, was wir als Kinder gelernt haben.« Und man weist dich außerdem darauf hin, dass du die ganze Technik gefährden würdest, die man entwickelt hat, um den Nicht-Sehenden zu helfen. Dass es da schließlich um Jobs und Einkommen ginge. Die Leute bestehen sogar darauf, dass du deine Augen wieder zumachst. Und du fragst dich insgeheim: *Kann es sein, dass so viele Menschen wirklich falschliegen? So viele Menschen, die sicher mehr wissen als ich, sagen mir, dass ich nicht sehen kann. Vermutlich habe ich mir das alles nur eingebildet. Ich will da lieber kein Risiko eingehen!* Ja, du willst nicht riskieren, von deinen Mitmenschen ausgegrenzt zu werden.

Und dann ist da noch die Angst vor dem Unbekannten. Weil in deiner Welt keiner die Augen öffnet, gibt es auch keine Informationen über Risiken oder Fallstricke, denen man vielleicht begegnet, wenn man mit offenen Augen lebt. Und wenn du der einzige Mensch bist, der die Welt auf diese Weise wahrnimmt, dann wirst du dich bald sehr einsam fühlen. Für deine Erfahrung nämlich gibt es keine Worte. Die Sprache ist ein

System, das auf gegenseitigem Einvernehmen beruht: Man einigt sich darauf, welchem Laut welche Bedeutung zugeordnet werden soll. Aber wenn alle Menschen in einer Welt mit geschlossenen Augen leben, gibt es keine Worte für all jene Eigenschaften, die man nur mit den Augen wahrnehmen kann. Es gibt zum Beispiel keine Worte für die Farben des Lichtspektrums, wenn niemand außer dir sie sehen kann.

Irgendwann begreifst du, dass du in einer Welt lebst, die von Menschen mit geschlossenen Augen für Menschen mit geschlossenen Augen geschaffen wurde. Niemand wird dich verstehen, weil du etwas wahrnimmst, was niemand sonst wahrnimmt, und weil du keine Worte hast, um zu beschreiben, was du siehst. Und allmählich fragst du dich selbst, ob du dir das alles nur einbildest oder ob du schlichtweg spinnst. Am Ende wirst du deine Augen wieder schließen, nur um dich deiner Umgebung wieder anzupassen ...

In meinen Augen erklärt diese Geschichte sehr schön, warum viele von uns Empathen so sehr zu kämpfen haben. Wir sind Menschen mit sechs Sinnen, denen man eingebläut hat, dass wir nur fünf Sinne haben. Wir leben in einer Welt, die von Menschen geschaffen wurde, die sich für Fünf-Sinne-Wesen halten. Natürlich ist der Sinn, den sie zum Schweigen gebracht haben, nicht der Gesichtssinn, sondern die Intuition. Unsere intuitiven Fähigkeiten sind ebenso stark wie unsere anderen Sinneswahrnehmungen und genauso real. Aber man hat uns eingeredet, unsere Intuition sei reine Einbildung, weshalb wir sie ignorieren sollten, wenn sie sich zu Wort meldet.

Wenn wir diesen Teil unser selbst – ein Sechstel unserer Sinneswahrnehmung – verleugnen, verleugnen wir, was wir in Wirklichkeit sind. Eben deshalb haben Empathen und andere hochsensible und intuitive Menschen in dieser Welt mit so vielen Schwierigkeiten zu kämpfen. Man zwingt sie, einen der für sie wesentlichen Sinne zu verleugnen, der ihnen helfen könnte, in der Welt besser zurechtzukommen. Natürlich fühlen sie sich schließlich verloren und verunsichert.

Empathen *sind* anders. Ich empfand eine tiefe Erleichterung, als ich das endlich begriffen hatte. Der Trick ist, diesen Unterschied zu erkennen und zu ihm zu stehen. Mithilfe meiner Community, die ihre Erfahrungen mit mir geteilt hat, habe ich ein tieferes Verständnis des Weges erworben, den wir alle zurücklegen müssen, um unser wahres Selbst zu verwirklichen – vor allem aber gilt das für meine Mit-Empathen. Denn auf diesem Weg lernen wir, wie wir aufhören können, alles Menschenmögliche zu tun, um die Interessen anderer zu schützen und umzusetzen – auf Kosten unseres eigenen Glücks. Ich brauchte eine extrem dramatische Erfahrung – meinen klinischen Tod –, bevor ich den Mut hatte, meine empathischen Fähigkeiten ins Spiel zu bringen. Du aber musst nicht erst im Sterben liegen, um deine intuitiven Fähigkeiten zu verwirklichen und dich gegen die damit verbundenen Gefahren zu wappnen. Auf den nächsten Seiten nehme ich dich mit in die Welt meiner Strategien und Erfahrungen und zu den Geschichten all jener Menschen, mit denen ich gearbeitet habe. All diese Informationen sollen dir dabei helfen, dein wahres Selbst zu entfalten – dein empathisches, wunderbares Sechs-Sinne-Selbst. Wenn du mit dem Buch ganz durch bist, wirst du merken: Empathisch zu sein ist eine Superkraft!

Fragebogen

Möchtest du wissen, wie empathisch du bist? Dann beantworte die folgenden Fragen mit Ja oder Nein und zähle am Ende zusammen, wie oft deine Antwort Ja ist.

1. Hast du Angst, die Gefühle anderer Menschen zu verletzen, sie zu enttäuschen oder im Stich zu lassen, weil du ihren Schmerz fühlen kannst (vermutlich mehr als sie selbst)?

   ☐ Ja ☐ Nein

2. Bist du bereit, volle Verantwortung für dein Tun zu übernehmen, manchmal sogar so weit, dass du die Schuld für etwas auf dich nimmst, wofür du gar nichts kannst?

   ☐ Ja ☐ Nein

3. Lässt du dich leicht durch andere Menschen manipulieren und fühlst dich dabei übervorteilt oder ausgebeutet?

   ☐ Ja ☐ Nein

4. Hast du Probleme, Komplimente, Geschenke, Unterstützung oder freundliche Worte von anderen Menschen anzunehmen? Hast du dabei das Gefühl, dass du dich sofort revanchieren müsstest?

   ☐ Ja ☐ Nein

5. Begegnest du anderen Menschen stets mit Mitgefühl und akzeptierst ihre Schwächen, Unsicherheiten und Fehler? Behandelst du andere freundlich, ganz egal, ob sie es verdient haben oder nicht?

   ☐ Ja ☐ Nein

6. Verstehst du andere Menschen besser, als sie sich selbst verstehen, sodass sie sich oft mit ihren sämtlichen Sorgen, Zweifeln und Nöten an dich wenden? Und schickst du buchstäblich niemanden fort, selbst wenn dich ihr Kummer belastet, einfach weil du ihn so gut nachvollziehen kannst?

   ☐ Ja ☐ Nein

7. Bist du hochgradig intuitiv und weißt manchmal Dinge, ohne dass man sie dir sagen muss? Und zwar auf ganz tiefgründige Weise, viel intensiver, als wenn du nur eine bloße Ahnung hättest?

   ☐ Ja ☐ Nein

8. Merkst du sofort, wenn jemand zwar eine Sache sagt, aber eine andere meint?

   ☐ Ja ☐ Nein

9. Bist du sanft zu Menschen und zu unserem Planeten?

   ☐ Ja ☐ Nein

10. Fühlst du dich von den Heilkünsten und alternativen Behandlungsmethoden angezogen, insbesondere von ganzheitlichen Therapien?

    ☐ Ja ☐ Nein

11. Lässt du deine Unterstützung am liebsten den Underdogs angedeihen? Und findest du sofort heraus, wer in der Hackordnung bzw. Hierarchie sich ganz unten befindet, sobald du einen Raum betrittst?

    ☐ Ja ☐ Nein

12. Fällt es dir schwer, Secondhand-Kleidungsstücke zu tragen, weil du darin die Energie der Person spürst, der sie vor dir gehörten? Fühlst du dich in solchen Sachen einfach nicht als du selbst?

   ☐ Ja ☐ Nein

13. Liebst du Tagträume? Hast du ein facettenreiches Innenleben? Bist du ein kreativer, visionärer Mensch, der Raum für seine Schöpfungen braucht?

   ☐ Ja ☐ Nein

14. Fühlst du dich massiv beengt, wenn du mit Routinen, fixen Rollenbildern und Kontrolle konfrontiert bist? Schätzt du stattdessen die Freiheit, dein Ding zu machen, und das in der Zeit, die du dazu brauchst?

   ☐ Ja ☐ Nein

15. Findest du alles Metaphysische oder Spirituelle extrem anziehend?

   ☐ Ja ☐ Nein

16. Bist du ein begeisterter Dienstleister? Macht es dir Spaß, anderen Menschen zu helfen?

   ☐ Ja ☐ Nein

17. Interessierst du dich für innere Entwicklung und Selbsthilfe? Willst du am liebsten ständig wachsen und lernen? Dabei richtet sich dein Interesse nicht nur auf Wachstum für dich selbst. Du würdest am liebsten die ganze Menschheit vorwärtsbringen, damit sie sich immer weiter entwickelt.

   ☐ Ja ☐ Nein

18. Überfallen dich an bestimmten Orten – an sakralen Plätzen, auf Schlachtfeldern oder in Wohnhäusern historischer Persönlichkeiten – die Emotionen jener Menschen, die vor dir dort waren?

    ☐ Ja ☐ Nein

19. Schenkt es dir einen tief inneren Frieden, in der freien Natur zu sein?

    ☐ Ja ☐ Nein

20. Hast du einen guten Draht zu Pflanzen? Weißt du einfach, was sie brauchen – einen bestimmten Nährstoff, Wasser, einen helleren oder schattigeren Platz –, auch ohne dass sich das an bestimmten äußeren Anzeichen erkennen lässt?

    ☐ Ja ☐ Nein

21. Spürst du die Energie von Nahrungsmitteln und Mahlzeiten? Weißt du instinktiv, was dir Energie gibt oder nimmt?

    ☐ Ja ☐ Nein

22. Verspürst du eine starke Verbundenheit mit Tieren? Steuern diese automatisch immer auf dich zu?

    ☐ Ja ☐ Nein

23. Hast du schon immer Probleme gehabt, dich an die Gesellschaft oder an die Welt im Allgemeinen anzupassen? Musterst du das Treiben um dich herum, als würdest du ein Fernsehprogramm ansehen? Als hätte das alles gar nichts mit dir zu tun?

    ☐ Ja ☐ Nein

24. Geht es dir manchmal so, dass du in der Nähe eines Menschen, der sich nicht wohlfühlt, dessen Symptome spürst: Übelkeit, Kopfschmerzen, Kälte, was auch immer? Fühlen sich diese Menschen häufig besser, wenn sie sich dann von dir verabschieden?

    ☐ Ja ☐ Nein

25. Hast du Schwierigkeiten, dich zu entspannen, wenn Menschen um dich herum sind? Kannst du in diesem Fall einfach nicht voll loslassen? Brauchst du Einsamkeit und Raum, um dich von den Energien anderer abzugrenzen? Geht es dir schlecht, wenn du diesen Raum nicht bekommst?

    ☐ Ja ☐ Nein

26. Empfindest du überfüllte Räume, zum Beispiel im Einkaufszentrum, als anstrengend?

    ☐ Ja ☐ Nein

27. Manche Menschen finden ja, Musik müsse laut sein, um eine tiefe Erfahrung zu versprechen. Ist das für dich ein Frontalangriff auf deine Nerven?

    ☐ Ja ☐ Nein

28. Passiert es dir, dass du die Gedanken anderer für deine eigenen hältst, wenn du in ihrer Nähe bist?

    ☐ Ja ☐ Nein

29. Kommt es vor, dass du dich in deinem Bemühen, dein Gegenüber zu verstehen, in seinen Gedankengängen verlierst und darüber deine eigenen vergisst?

    ☐ Ja ☐ Nein

30. Erlebst du es immer mal wieder, dass du von Gefühlen überwältigt wirst, von denen du ganz sicher weißt, dass es nicht die deinen sind? Du gehst spazieren, nichts ahnend, und plötzlich: Bamm! Dich überkommt eine tiefe Trauer, oder du reagierst auf einmal gereizt. Manchmal – und das sind die schönen Erlebnisse – spürst du auch eine unvermittelte Freude.

    ☐ Ja ☐ Nein

31. Spürst du häufig Angst und Nervosität, einfach weil du die Energien aufschnappst, die andere erleben oder die unserem Planeten zusetzen? Empfindest du von Zeit zu Zeit bei der noch so geringsten Kleinigkeit Angst, Anspannung, Stress oder kommt das Gefühl hoch, einfach überrollt zu werden?

    ☐ Ja ☐ Nein

32. Fällt es dir schwer, erschreckende, traurige oder deprimierende Filme zu sehen oder entsprechende Bücher zu lesen? Kommt es dann vor, dass dich so etwas buchstäblich krank macht?

    ☐ Ja ☐ Nein

33. Lässt du dich leicht ablenken, und zwar von buchstäblich allem (weil du einfach alles registrierst)? Fällt es dir deshalb schwer, dich in Klassenzimmern, bei Meetings oder auf einer Party zu konzentrieren? Würdest du es vermutlich nie schaffen, in einem Café einen Bericht zu schreiben, ein Projekt zu überarbeiten oder einen Eintrag für deinen Blog zu verfassen?

    ☐ Ja ☐ Nein

34. Fühlst du dich körperlich und emotional häufig erschöpft? Du hattest zwar deine acht Stunden Schlaf, hast genug Wasser getrunken und keinerlei emotionale Probleme, die dich im Moment umtreiben, aber trotzdem wünschst du dir nur eines: dich endlich hinzulegen?

☐ Ja ☐ Nein

Und nun sehen wir uns die Ergebnisse an:

Hast du bis zu **9 Mal mit Ja** geantwortet, dann hast du ganz klar empathische Züge. Du kannst dich zwar vor den Energien anderer Menschen schützen, grenzt dich aber manchmal nicht hinreichend ab. Was dir guttun könnte, sind Techniken der Energiearbeit, zum Beispiel Polarity, Qigong, Shiatsu, Pranaheilung oder Reiki. Du hast eine recht gute Intuition, vor allem, was dein eigenes Leben angeht. Auf jeden Fall spürst du, wenn eine schwierige Situation heraufzieht. Du bist gut darin, dich um dich selbst zu kümmern, allerdings kann es sein, dass du Allergien gegen bestimmte Nahrungsmittel und andere Substanzen entwickelst. Du kannst dich gut auf ein urbanes Leben einlassen. Alles in allem hindert dich deine empathische Natur nicht daran, deinen Lebenszweck zu verwirklichen und deine Wünsche wahr zu machen. Du stehst deinen Mann oder deine Frau und kannst ganz gut unterscheiden, wo du anfängst und wo andere Menschen aufhören.

Hast du **zwischen 10 und 19 Fragen mit Ja** beantwortet, dann bist du schon recht empathisch. Damit hast du ungefähr die

Hälfte der möglichen Ja-Punkte erzielt. Du besitzt starke intuitive Fähigkeiten und hältst dich vermutlich gern in der freien Natur oder am Wasser auf. Von Zeit zu Zeit schätzt du auch Stunden oder Tage in der Stadt, musst dich danach aber in der Natur erholen. Du kannst deine Aura und deinen energetischen Raum recht gut schützen, aber hin und wieder bedrängt dich die Energie anderer. Auch du könntest von den oben genannten Heilmethoden profitieren.

Zählst du **20 bis 28 Ja-Antworten?** Dann hast du ein recht eindeutiges Resultat erzielt. Du gehörst ganz sicher zu den Empathen. Deine Intuition ist sehr lebendig. Du kannst mit ziemlicher Sicherheit sagen, ob jemand lügt oder nicht. Möglicherweise willst du ja selbst Energiearbeiter oder Heilerin werden (oder bist es bereits), denn vermutlich bist du dafür ausgesprochen begabt. Du hältst dich am liebsten in der freien Natur auf und wohnst vielleicht sogar in der Nähe von Wasser. Du kannst dich für die Heilkräfte der Natur gut öffnen. Und du hast die Gabe, Stimmungen, Energien und überhaupt die ganze Umwelt oder Atmosphäre, die dich umgibt, zu beeinflussen.

Allerdings musst du daran arbeiten, die Energie anderer Menschen von deinen eigenen zu unterscheiden. Du hast eine starke Neigung, andere Menschen und ihre Energie widerzuspiegeln. Deine Punktzahl lässt vermuten, dass es dir guttun würde, wenn du lernen könntest, Energie fließen zu lassen (sodass sie deinen ganzen Körper durchströmt und Blockaden beseitigt); dich zu erden (also Verbindung mit der Erde aufzunehmen) und deine Aura zu schützen (die Aura ist ein Energiefeld, das jedes lebende Wesen umgibt). Diesen drei Punkten gehen wir in Kapitel 3 nach.

Du hilfst anderen mit wahrer Begeisterung. Ohnehin willst du alle Wesen und überhaupt die ganze Welt retten. Trotzdem musst du lernen, ein wenig langsamer zu machen und dich immer zuerst selbst aufzutanken. Gönn dir ein paar Energieheilungssitzungen. Sie werden dir guttun!

Hast du **mehr als 28 Ja-Punkte** erzielt, dann bist du ein Empath, wie er im Buche steht. Im Grunde bist du das, was ich einen Mystiker nenne. Du bist so hochgradig intuitiv, dass du Menschen sofort durchschaust, wenn sie nicht die Wahrheit sagen. Und du bist die geborene Heilerin. Deine tiefe Liebe zur Natur geht so weit, dass du ganz selbstverständlich ihre heilenden Qualitäten erkennst. Die Heiligkeit jedes einzelnen Wesens ist dir sehr bewusst. Du bist wahrhaft weise und besitzt die wunderbare Gabe, Stimmungen, Energien und überhaupt die ganze Atmosphäre deiner Umgebung zu beeinflussen und zu verändern.

Du musst lernen, wie du die Energie anderer Menschen erkennen und sie von der deinen unterscheiden kannst. Du fühlst die Last der ganzen Welt auf deinen Schultern, weil du ihren Schmerz annimmst. Doch es wird dir helfen, wenn du die Meditationen für hellsichtige und empathische Menschen erlernst, die ich hier im Buch vorstelle: um dich selbst zu lieben, Zugang zu deinem inneren Wissen zu erhalten, Dankbarkeit auszudrücken und dich mit dem Netz des kosmischen Bewusstseins zu verbinden. Du hast die Neigung, andere Leute und ihre Energie zu spiegeln. Das aber heißt, dass du die Macht über deine Energie den ewig wechselnden Winden der Welt überträgst. Klarer gesagt: Andere Menschen können dich auf energetischer Ebene zu stark beeinflussen oder sogar kontrollieren. Ein Beispiel: Du bist eigentlich glücklich und zufrieden, aber dann kommt ein Freund, dem es schlecht geht, der Ängste aussteht oder unter Depressionen leidet, und du lässt zu, dass sich diese Stimmung über die deine legt. Du nimmst seine Ängste und seine Trauer auf und räumst diesen Gefühlen Priorität ein. Es wäre gut für dich, wenn du lernen könntest, deine Energie zu kontrollieren und klarere Grenzen zu setzen. Genau darum geht es in Kapitel 3 und 6, aber im Grunde ist dies ein Thema, das uns das ganze Buch über beschäftigen wird.

Wie auch immer deine Ergebnisse hier ausgefallen sind und wo du im empathischen Spektrum auch stehen magst, du wirst in diesem Buch allerlei Geschichten und Beispiele finden, die dir helfen. Dazu noch viele Meditationen und Übungen, die dir zeigen, wie du deine Intuition stärken, deine Grenzen klar aufzeigen und deine empathischen Gaben nutzen kannst, um dir die Kraft zurückzuerobern, die deinem wahren Wesen entspricht.

Meditation zur Entwicklung deiner Intuition

Mit dieser Meditation gehst du den Schritt vom Lernen ins Vertrauen: Du hörst auf deine innere Stimme und setzt ganz auf ihre Richtigkeit. Wie du die Meditationen handhaben kannst, die du am Ende eines jeden Kapitels findest, habe ich in der Einführung erklärt.

Ich erlaube mir, die feine Stimme meiner Intuition zu erkennen.
Ob sie sich nun mit Worten oder Bildern meldet, ich werde ihr lauschen.
Ich höre auf die Empfindungen meines Körpers, wenn sich Ruhe, Frieden und Erleichterung einstellen.

Ich achte all die subtilen Gedanken, Visionen, Empfindungen und Gefühle und weiß, dass dies meine Seele ist, die zu mir spricht.

Ich vertraue auf diese Zeichen und bin ganz sicher in dem Wissen, dass ich meinem allerhöchsten Gut gehorche, wenn ich meiner Intuition folge.

2

Empath sein: Segen oder Fluch?

Meine Sensibilität ist meine Superkraft!

Das Dasein als Empath bringt eine Menge großartiger Gaben mit sich, aber es kann auch sehr schmerzhaft sein. Wenn du zu diesen außerordentlich sensiblen Menschen gehörst, ohne es zu wissen, wie es bei mir für einen großen Teil meines Lebens der Fall war, dann kann dich dein Empathentum förmlich auslaugen. Du hast das Gefühl, dass mit dir etwas nicht stimmt, dass du ein Versager bist, eine Verliererin, nur weil nicht jeder mit dir einverstanden ist. Und du schätzt dich selbst nicht genug, um für deine Arbeit, die du gern tust, auch wirklich genug Geld zu verlangen. Doch selbst wenn du erkennst, dass du Empathin oder Empath bist, hilft dir das auch nicht viel weiter. Solange du nämlich nicht weißt, wie du deine intuitiven Kräfte richtig einsetzen kannst, hindern sie dich eher daran, volle Selbstverwirklichung zu erlangen, weil du andere immer wichtiger nimmst als dich selbst.

Unser Verhängnis, unser Fluch liegt in unserer Unfähigkeit, unsere und die Bedürfnisse und Emotionen anderer Menschen auseinanderzuhalten. In unserem Drang, anderen Menschen beizustehen, bevor wir uns um uns selbst kümmern. Eben das katapultiert uns hinaus aus unserem inneren Heiligtum und hinein in die Dramen anderer Leute, sodass wir immer glauben, deren schwere Lasten schultern zu müssen. Und wie wir bereits gesehen haben, fällt es uns auch schwer, uns in eine Welt zu fügen, die nicht auf unsere Besonderheiten ausgelegt ist – wir sind Sechs-Sinne-Wesen in einer Fünf-Sinne-Welt.

Unsere Begabung, unser Segen ist nun mal eben jene Sensibilität, die uns all diese Probleme beschert. Diese Sensibilität verbindet uns mit der »anderen Seite« (mehr dazu in Kapitel 3), sie schenkt uns eine scharfsichtige Intuition, eine natürliche Begabung fürs Heilen und die Fähigkeit, mit Leichtigkeit zu lieben und anderen mühelos Trost zu spenden. Darüber hinaus sind wir häufig rücksichtsvoll, gewissenhaft, zugewandt, kreativ und von Haus aus gute Zuhörer.

In diesem Kapitel werden wir uns mit ein paar kritischen Punkten beschäftigen, die unsere speziellen Charakterzüge so mit sich bringen. Am Ende wenden wir uns dann den schönen Seiten unserer Sensibilität zu, da nur sie uns helfen können, unser wahres Wesen freudig zu akzeptieren.

Abneigung gegen Kritik und die Sucht nach Anerkennung

Für Empathen gilt ein Spruch nun wirklich gar nicht, auch wenn er im englischen Sprachraum sehr verbreitet ist: »Stöcke und Steine verletzen die Gebeine, Worte aber tun mir nichts.« Wenn wir Kritik zu hören bekommen, nimmt diese in unseren Ohren sofort erschreckende Dimensionen an. Stell dir vor, da ist ein kleines Mädchen, das glücklich ist mit sich selbst und voller Liebe fürs Leben seine Lieder schmettert. Und dann heißt es: »Die Leute würden dich lieber mögen, wenn du nicht so laut wärst.« Es gibt Kinder, die bei solchen Worten einfach mit den Schultern zucken und sie als Reaktion schlecht gelaunter Eltern abtun, die halt mal Ruhe brauchen. Ein sensibleres Kind aber macht dicht. Es hält diese groben Worte für die Wahrheit und glaubt tatsächlich, dass niemand es mag, wenn es einfach nur so ist, wie es ist.

Negative Gedanken – »Ich bin schlecht, ich bin unzulänglich, ich bin nicht gut« – hallen dauerhaft im Geist von uns Empathen wider. Wenn andere Leute mich kritisieren, ja sogar, wenn ich mich selbst verurteile, dann spüre ich eine klare körperliche Reaktion in der Brust, im Bauch und im Kopf. Manchmal fängt mein Herz dann an, schneller zu schlagen. Mir wird heiß, mein Gesicht läuft rot an. Viele meiner Leserinnen und Leser berichten mir, es erginge ihnen ganz genauso. Einige beschreiben, dass ihr Blutdruck steigt, sie weiche Knie bekommen oder Schwindelgefühle verspüren, wenn sie kritisiert werden. Manche werden sogar ohnmächtig.

Kein Wunder also, dass wir alles Menschenmögliche tun, um Kritik oder negative Kommentare zu vermeiden. Doch das macht uns zu ewigen Jasagern. Es ist wichtig, dass du diesen Punkt verstehst: Wenn du alles tust, um anderen zu gefallen, dann gibst du ihnen Macht über dich. Du tust, was die anderen von dir wollen, was dir ihre Anerkennung verschaffen soll. Und nicht das, was deine innere Stimme dir sagt, die dir signalisiert, wohin dein seelischer Kompass zeigt.

Wir büßen also unsere Macht ein und gleichzeitig die Verbindung zu unserem inneren Leitsystem – das ist der Nachteil, wenn wir Kritik aus dem Weg gehen und süchtig nach Anerkennung sind.

Kommt dir dieses Beispiel vielleicht bekannt vor? Jemand sagt dir, dass du deine Sache toll gemacht hast, dass du ein besonderes Talent besitzt oder von deinem Job echt was verstehst. Du denkst: »Oh, mein Gott. Endlich bin ich etwas wert. Endlich mache ich mal was richtig.« Wenn danach die Anerkennung ausbleibt, macht dir das so sehr zu schaffen, dass du es im Körper spürst (wie beim Kampf-Flucht-Impuls, der unser Herz schneller schlagen lässt). Und natürlich fragst du dich jetzt: »Was habe ich bloß falsch gemacht, dass man mich nicht mehr lobt? Vielleicht bin ich doch nicht so gut? Wie konnte ich nur glauben, dass ich richtig toll bin? Wie peinlich, dass ich das dachte!«

Hört sich vertraut an?

Auf diese Weise werden wir zu Sklaven des Verlangens nach Anerkennung und zu Sklaven jener Menschen, die uns diese Anerkennung nicht geben. Doch dazu später mehr. Für den Moment nur so viel: Dieses Buch will dir zeigen, wie du sinnvoll mit Kritik umgehst und dabei deinen inneren Kompass nicht aus den Augen verlierst.

Die Schnellstraße zum Fußabtreter-Dasein

Gerade weil wir anderen Menschen so gern gefallen wollen, werden wir häufig zu Underdogs, zu den Fußabtretern der Gesellschaft. Du weißt vermutlich, was ich meine, wenn du dich entschuldigst, obwohl das Problem dich gar nichts angeht. Wenn du Angst hast, Nein zu sagen. Oder wenn du dich für die Gefühle anderer verantwortlich fühlst. Als Fußabtreter mühst du dich ab, um Konflikte zu vermeiden; machst Dinge, die du eigentlich gar nicht tun willst, nur damit andere dich mögen; du hältst Beziehungen aufrecht, auch wenn dein Gegenüber so ganz und gar nicht deine Kragenweite ist. Diese Verhaltensweisen bringen dich vom Kurs deiner Seele ab, weil du die Vorgaben anderer Menschen wichtiger nimmst als deinen eigenen Kompass.

Die folgende Szene ereignete sich bei einem Retreat, das ich einmal gab: Wendy, eine der Teilnehmerinnen, stand plötzlich auf und erzählte die Geschichte ihrer Ehe. Wendy war mit ihrem Mann seit dreißig Jahren zusammen. Sie berichtete: »Ich habe einen Narzissten geheiratet. Das wusste ich damals natürlich nicht, er war ja so unglaublich charmant. Aber nach all dem, was ich in den letzten Jahren gelesen habe, ist er tatsächlich einer. Auch nach Aussage der Paartherapeutin, zu der wir gingen, bevor er die Therapie abbrach, denn ›die Gute hat ja keine Ahnung, wovon sie redet‹. Ich mache alles Menschenmögliche, damit er zufrieden ist, nur damit Ruhe herrscht. Das ist, als würde man auf Eiern gehen. Alles ist gleich eine Riesenbeleidigung. Schon wenn er zur Tür hereinkommt, rutscht mir das Herz in die Hose.«

Sie richtete sich auf. »Die ganze Zeit, in der wir verheiratet sind, hat er sich kein bisschen um die Beziehung bemüht. Alles musste so laufen, wie er sich das vorstellt. Und was war, als er krank war und wir dachten, er würde es nicht schaffen? Ich war für ihn da. Ich pflegte ihn gesund. Und als ich ein paar Jahre später selbst krank wurde, gab er mir das Gefühl, eine echte Plage zu sein, nur weil ich nicht gesund war ... Er hat mich sogar geschlagen«, sagte sie und blickte beschämt zu Boden.

»Wendy«, fragte ich, »wieso hast du ihn nicht verlassen?«

»Ich will nicht, dass er sauer wird. Ich hege immer noch Gefühle für ihn.«

Wendy war so damit beschäftigt, ihrem Mann zu gefallen, dass sie sich dabei selbst total aufgegeben hatte. So weit, dass sie ihre eigenen Bedürfnisse nicht mehr interessierten.

Ich konnte mich gut in Wendy hineinversetzen, vielleicht wegen des kulturellen Umfelds, in dem ich groß geworden war. Ich kam in Singapur zur Welt und wuchs in Hongkong auf, das damals noch britische Kronkolonie war. Die Ungleichheit zwischen den Geschlechtern war zu jener Zeit stark ausgeprägt (mehr dazu in Kapitel 10). Meine Eltern waren in Indien geboren und aufgewachsen. Rein ethnisch gesehen bin ich also Inderin und habe die kulturellen Normen dieses Landes verinnerlicht. Dazu gehört zum Beispiel der Brauch arrangierter Ehen. In Indien heiratet man einen Partner, den die Eltern ausgewählt haben. Schon in meinen frühen Teenagerjahren in den 1980ern musste ich lernen, was eine gute Ehefrau ausmacht. Ich war damals ein Riesenfan von Cyndi Lauper. Ich eiferte ihr in allem nach, sogar in der Kleidung. Ich sprühte mir das Haar in Neonpink und Purpur ein, trug auffällige Klamotten und tanzte zu »Girls Want to Have Fun«. Das war der Song meiner Befreiung, denn er stand für Stärke, Mut und Selbstausdruck – alles, was ich im Leben erreichen wollte. Wann immer ich meiner inneren Cyndi Lauper Ausdruck verlieh, fühlte ich mich rebellisch und frei!

Aber Cyndi Lauper – ihre Freiheit, ihr kompromissloser Selbstausdruck – war gerade das Gegenteil von der Frau, die ich hätte sein »sollen«. Meine Eltern, vor allem mein Vater, flehten mich an, ich sollte mich »indischer« kleiden, auf jeden Fall konservativer. Und weil ich nun mal Empathin war, bereitete mir das schon als Teenager tiefe innere Konflikte. Ich wollte meine Eltern ja nicht verletzen oder enttäuschen. Sie waren davon überzeugt, dass ich eines Tages als alte Jungfer enden würde. Und sie sorgten sich ständig, was andere Leute von mir halten mochten. Diese Sorgen verinnerlichte ich mit der Zeit. Irgendwann war die Angst, ihnen wehzutun, ebenso groß wie die, den Weg einzuschlagen, den sie mir vorgaben.

Eines möchte ich hier klarstellen: Meine Eltern liebten mich sehr. Ihr Wunsch, mich nach ihren Sitten und Gebräuchen zu verheiraten, war kein Akt der Grausamkeit. Sie glauben tatsächlich, dass dies das Beste war, was sie für mich tun konnten. Sie begriffen einfach nicht, dass die Anpassung an ihre Normen für mich bedeutete, mein Licht unter den Scheffel zu stellen, mich kleinzumachen und die Ohren zu verschließen vor dem Ruf meines wahren Selbst. Und ich merkte nicht, dass meine empathische Natur es immer schwieriger machte, Nein zu sagen, ohne ihnen gegenüber Schuldgefühle zu empfinden.

Dass ich die Wünsche meiner Eltern erfüllen wollte, hinderte mich daran, klare Grenzen zu ziehen – zwischen dem, was *ich* für mein Leben wollte, und dem, was sie von mir erwarteten. Die ständige Anpassung an ihre Wünsche weitete sich aus, bis ich schließlich den Erwartungen aller Menschen in meinem Umfeld entsprechen wollte – meiner Freunde, meiner Kollegen, ja selbst völlig fremder Menschen. Am Ende war es die ganze Welt: Ich ertrug einfach keine Ablehnung. Ob es sich um einen Lehrer handelte, eine Freundin oder den Verkäufer im Laden an der Ecke. Ich tat alles, um ihre Anerkennung zu bekommen.

Als Kind war ich scheu und in mich gekehrt. Ich ging auf eine Schule, die fast nur englische Kinder besuchten. Alle waren weiß, bis auf mich. Meine Haut war braun. Bevor ich die Schule besuchen durfte, gab es ein Aufnahmegespräch mit der Direktorin, einer strengen Frau mit zusammengekniffenen Lippen und gerunzelten Brauen. Ihr ganzes Verhalten vermittelte mir die Botschaft, dass es für mich ein unglaubliches Glück wäre, sollte sie mich in ihre prestigeträchtige Institution aufnehmen. Und natürlich würde ich beweisen müssen, dass ich dieser Ehre würdig war. Als sensibles Kind spürte ich ihre Einstellung mir gegenüber, und sie prägte meine ersten Jahre in der Schule. Vermutlich ist es kein Wunder, dass ich dort häufig schikaniert wurde, denn man hatte mich einer Situation ausgesetzt, in der ich mich unwürdig und ungeeignet fühlte. Buchstäblich wie das Lamm, das zur Schlachtbank geführt wird.

Als Teenager und junge Erwachsene trug ich dieses Gefühl weiter mit mir herum. Ich glaubte stets, ich müsse hart arbeiten, um Anerkennung zu finden. Wenn man mich schlecht oder unfair behandelte, trat ich nicht etwa für mich ein, sondern bemühte mich, zu den Mobbern noch netter zu sein. Langsam, aber sicher wurde meine innere Cyndi Lauper zum Schweigen gebracht. Was danach kam, war ein ständiger Kampf mit mir selbst. Wann immer ich mit meinem Vater über meinen Wunsch sprach, meine Träume zu verwirklichen, endete das Ganze im Streit. Also fing ich an, auch meine Träume zu verbergen.

Ich weiß, dass so viele von euch, die ihr dieses Buch lest, das nachempfinden können. Und es gibt durchaus gute Nachrichten: Ihr müsst nicht länger Fußabtreter bleiben. Holt euch eure Stärke zurück!

Das Opferdasein

Da wir als Empathen unsere Macht aus der Hand geben, neigen wir dazu, eine Opfermentalität aufzubauen. Wir fühlen uns, als würde die Gesellschaft uns misshandeln. Nun ist es zwar wichtig, tatsächlich den Mund aufzumachen, wenn du missbraucht und zum Opfer gemacht wirst. Doch das geht nur, wenn du die Kontrolle über deine Lebensumstände zurückgewinnst. Sicher sind einige dieser Umstände schwieriger zu heilen als andere. Trotzdem ist es wichtig, dass du dir klarmachst: Niemand muss für immer ein Opfer bleiben. Es geht also darum, Kontrolle über dein Leben zurückzuerlangen, wenn nötig mit professioneller Hilfe.

Für einige von uns – vor allem jene, die zum Selbstschutz zu Fußabtretern und Jasagern geworden sind – ist es gar nicht so attraktiv, sich aus dem Opferdasein zu befreien und ihr Leben zurückzufordern. Die alten Geschichten über uns als »arme Haut« haben ja auch Vorteile: Sie erlauben uns, in unserer Komfortzone zu bleiben und jedem Risiko aus dem Weg zu gehen. Wenn wir die Verantwortung für unser Leben anderen Menschen oder den Umständen zuschieben, müssen wir uns nicht gegen Kritik wappnen für etwas, das man möglicherweise als unser eigenes Versagen ansehen könnte. Ein Jasager zieht viele Vorteile daraus, wenn man ihn als Opfer wahrnimmt:

- Als Jasager tust du den Leuten leid, deshalb sind sie nett zu dir, ohne dass du dich darum bemühen musst.
- Du bekommst eher, was du willst, ohne dass du darum bitten oder streiten musst.
- Andere Menschen kritisieren dich weniger – und wir wissen ja alle, wie sehr der Jasager Kritik hasst!
- Du hast immer eine Entschuldigung parat, weil du nicht aktiv wirst.

Anders gesagt: Das Opferdasein wird zur Strategie, mit der Jasager ihren Willen durchsetzen und dabei passiv bleiben können. Die Ironie dabei: Jene Menschen, die sich in den Schlingen des Opfers verfangen und tun, was es will, sind meist selbst Jasager.

Während eines meiner Workshops berichtete die gut fünfzigjährige Sherry die Geschichte ihrer siebenundachtzigjährigen Mutter. So weit Sherrys Erinnerung zurückreichte, hatte ihre Mutter ihren Kindern und ihrem Mann stets erzählt, sie hätte ein schwaches Herz und würde nicht allzu lange leben. »Wir haben ihr jeden Wunsch von den Augen abgelesen, ja, wir versuchten, uns gegenseitig zu übertreffen, um ihre Bedürfnisse zu erfüllen. Wir wollten ihr die Zeit, die ihr noch blieb, so schön wie möglich machen. Niemand wollte sie irgendwelchen stressigen Erlebnissen aussetzen, denn dann könnte ja ihr Herz versagen. Doch die ›kurze Zeit‹ wurde länger und länger. Vermutlich war sie gesünder als der Rest der Familie.«

Als Kind wurde Sherry dafür gelobt, dass sie so folgsam war. Das ist ein klassisches Anzeichen für das Jasager-Dasein. »Ich habe mein ganzes Leben damit zugebracht, meiner Mutter zu gefallen«, sagte sie. »Ich tat alles dafür, sie nicht aufzuregen, weil ich ständig Angst hatte, sie könnte frühzeitig sterben.« Sherry erzählte, dass ihre Geschwister irgendwann fortgegangen waren, um sich ihr eigenes Leben aufzubauen. Sie aber war immer für ihre Mutter da, daher war sie es auch, die ihre Mutter ständig anrief. »Ich beneide meine Geschwister um ihr Leben«, fuhr Sherry fort. »Wenn sie Lust dazu haben, machen sie Urlaub. Sie sind dann einfach weg! Ich kann es nicht ertragen, längere Zeit fort zu sein. Was, wenn etwas passiert, während ich weg bin?«

Dabei hatte Sherry selbst gesundheitliche Probleme. Trotzdem stellte sie die Bedürfnisse ihrer Mutter über ihre eigenen.

Mit so einer Geschichte will ich nicht sagen, dass wir nicht für unsere Eltern da sein sollten (oder auch für andere Menschen), wenn sie unsere Hilfe wirklich brauchen. Doch in Sherrys Fall handelte es sich um eine dysfunktionale Beziehung nach dem Opfermuster, die sich schon in ihrer Kindheit entwickelt hatte. Und mittlerweile löste sie bei Sherry einige Verbitterung aus. Ihre Mutter spielte das Opfer, um die Aufmerksamkeit ihrer Familie zu erregen. Und Sherry, die Jasager-Tochter, die zum co-abhängigen Opfer wurde, schaffte es nicht, Nein zu sagen.

Wenn dich diese Geschichte an deine eigene erinnert, dann gibt es nur einen Weg, dieses Muster zu durchbrechen: Du musst lernen, dich selbst wertzuschätzen, damit du Nein sagen kannst. Darüber erfährst du weiter unten mehr.

Reizüberflutung

Die Organe zur Verarbeitung von Sinneseindrücken sind bei Empathen schnell überlastet. Meist führt dies dazu, dass wir uns von der Welt abkapseln. Aber sehen wir uns doch zuerst einmal an, wie sich diese Überforderung äußert. So kann uns ein Übermaß an Arbeit genauso belasten wie große Menschenmengen, Lärm und Gewalt, selbst wenn wir diese nur - real oder fiktional - mitansehen müssen. Empathen spüren sie körperlich und emotional. Ich zum Beispiel konnte *Game of Thrones* nicht anschauen, weil mich die Serie buchstäblich krank machte. Und gut der Hälfte meiner Leserinnen und Leser erging es nicht anders.

Ich erhalte immer wieder Briefe von Menschen, die mir erzählen, dass sie enorme Probleme mit dem Fernsehen haben, vor allem mit den Nachrichten, weil dort so viel gewaltsame oder deprimierende Dinge gezeigt werden. Sie sind schlicht nicht in der Lage, sich die Nachrichten anzusehen, weil ihnen beispielsweise der Schaden, der unserer wunderschönen Erde zugefügt wird, Übelkeit verursacht. Eine Frau, die für eine Radio-Nachrichtensendung tätig war, schrieb mir, sie wisse gar nicht, wieso ihr ständig schlecht sei. Es gelang ihr nicht, zwei und zwei zusammenzuzählen, bis sie bei einem meiner Vorträge von den Empathen und ihren speziellen Charakterzügen hörte. Dabei sei ihr, so schrieb sie später, ein Riesenlicht aufgegangen, denn tatsächlich trafen fast alle Merkmale der Empathen auf sie zu. In ihrem Beruf aber hatte sie ständig mit brutalen Geschichten zu tun, was für sie eine ganz massive Reizüberflutung darstellte. Sobald ihr bewusst war, worunter sie litt, nahm sie sich mehrmals am Tag kleine Auszeiten, in denen sie sich an einen stillen Ort zurückzog. Abends nach der Arbeit nahm sie dann ein heißes Bad. Bald darauf wechselte sie in die Abteilung Hörspiel und hat seitdem keine Schwierigkeiten mehr. Sie liebt ihren neuen Job.

Es versteht sich von selbst, dass in unseren Hightech-Zeiten die Reizüberflutung immer nur einen Klick entfernt ist. Niemals in der Geschichte der Menschheit hatten wir Zugang zu einem steten Strom (eher schon eine Sintflut!) an Informationen. Vierundzwanzig Stunden am Tag, sieben Tage die Woche poppen die Tweets und Posts der Influencer auf unseren Bildschirmen auf und drängen uns ihre Meinung zu allem und jedem auf. Wir sind ständig auf Abruf und pausenlos online. Dabei saugen wir Informationen in uns auf, die interessant, aber auch verstörend und zutiefst erschreckend sind. Daneben sind wir dem Gifthauch der Online-Debatten ausgesetzt, in denen sich regelrechte Kriege abspielen. Und jeder macht mit, vom Otto Normalverbraucher bis zum Präsidenten. Wir klicken uns durch den Tag und verinnerlichen Ängste und Spannungen, die diese allgegenwärtige Informationsflut auslöst.

Aber auch Menschen in unserem direkten Umfeld können zur Reizüberflutung beitragen, vor allem, wenn sie emotionale

Unterstützung wollen oder mit sich und ihrem Leben nicht zurechtkommen. In solchen Fällen haben Empathen meist Schwierigkeiten, sich aus der Umklammerung dieser Leute zu befreien, weil sie ja niemanden enttäuschen wollen. Das trifft insbesondere dann zu, wenn Beziehungen anfangs ganz wunderbar liefen, sich mit der Zeit aber zu einer massiven Belastung auswachsen. Zum Beispiel wenn wir uns um kranke oder übermäßig anspruchsvolle Menschen kümmern müssen (auch wenn wir sie lieben und sie besonders viel Hilfe brauchen). Oder wenn wir in einer toxischen Beziehung ausharren, einen unfairen Boss haben oder in einer Arbeitsumgebung leben, die sich für uns als schädlich erweist. Solche Situationen rufen tiefgehende widerstreitende Gefühle hervor, zumal wenn wir die Beteiligten gernhaben.

Einer der Gründe, weshalb wir Empathen so sehr unter Reizüberflutung leiden und die Verbindung zu unserem innersten Selbst so leicht verlieren, ist, dass wir die Reizüberflutung nicht nur im Geist registrieren. Wir *spüren* sie förmlich im Körper, auch wenn sie zunächst rein emotionaler Natur ist. Unser Körper spiegelt die physischen Symptome der Menschen um uns herum und natürlich auch die Energien unserer Umgebung. Das passiert, weil wir häufig unfähig sind, die Emotionen anderer Menschen von unseren eigenen zu unterscheiden. Stell dir nur mal vor, wie du die Energie von Schmerz, Verletzungen, Trauer, Freude, Glück oder Leid aufnimmst, einfach nur, weil andere Menschen in dein räumliches Gewahrsein eintauchen – und du nicht merkst, wie wenig diese Gefühle zu dir gehören.

Aus eben diesem Grund kommt es bei uns Empathen meistens dann zu einer Reizüberflutung, wenn wir uns in einem überfüllten, lauten Umfeld aufhalten. Wir scheinen die Energien von Menschen in unserer unmittelbaren Umgebung tatsächlich in unser Energiefeld aufzunehmen. Wenn wir durch hektische Städte und überfüllte Einkaufszentren schlendern, sind wir am Ende völlig ausgelaugt. Sind wir dieser Art der Reizüberflutung immer wieder für längere Zeit ausgesetzt, dann führt dies am Ende zu massiver Erschöpfung. Wir reagieren zunächst vielleicht mit Kopfschmerzen, auf Dauer aber auch mit ernsthaften Erkrankungen. Zumindest erging es mir so: Ich bekam Krebs.

Nun stell dir vor, du nimmst die weltweiten Spannungen auf, die sich in den sozialen Medien jede Minute erdrutschartig über das Display deines Tablets oder Smartphones ergießen. Du verstehst vermutlich, was ich meine: Man kann nur ein bestimmtes Quantum Angst und Stress anderer Menschen in sein Energiefeld aufnehmen, bevor man jede Orientierung darüber verliert, welche Gedanken und Emotionen nun zu einem selbst gehören und welche nicht. Am Ende jedenfalls verliert man jedes Gefühl für die eigene Identität.

Dass wir uns in den Gefühlen anderer verlieren, hat auch damit zu tun, dass wir Konflikte scheuen. Denn diese führen ebenfalls zur Reizüberflutung. Doch diese Konfliktscheu zieht andere Probleme nach sich: Wir vernachlässigen unsere Bedürfnisse aus Angst, von anderen verurteilt zu werden. Wir äußern nie unsere Frustration. Wir sind nicht ehrlich, weil wir andere nicht enttäuschen wollen. Wir lassen unser authentisches Selbst nicht aus dem Käfig. Damit aber setzt ein Teufelskreis ein. Unsere Beziehungen zerbrechen, weil wir nicht wissen, wie wir Konflikte auf friedliche Art lösen können. Solche Fähigkeiten müssen wir erlernen. Wir müssen uns mit dem Konflikt anfreunden, statt ihm ständig aus dem Weg zu gehen.

Manchmal versuchen wir, unser zartbesaitetes Innenleben hinter einer rauen Schale zu verbergen, was auf den ersten

Blick der konfliktscheuen Natur der Empathen widerspricht. Aber wir sollten uns da nicht selbst täuschen. Unser Hintergedanke dabei ist nämlich, uns selbst vor dem Andrang der Sinnesinformationen zu schützen. Wir entwickeln unsere spezifischen Schutzschichten, um Schmerz zu vermeiden. Diese Schichten bilden dann eine Schale um unser sensibles, empathisches Selbst, und je öfter wir einer Reizüberflutung ausgesetzt sind, desto mehr Schichten fügen wir der Schale hinzu.

Zu diesen Schichten gehören auch Verhaltensweisen wie Reserviertheit oder Abkapselung, die es uns erschweren, in Beziehungen Nähe aufzubauen. Und natürlich alle Versuche, den Schmerz durch Alkohol, Drogen, Ess- oder Spielsucht zu betäuben. Je mehr wir unser Umfeld als fremd erleben, desto mehr Schichten legen wir zwischen uns und die Welt.

In diesem Fall sind selbst sinnvolle Aktionen – wie der Gang zu den Anonymen Alkoholikern oder die Teilnahme an einem Selbsthilfe-Workshop – nur weitere Schichten, die wir dem Ganzen hinzufügen. Was nicht heißen soll, dass die Anonymen Alkoholiker oder andere Suchtprogramme nicht unzähligen Menschen geholfen hätten, die sich mit ihren eigentlichen Problemen erst auseinandersetzen konnten, als sie gelernt hatten, nüchtern zu bleiben. Anders ausgedrückt helfen uns diese Schichten zunächst einmal, unsere Sucht in den Griff zu bekommen und klare Grenzen zu setzen. Doch sie tragen nicht dazu bei, die Wurzel des Problems zu lösen: unsere Überempfänglichkeit für Reize.

Das Schöne an deiner Sensibilität

Im Gegensatz zu alldem dürfen wir Empathen uns darüber freuen, dass unser inneres Band zu höheren Gefilden viel stärker ist als das jener Menschen, die weder hochsensibel noch Empathen sind – zur anderen Seite, zum unsichtbaren Reich, das ich nach meinem körperlichen Tod kennenlernte, zu dem Ort außerhalb von Raum und Zeit, wo alles vernetzt ist. Unser Wunsch, uns nach eben dieser Seite auszurichten, ist einfach intensiver. Und das ist unsere Stärke. Wenn du dieser höheren Berufung folgst, dann löst sich in deinem Leben alles auf magische Weise.

Wenn du deine Macht auf die Außenwelt überträgst, verlierst du die Verbindung zu deinem inneren Kompass, und dein Leben gerät ins Trudeln. Der Schmerz dieses Gegensatzes – die Verbundenheit mit der höheren Berufung, dem höheren Selbst, und andererseits die Neigung, Macht an andere abzugeben – treibt Empathen häufig dazu, ihr Innerstes nach außen zu kehren, um nur ja jeder Kritik aus dem Weg zu gehen und so viel Anerkennung wie möglich zu bekommen. Wir tun einfach alles, um diesen Schmerz zu vermeiden. Dieses tiefe Gewahrsein, diese Berufung und das daraus sich ergebende Bedürfnis, uns zu verleugnen, um in die Welt für fünf Sinne zu passen, kann zu Depressionen, Selbstmordgedanken oder Drogenabhängigkeit führen, weil wir ja einen Weg suchen, diesem inneren Schmerz zu begegnen. Und wer empfindet inneren Schmerz stärker als jeder andere Mensch? Genau, wir Empathen.

Wenn ich auf mein Leben vor der Nahtoderfahrung zurückblicke, so hatte ich dem inneren Kritiker meine ganze Macht überlassen. Ich hatte meine Sensibilität erstickt, und das hat mich aus der Bahn geworden. Als Empathin hatte ich versucht, meine Empfindsamkeit zum Schweigen zu bringen, aber das hilft nicht wirklich. Deine Antennen öffnen dir den Zugang zu einer Welt der sechs Sinne. Mit ihnen hast du ein starkes Band zur anderen Seite. Wenn du deine Sensibilität aber ausmerzt, dann blockierst du die Botschaften aus jener anderen Welt. Du musst dir also gewahr werden, dass du deine Macht auf die Außenwelt überträgst, und anfangen, sie auf deine Innenwelt zu richten, auf dein höheres Selbst.

Heute kann ich mich bewusst nach innen wenden und mit meinen Fähigkeiten trotzdem die Außenwelt erspüren. Ich erzähle dir das alles, weil ich möchte, dass auch du lernst, wie du dich auf dein inneres Selbst ausrichten kannst. Das ist deine Rettung. Das ist deine Bestimmung. Auf diese Weise kannst du das Steuer deines Lebens herumwerfen und Gutes tun. Du kannst jene Stärken verwirklichen, die dich zu einem gütigen, liebevollen, einsichtigen und großzügigen Menschen machen – zu einem Menschen mit all den Qualitäten, die dich mit der anderen Seite verbinden.

Mich erinnert dieser Prozess an etwas, das der große italienische Künstler Michelangelo sagte, als man ihn fragte, wie es ihm denn möglich sei, aus einem groben Marmorblock einen wunderschönen Engel zu machen: »Der Engel war immer schon da. Ich habe nur Stück für Stück Marmor weggenommen, um ihn zu befreien.« Überleg dir mal: Was, wenn nun dein sensibles Selbst eben jener Engel im Marmor ist, der um seine Freiheit kämpft? Wenn der eigentliche Zugang zu deinem inneren Mystiker darin besteht, dass du die Schichten abträgst, die du dir eine nach der anderen übergezogen hast? Wäre uns allen nicht eher damit gedient, dass wir lernen, die Gaben des Engels zu schätzen, statt sie Schicht um Schicht im Marmor zu begraben?

Meditation zur Wertschätzung deiner Gaben

Womöglich fühlt sich diese Meditation für dich zuerst einmal komisch an. Doch auch wenn du dem Ganzen nicht traust, versuch es einfach trotzdem. Nach einer gewissen Zeit – Minuten, Tagen oder Wochen – wirst du anfangen, diese Worte zu glauben und die Schönheit deines wahren Selbst zu begrüßen.

Ich betrachte meine Sensibilität als Stärke, ja als Superkraft.
Sie ist ein Teil meiner selbst.
Ich liebe und akzeptiere mich für das, was ich bin.
Ich brauche die Anerkennung anderer nicht mehr, um mich selbst und mein sensibles Naturell anzunehmen.
Ich verleugne mich nicht mehr. Ich mache mir keine Selbstvorwürfe, weil ich eine empfindsame Seele bin.
Meine Sensibilität hat ihren Sinn.
Meine Seele hat mein Sosein aus einem bestimmten Grund für dieses Leben ausgewählt.
Sensibilität ist ein höchst seltenes Juwel, und ich fühle mich zutiefst geehrt, dass sie zu mir gehört.

Teil II

Deine Beziehung zu dir selbst

3

Wie du als Empath dein Leben verbessern kannst

Ich bin wie das Wasser, weich und zugleich stark.

Kannst du dein Sechs-Sinne-Naturell annehmen, dann dehnt sich deine Welt schlagartig aus. Wenn du die Augen dafür öffnest, wie in Kapitel 1 beschrieben, dann nimmst du alles strahlender und intensiver wahr. Hast du zuvor vielleicht Jahre damit zugebracht, deinen innersten Kern zu unterdrücken, deine Einzigartigkeit auszublenden, wirst du nun von Gefühlen und Einsichten geradezu überflutet. Wenn du dir jetzt erlaubst, alles zu fühlen, bis hinein in seine Tiefen, dann wirst du feststellen, dass dir vieles davon Schmerz bereiten kann. Aber es kann dir auch Freude schenken. Und diese Freude hat den Geschmack von Freiheit.

Viele meiner Leserinnen und Leser berichten auch, dass ihr frisch erkanntes Sechs-Sinne-Selbst sie plötzlich mehr Synchronizitäten im Leben entdecken lässt, das, was man gemeinhin als »Zufälle« bezeichnet. Sie spüren ihren inneren Kompass stärker. Und sie fühlen sich nicht mehr klein und unzulänglich. Sie sehen ihr empathisches Naturell nicht mehr als Schwäche, die sie um jeden Preis verbergen müssen. Stattdessen öffnen sie die Arme für ihr wahres Selbst und erkennen, dass es eine einzigartige, besondere Gabe ist, auf die sie stolz sein können.

Wenn du dich auf deine empathische Natur einlässt, hat plötzlich alles ein ganz anderes Gesicht. Dein Leben bekommt eine tiefere Bedeutung. Du empfindest es als wirklich sinnhaft. Du verspürst eine unglaubliche Freude – das Gefühl, endlich nach Hause zu kommen, an den Ort, an den du wahrhaft gehörst. Und du fühlst deine innige Verbundenheit mit der mystischen Welt um dich herum. Deine Augen zu öffnen ist also von höchster Bedeutung. Aber du brauchst Strategien, um mit diesem erhöhten Gewahrsein umgehen zu können.

Wie ich bereits sagte, hatte ich nach meiner Nahtoderfahrung und dem Erlebnis mit dem Schamanen in Costa Rica keine solchen Hilfsmittel zur Verfügung. Es gab keine Bücher, keine praktischen Übungen, auf die ich hätte zurückgreifen können. Und doch wollte ich meine Sensibilität nicht wieder abstumpfen lassen. Schließlich war es das gewesen, was mich in die leidhafte Erfahrung meiner Krebserkrankung getrieben hatte – einen Teil meiner selbst zu verleugnen. Und ich möchte nicht, dass dir dasselbe passiert. Daher will ich dir in diesem Kapitel meine wichtigsten Instrumente und Strategien vorstellen. Damit musst du nicht erst das ganze Buch durchlesen, um dich für deine Sensibilität öffnen zu können. Im Laufe dieses Prozesses wirst du zu deiner Stärke finden.

Abschalten

Die äußere Welt ist laut und fordernd. Der erste Schritt zu unseren Stärken ist daher, auf diese Reizüberflutung aktiv zu reagieren. Als Erstes müssen wir herausfinden, was unser inneres

Leitsystem lahmlegt. Zu diesem Zweck müssen wir die Geräusche der Außenwelt *dämpfen*, um hören zu können, was unsere *innere* Stimme uns sagt.

Ein guter Anfang ist es, zumindest einen ganzen Tag lang, also für vierundzwanzig Stunden, alle elektronischen Geräte abzuschalten – und das jede Woche einmal. Ja, genau: den Fernseher, das Handy und alle Computer. Anrufe nimmst du nur an, wenn es sich um absolute Notfälle handelt. Diese eintägige Pause kannst du dann allmählich ausdehnen auf zwei Tage pro Woche. Das ist wie Fasten: Du entgiftest dein System von all dem Krach und der Datenflut, die du sonst ständig in dich aufsaugst. Ist es für dich nicht machbar, dich einen oder zwei Tage vollkommen vom Weltgeschehen abzukoppeln, dann solltest du dir eine Alternativstrategie überlegen. Vielleicht kannst du ja jeden Abend drei Stunden lang alle elektronischen Geräte abschalten. Und vielleicht noch mal am Morgen. Versuche es mit Schritten, die für dich funktionieren und dir tatsächlich Erleichterung verschaffen.

Vergiss nicht: Die sozialen Medien sind problematischer als andere Informationskanäle, weil sie so allgegenwärtig sind. Wir hängen ja tatsächlich rund um die Uhr an unseren Smartphones, Tablets und so weiter. Eine Nachricht kommt an, und wir empfinden diesen unwiderstehlichen Drang, sofort zu antworten, was unser Stressniveau erhöht. Solche ständigen Unterbrechungen und Ablenkungen werden immer mehr. Es gibt Leute, die ihr eigenes Leben und das ihrer Mitmenschen gefährden, weil sie mitten auf der Autobahn unbedingt schnell eine Nachricht beantworten wollen. Und wir verinnerlichen die Botschaften aus den sozialen Medien Tag für Tag in kleinen Dosen. Das aber heißt, dass wir in Krisenzeiten, die real sein, aber auch bloß in unserer Vorstellung existieren können, ständig in Alarmbereitschaft sind, denn Angst verkauft sich nun mal bekanntlich am besten.

Aus diesem Grund empfinde ich auch die Sondermeldungen im Fernsehen als ein Unding. Es sind ja nicht immer nur Erdbeben, Schießereien in Schulen oder Kriege, die so privilegiert platziert werden, sondern auch Tweets von irgendwelchen Celebritys oder Politikern. Und gerade Letztere suggerieren uns ja mit Vorliebe, der politische Gegner habe uns Unrecht getan. Und schon wird das Ungleichgewicht in unserer Seele wieder ein Stück stärker, weil die Reizüberflutung, der wir ohnehin ausgesetzt sind, zusätzlich angeheizt wird. Denselben Effekt haben übrigens auch Beipackzettel von Medikamenten und die darauf genannten Nebenwirkungen, die ärger sind als die Symptome, für die uns das Arzneimittel verschrieben wurde! All das ist für Empathen Gift und trägt keineswegs zu Wohlbefinden und Heilung bei.

Wie Joe Dispenza in seinem Buch *Du bist das Placebo* beschreibt, zeitigt jede Vorstellung, die unserem Geist eingepflanzt wird, eine Wirkung, vor allem, wenn das mit Regelmäßigkeit geschieht. Wenn wir also ständig Botschaften übers Kranksein aufnehmen, dann werden wir auch bald mit Krankheit reagieren, denn wir sind nun einmal hochgradig empfänglich für alles, was von außen kommt (mehr dazu in Kapitel 6). Hören wir ständig von neuen Todesfällen und Tragödien, dann entwickeln wir vermutlich Angstzustände. Und auf Empathen trifft dies in besonderem Maße zu.

Wir öffnen unser Herz für das Gift, das wutzerfressene Internet-Trolle (deren einziger Lebensinhalt es ist, Streit, Hass und Verderben zu säen und im Netz politisch zu zündeln) ausspeien. Wir lesen ständig bösartige Kommentare, deren Urheber von der Online-Anonymität geschützt werden. Aber für uns

Empathen ist es lebenswichtig, dass wir unserem Naturell treu bleiben und nicht meinen, dass wir diesen Leuten (insbesondere den Trollen) *gleich werden* müssen, um ihnen etwas entgegensetzen zu können.

Wenn ich dich ermutige, dich dieser Reizüberflutung zu entziehen, dann nicht, weil ich denke, wir müssten alle unseren Kopf in den Sand stecken. Aber wir sollten uns eine »mediale Diät« gönnen, indem wir auch mal Raum für Stille schaffen. Denn dies ist der einzige Weg, wie wir in Verbindung mit unserem inneren Kompass bleiben können. Und nur so sind wir der Menschheit von Nutzen.

Nimm Kontakt auf zu deinem inneren Mystiker

Der nächste Schritt zur Stärkung deiner selbst und deiner Gaben ist es, Verbindung zu deinem inneren Leitsystem aufzunehmen. Ich nenne das im Übrigen den »inneren Mystiker«. Wenn du anfängst, immer öfter mal einfach abzuschalten, wirst du bald mehr Raum in Geist und Psyche haben, denn deine stressbesetzten Gedanken lösen sich allmählich auf.

Das ist ein bisschen so, als würde jemand plötzlich die Klimaanlage abstellen, deren Laufgeräusch wir schon gar nicht mehr registriert haben. Und plötzlich können wir die Stille »hören«. Du wirst eine tiefere Verbundenheit mit dir selbst spüren und mehr Synchronizitäten in deinem Leben erfahren. Zum Beispiel kann es sein, dass du an jemanden denkst, und plötzlich ruft diese Person an. Oder jemand sagt etwas, und seine Worte sind die Antwort auf eine Frage, die dich schon länger beschäftigt, ohne dass der andere davon gewusst hätte. Oder du kaust auf einem Problem herum, und auf einmal ertönt im Radio ein Song, und der Text enthält genau die Lösung, die du in deiner jetzigen Situation brauchst.

Vielleicht spürst du auch deine innere Führung stärker und entwickelst mehr Einsichten als früher. Vielleicht fällt es dir plötzlich wie Schuppen von den Augen, und du weißt mit einem Mal, auf welche Art du mit einem schwierigen Kollegen oder Angehörigen umgehen kannst. Oder du bist Künstler und spürst, wie deine Kreativität leichter ins Fließen kommt und dir neue Kanäle eröffnet, ob du nun Musik machst, malst, schreibst oder was auch immer. Wenn so etwas passiert, liegt es einfach daran, dass du Raum geschaffen hast: Deine innere Führung hat jetzt Platz in deinem Energiefeld, weil du diesen Raum nicht länger mit Energien füllst, die nicht die deinen sind.

Wir alle können diesen Zugang zu unserer inneren Stimme (oder unseren inneren Stimmen) entwickeln. Deren unbeschreibliche Klarheit steht uns jederzeit zur Verfügung. Aber unsere von Hektik und Stress überfrachteten Sinne verhindern, dass wir diesen Geisteszustand auch nur ansatzweise kennenlernen. Wenn unser Lebensstil über Jahre von Reizüberflutung bestimmt war, fühlt sich dieser Zustand ganz normal an. Häufig merken wir nicht einmal, dass all die Ängste und der Stress, die wir geistig und körperlich absorbieren, gar nicht zu uns gehören. Daher ist es so wichtig, Strategien parat zu haben, die unserem sensiblen Naturell gerecht werden und es fördern.

Empathen kommen mit geschärften spirituellen und intuitiven Fähigkeiten zur Welt. In *Wenn dir alles unter die Haut geht* schreibt Judith Orloff, dass Empathen, anders als Hochsensible, »feinstoffliche Energie, die in den östlichen Heiltraditionen als ›Shakti‹ oder ›Prana‹ bezeichnet wird«, wahrnehmen können. Manche haben darüber hinaus »tiefgreifende spirituelle und intuitive Erlebnisse« und »können sogar mit Tieren, der Natur und ihrem inneren Führer kommunizieren«[4].

Ich habe ohne jeden Zweifel eine gute Verbindung zu meinem inneren Kompass, aber das trifft auf alle Empathen zu, mit denen ich bisher gearbeitet habe. Du kannst dein inneres Leitsystem nennen, wie du willst: den inneren Mystiker, Gott, dein Selbst, dein höheres Selbst – welche Bezeichnung auch immer dich besonders anspricht. Ich kenne diese innere Stimme schon seit Kindertagen. Als Teenager habe ich sie im Geist wahrgenommen. Sie half mir durch schwere Zeiten, zum Beispiel, als man mich an der Schule schikanierte. »Hab keine Angst vor ihnen«, sagte mir die Stimme. »Sie sind schwächer als du.« Und: »Es mag für den Augenblick anders aussehen, aber wir stehen hinter dir. Du bist absolut sicher.« Aber ich war nicht immer offen für diese Stimme. Tatsächlich hatte ich oft Angst vor ihr, weil sie mir ganz andere Botschaften vermittelte, als ich sie von der Außenwelt kannte. Irgendwann verlor ich sie, und das blieb lange Zeit so.

Dass Empathen das Leid anderer Menschen, sei es nun emotional oder körperlich, verinnerlichen, erzeugt nicht nur ein Rauschen, hinter dem der Kanal zu unserem inneren Mystiker verschwindet. Es erschöpft uns auch und verursacht nicht selten Krankheiten. In meinem Fall hätte mich das beinahe das Leben gekostet. Hätte ich gelernt, diese innere Stimme anzunehmen und auf sie zu hören, hätte mein Leben wohl einen ganz anderen Verlauf genommen.

Dein innerer Mystiker ist ein Leitsystem, das dir hilft, die Stürme der äußeren Welt zu überstehen, indem du eine störungsfreie Verbindung zum kosmischen Bewusstsein herstellst, zu deinem Lebenszweck. Über diese Verbindung stimmst du dich ein auf das Universum, und zwar auf eine Weise, die über

Glauben, Religion oder Dogma weit hinausgeht. Aus eben diesem Grund ist es so wichtig, diese Stimme wertzuschätzen, selbst um den Preis, dich über sämtliche Erwartungen deiner Mitmenschen hinwegzusetzen.

Die drei Hauptgründe, warum wir das Flüstern unserer inneren Stimme unterdrücken und dadurch die Verbindung zum inneren Mystiker verlieren, warum wir also unsere Macht aus der Hand geben, sind: unsere Abneigung gegenüber Kritik in jeder Form, unser Bedürfnis nach Anerkennung von außen und schließlich – wie Matt Kahn, der Autor von *Seelenlicht,* schreibt – die Hoffnung, dass man uns mehr mag, wenn wir mehr so sind wie andere.[5] So viele der Menschen, die mir schreiben, berichten, dass sie mit eben diesen Problemen ihr Leben lang zu kämpfen hatten.

Als Kind empfand ich die Verbindung zum Mystischen sehr stark. Ich schien Dinge einfach zu erspüren, von denen ich gar nichts wissen konnte. Natürlich meinte meine Familie immer, das alles sei reine Einbildung meinerseits, trotzdem war meinen Angehörigen klar, dass ich irgendwie anders war. Zum Beispiel sprudelte es schon im Voraus aus mir heraus, wer am Apparat war, wenn das Telefon läutete. Ich lag damit jedes Mal richtig, und es war nicht geraten. Ich *wusste* es einfach. Und das war lange vor Erfindung des Handys, bei dem ja der Name des Anrufers im Display erscheint. Manchmal summte ich ein Lied vor mich hin, dann schaltete mein Bruder das Radio ein, und prompt spielte man diesen Song. Als unser Vater einmal von einer Geschäftsreise nach Japan zurückkehrte, sagte ich zu meinem Bruder: »Ich kann gar nicht erwarten, dass Papa heimkommt! Er hat uns Geschenke mitgebracht. Für mich hat er einen Plüschhund im Koffer und für dich einen Spielzeug-Diaprojektor – aus Japan!« Wie hätte ich das wissen sollen? Aber es stimmte: Als unser Vater seinen Koffer auspackte, waren genau diese Spielsachen drin, die er für uns gekauft hatte.

Ich nahm immer an, wir alle besitzen diese innere Stimme, die uns jederzeit leitet. Ja, ich glaubte, dass wir mit dieser Verbundenheit zum kosmischen Bewusstsein auf die Welt kommen. Meiner Ansicht nach zeigt sich diese Verbundenheit schon in der lebhaften Fantasie der Kinder, in ihren unsichtbaren Freunden und ihrer Sensibilität für die Gefühle anderer. Irgendwie ist ihr Ohr immer offen für ihre innere Führung. Deshalb haben sie häufig ganz erstaunliche Einsichten, sozusagen eine Pforte zu einer Weisheit, die aus dem Nichts zu kommen scheint. Doch wie bereits gesagt verlieren sie diesen Zugang zu ihrem inneren Wissen auch sehr schnell, da man ihnen ständig einredet, all das sei reine Fantasie. Und so unterdrücken sie ihre Sensibilität, um besser in diese Welt zu passen.

Erst vor Kurzem habe ich auf *Facebook Live* in einem meiner wöchentlichen Videostreams über diese Verbindung zur anderen Seite gesprochen und die Zuhörenden gebeten, mir doch ihre Geschichten zu diesem Thema zu schicken. Die Resonanz war überwältigend. Maria beispielsweise erzählte von einem äußerst lebhaften Traum von ihrer Mutter, die am anderen Ende des Bundesstaates lebte. In diesem Traum schrie ihre Mutter um Hilfe. Maria schreckte unvermittelt aus dem Schlaf hoch. Als ihr bewusst wurde, dass sie im Traum gerade einen Hilfeschrei ihrer Mutter gehört hatte, versuchte sie zwar, wieder einzuschlafen, war aber zu aufgeregt. Der Traum hatte sich höchst real angefühlt. Am nächsten Morgen erfuhr sie durch ein Familienmitglied, dass ihre Mutter auf dem Weg ins Badezimmer mitten in der Nacht gestürzt war. Sie hatte auf dem Boden gelegen und um Hilfe gerufen. Glücklicherweise hatte jemand sie gehört und war ihr zu Hilfe geeilt. Es stellte sich heraus, dass sie sich die Hüfte gebrochen hatte. Alles ist gut verheilt, und heute geht es Marias Mutter wieder gut. Aber während sie auf dem Boden lag, hatte sie tatsächlich an ihre Tochter gedacht. Sie hatte Angst, sterben zu müssen, wenn niemand sie hörte. »Wenn so etwas jemals wieder passiert«, so schreibt Maria, »werde ich sofort reagieren. Ich hätte ja schließlich anrufen und jemanden schicken können, der ihr hilft. Glücklicherweise hat jemand anderer diesen Ruf gehört.«

Cheng schrieb mir, dass er nachts auf der Hauptstraße unterwegs war. Die Ampel vor ihm stand auf Grün. Cheng gab Gas, weil er die Kreuzung überqueren wollte, bevor das Licht wieder auf Rot sprang. Da rief jemand: »Stopp!« Er hatte keine Ahnung, woher die Stimme kam. Sie war ziemlich leise, eigentlich kaum hörbar, aber er vernahm sie trotzdem klar und deutlich. Also trat er instinktiv auf die Bremse. In der nächsten Sekunde rauschte von der Querstraße kommend ein Lastzug bei Rot über die Kreuzung, genau dort, wo sich im nächsten Moment Chengs Auto befunden hätte. Hätte Cheng nicht angehalten, wäre sein Schicksal besiegelt gewesen.

Fast alle Menschen kennen Geschichten über solche Vorahnungen. Über liebe Menschen, die krank oder tot sind und Botschaften senden. Über die starke Verbundenheit zur unsichtbaren Welt, die sie als Kind hatten. Doch viele Menschen, die solche Erfahrungen gemacht haben, berichten auch, dass sie nicht einfach so davon erzählen können. Sie haben Angst, als verrückt abgestempelt zu werden.

Seit undenklicher Zeit berichten Philosophen und Mystiker über diese Verbindung zur »anderen Welt«, die in uns lebt, wenn wir in diese Welt eintreten. Aber wir vergessen dieses Band für gewöhnlich recht schnell. Empathen hingegen stehen meist in engem Kontakt zu diesem ätherischen Reich, ja, sie leben mit einer vagen Sehnsucht nach dem »Anderswo«, das sie gar nicht recht definieren können. Meiner Erfahrung nach sind Menschen, die diese tiefe Sehnsucht im Herzen tragen, nicht fähig, lange Zeit an einem Platz zu bleiben. Das liegt daran, dass sie ihr Leben lang nach einem Ort suchen, der nicht von dieser Welt ist. An ihrem Arbeitsplatz vergessen sie alles um sich herum, ihr Blick geht von ihrem Fenster hinaus in den weiten Himmel, und sie sehnen sich nach einer anderen Welt. Als Kinder in der Schulbank sind sie mit dem Kopf immer woanders und durchschweifen Inseln in fernen Meeren, während sie das Mathebuch vor ihrer Nase so gar nicht zu fesseln vermag. Vielleicht ist es ja diese Sehnsucht nach dem Unnennbaren, die den Lyriker William Butler Yeats in seinem Gedicht *Before the World Was Made* zu folgenden Zeilen veranlasste: »Ich suche nach dem Gesicht, das ich hatte, bevor die Welt erschaffen wurde.«

Genau in diesem Zusammenhang geht es darum, das Band zu unserem inneren Mystiker zu stärken. All jene, die ihren inneren Kompass kennen und auf ihn hören, sind in ihrem Leben höchst präsent. Ganz egal, welchen Beruf sie ausüben – ob Maurer, Postbeamte, Künstler oder Heilerin –, sie haben Freude am Leben und das tief innere Gefühl, dass sie tun, wozu sie auf der Welt sind. Sie folgen dem Ruf ihrer Seele.

Akzeptiere, dass dein Innenleben real ist. Es ist wirklich, und du musst es stärken. Innere Führung ist kein Privileg für einige wenige. Es ist keineswegs so, dass der kosmische Führungsrat eine Sitzung abhält und berät: »Wen sollen wir auserwählen? Nehmen wir doch sie. Oder ihn.« Und der Rest der Menschheit bleibt unberücksichtigt. Nein, jeder hat Zugang zur inneren Stimme, aber wir müssen uns schon ein bisschen anstrengen, um uns auf sie einzustimmen. Unser inneres Leitsystem versorgt uns die ganze Zeit über mit Informationen. Je mehr wir uns darauf einstellen, desto mehr Signale sendet es beziehungsweise können wir empfangen. Doch grundsätzlich steht uns dieser Kompass immer zur Verfügung. Es liegt allein an uns, ob wir uns ganz, ein bisschen oder gar nicht nach ihm richten wollen.

Auf den folgenden Seiten werde ich erläutern, wie wir Empathinnen und Empathen diese Verbundenheit herstellen und lernen können, unser Band zum inneren Mystiker wertzuschätzen. Damit wir uns endlich unsere einzigartige Stärke zurückerobern.

Verbindung zum Netz des kosmischen Bewusstseins

Sobald du das Band zu deinem inneren Mystiker neu geknüpft hast, kannst du eine Verbindung zum kosmischen Bewusstsein herstellen. Meine Erfahrung mit dem Tod lehrte mich, dass unser natürlicher Zustand die Freiheit ist: frei vom Strom der Einsamkeit, der Schuld und anderer Bürden, die wir im Leben auf uns nehmen. Je mehr wir die Emotionen, die uns an unsere persönlichen Dramen fesseln, loslassen und ablegen können, desto stärker spüren wir die Verbindung zum inneren Mystiker und zu dem weiten Kosmos, der unsere natürliche Heimat ist.

So wie Strom fließt, sobald der Stecker in der Dose steckt (obwohl auch diese Energie unsichtbar ist), so fließt uns die intuitive Weisheit unseres grenzenlosen Selbst zu, wenn wir beschließen, uns mit ihr zu verbinden. Dies gelingt uns, indem wir den emotionalen Ballast aufarbeiten, der uns niederdrückt (mehr dazu in Kapitel 8). Es funktioniert, wenn wir jenen Menschen vergeben, die uns in unseren Augen geschadet haben, statt weiter alte Ressentiments zu pflegen. (Damit will ich nicht sagen, dass wir ihr Verhalten gutheißen oder sie weiter in unserem Leben dulden sollen, wenn wir das nicht wollen.) Und wir können diese Verbindung auch herstellen, indem wir Dankbarkeit empfinden für alles, was in unserem Leben gut ist. Oder wenn wir andere Dinge tun, die in uns ein Gefühl der Leichtigkeit, der Entspannung und Befreiung hervorrufen.

Mit »grenzenlosem Selbst« meine ich unsere Verbundenheit mit dem reinen Bewusstsein, das ich als gigantisches Netz sehe, das alle Wesen umfasst. Eines der Dinge, die ich während meiner Nahtoderfahrung gelernt habe, ist, dass wir alle miteinander verwoben sind, eben wie in einem riesigen Netz. Ich nenne es das »Netz des kosmischen Bewusstseins«. Stell dir vor, dass alle Wesen Maschen dieses Netzes sind. Nur dass diese Maschen nicht aus Garn bestehen, sondern aus Energie. Du kannst sie vielleicht nicht sehen, aber deine intuitive Wahrnehmung erkennt sie. Du kannst diese Energie spüren.

Viele von uns sind sich dieses Netzes nicht gewahr, bis der Tod sie ereilt. Tatsächlich aber ist unser Bewusstsein immer mit allem verbunden, was ist, also mit allen unseren Mitgeschöpfen. Als ich im Koma lag, verließ ich meinen Körper, aber ich spürte, was jeder Mensch im Raum empfand. Ich fühlte all diese Emotionen: die Resignation der Ärzte über mein bevorstehendes Ende; die Gefühle meiner erschütterten Familie. Das große Netz verband mich mit aller Zeit und allem Raum. Ich war mir nicht nur dessen bewusst, was in diesem Krankenzimmer vorging. Mein Bewusstsein reichte noch viel weiter. So wusste ich, dass mein Bruder gerade im Flugzeug den ganzen Kontinent überquerte, um mich zu besuchen. Ich sah meine früheren Inkarnationen, vor allem jene, aus denen die Beziehung zu meinen Familienmitgliedern entstand. Zeit und Raum schienen für mich nicht mehr zu existieren. Es fühlte sich an, als hätte ich Zugang zu allem, zu jeglicher Zeit.

Dass es dieses Netz gibt, können wir überall sehen. Ich habe ja schon in Kapitel 2 erzählt, wie sich mein Hund Cosmo immer fünf Minuten, bevor ich zu Hause ankam, an der Tür postierte. Ich glaube, Haustiere, ja Tiere im Allgemeinen, und Babys spüren die Verbundenheit durch das gemeinsame Netz. Unzählige Menschen haben mir Geschichten über Tiere, Babys und Kleinkinder erzählt, die Dinge einfach wissen oder erspüren, zu denen sie mit fünf Sinnen allein niemals Zugang hätten.

Eine Frau namens Lesley schrieb mir, ihr fünfjähriger Sohn sei mitten in der Nacht in ihr Schlafzimmer gekommen, um ihr zu erzählen, er habe gerade seine Oma getroffen. Sie habe ihm aufgetragen, seinen Eltern zu sagen, dass es ihr gut gehe. Lesley war verblüfft, denn sowohl ihre Mutter als auch ihre Schwiegermutter waren ihres Wissens gesund und munter. Am nächsten Morgen erfuhr sie, dass ihre Schwiegermutter gestorben war, um eben jene Zeit, als ihr Sohn sie gesehen hatte.

Eine andere Frau berichtete mir, dass sich ihr Hund, der üblicherweise draußen schlief, an einem Abend einfach nicht wegschicken ließ. Er wollte im Bett schlafen, obwohl sie mehrfach versuchte, ihn vor die Tür zu locken. Also ließ sie ihn ins Bett, weil sie fürchtete, das Tier könnte sich einsam fühlen oder vielleicht krank sein. Mitten in der Nacht läutete plötzlich das Telefon. Ihr Vater war am Apparat und erzählte ihr, dass ihre Mutter soeben gestorben sei. Der Hund kuschelte sich an die Frau und leckte ihr die Tränen von den Wangen, denn sie weinte heftig. Und er blieb die ganze Nacht an ihrer Seite. Sie war überzeugt davon, dass ihr Hund den Tod ihrer Mutter erahnt hatte. Er wusste auch, dass er sie aufwühlen würde und dass sie deshalb Trost brauchte. Diese hochsensiblen Geschöpfe sind sich solcher Vorkommnisse bewusst. Sie spüren sie genauso intensiv wie du das Buch oder den E-Book-Reader, den du gerade in der Hand hältst.

Wir haben das Gewahrsein dieser Verbundenheit ausgeschaltet, damit wir der materiellen Welt keine Reibungsfläche bieten. Wir werden in dem Glauben erzogen, dass wir alle getrennte, individuelle Wesen sind. Und so tun wir im Leben vor allem eines: Wir konkurrieren miteinander. Wir leben in einer Welt, in der es, wie man uns sagt, ums »Fressen oder Gefressen-Werden, Siegen oder Besiegt-Werden, Töten oder Getötet-Werden« gehe. In Wirklichkeit aber betrifft alles, was mir passiert, auch dich, und umgekehrt. Wir sind wie die Finger einer Hand: Wenn sich ein Finger verletzt, tut die ganze Hand weh. Wir sind keine getrennten Finger. Wir sind alle verbunden durch den Handteller, aus dem die Finger herauswachsen.

Ob wir es nun merken oder nicht, wir stehen in ständiger Verbindung mit dem kosmischen Bewusstsein. Um die emotionale oder spirituelle Kraft in Besitz zu nehmen, die die Welt durchströmt, müssen wir nicht »normal« werden oder zusätzliche Schutzschichten auf unsere Seele packen. Wir brauchen die Schichten spiritueller Dogmen ebenso wenig wie die der Selbstverleugnung, die in der Maske der Selbstoptimierung daherkommt. Wie Michelangelo, der seinen Engel in einem Marmorblock fand, müssen wir diese Schichten Stück um Stück abtragen, alle falschen Überzeugungen, Denkmuster, Ängste, und vor allem den unnötigen Druck, der unseren inneren Radar behindert, unsere Verbindung zum inneren Mystiker.

Stärke deine Energie

Als Empathin oder Empath kannst du dich auf ganz unterschiedlichen Energieniveaus befinden – unvollkommen, mittelprächtig, stark, voll oder mystisch. Aber auf welchem Level du auch stehen magst, es ist wichtig, dass du lernst, dich energetisch zu stärken.

Erde dich

Wenn du geerdet bist, kannst du dich entspannen und deine spirituelle Verbundenheit festigen. Dann bist du dir eher im Klaren, welche Energien zu dir gehören und welche nicht. Je stärker deine Erdung ist, desto leichter findest du Zugang zu deinem inneren Mystiker und desto weniger empfänglich bist du für die Energien anderer.

Die folgende Übung gehört zu meinen bevorzugten Erdungsstrategien. Wenn du möchtest, kannst du sie da und dort auch abändern.

1. Such dir einen ruhigen Platz, an dem du nicht gestört wirst. Setz dich auf einen Stuhl oder Sessel. Ist das Wetter schön, kannst du die Übung auch im Freien machen. Lass dich dann vielleicht auf einer grünen Wiese nieder. Ob du die Augen schließt oder lieber offen lässt, liegt ganz bei dir.
2. Atme tief ein und aus. Stell dir beim Einatmen vor, wie du die Energie der kosmischen Lebenskraft in dich aufnimmst, die positive Energie, die allem Lebenden innewohnt. Atme diese Energie konzentriert und bewusst ein und füll das Gefäß deines Körpers ganz mit dieser Lebenskraft. Mach das so langsam wie möglich.

3. Nun atme ganz langsam aus. Lass alles los. Deine Atmung regelt alles herunter, auch deinen Blutdruck und deinen Puls.
4. Wiederhole diesen Übungsschritt einmal. Ein tiefer Atemzug zum Einatmen, einer zum Ausatmen.
5. Beim dritten und letzten Atemzug stellst du dir bildlich vor, wie der Atem noch tiefer reicht und langsam in deine Beine und Füße strömt. Du saugst den Atem so tief ein, dass er durch deine Fußsohlen austritt und in die Erde fließt. Dann atmest du ebenso tief aus.

Schütze deine Aura

Täglich etwas für den Schutz deiner Aura zu tun, ist ein entscheidender Schritt zur Gesundheit, vor allem, wenn du dich häufig in Menschenmengen aufhältst oder andere Dinge tust, bei denen du dich nicht wohlfühlst. Ebenso wenn du regelmäßig mit Menschen zusammen bist, die dich viel Energie kosten, zum Beispiel Narzissten. Auf jeden Fall gibt es dazu eine ganze Reihe von Techniken, die jedoch oft von dir verlangen, dass du dich von der Energie anderer abkoppelst. Das kann für manche Menschen hilfreich sein, uns Empathen aber geht das entschieden gegen den Strich. Damit wir uns weiterentwickeln können, dürfen wir uns nicht abkapseln oder verstecken. Wir brauchen den Kontakt, wir müssen weit werden, statt uns einzuigeln. Vor diesem Hintergrund findest du hier ein paar von meinen Lieblingsübungen:

- Trag einen schwarzen Turmalin bei dir, auch Schörl genannt. Er ist bekannt dafür, dass er vor Energien schützt, die uns unangenehm sind. Steck einen Rohstein in die Tasche, oder kauf dir ein schönes Schmuckstück mit diesem Edelstein.

- Räuchere deine Aura mit einem Bündel aus Weißem Räuchersalbei (botanisch: *Salvia apiana*). Du erreichst die gleiche Wirkung, wenn du Salbeispray versprühst. Diese Praxis der nordamerikanischen Indianer ist sehr nützlich, um die Aura zu reinigen. Versuch es ruhig mal, wenn du dich längere Zeit in einer Menschenmenge aufhalten musstest. Du kannst die Aura allerdings auch mit einfachem Wasser oder mit Hamameliswasser besprühen.
- Stärke deine Aura. Such dir einen ruhigen Ort und setz dich hin. Stell dir deine Aura vor – in der Farbe, die dir instinktiv einfällt. Nun lass sie pulsieren und sich erweitern, bis sie den ganzen Raum erfüllt. So weit, wie du willst. Dann zieh sie langsam wieder an dich heran, bis sie deinen Körper in einem Abstand von zehn bis fünfzehn Zentimeter umhüllt. Wiederhole diesen Vorgang mehrere Male. Deine Aura zu stärken hilft dir, sie ganz nach Bedarf eng um dich zu ziehen oder sie weit werden zu lassen. Bist du in einem für dich unangenehmen Umfeld, dann zieh sie eng an dich. Auf diese Weise vermeidest du, dass sie unerwünschte Energien aufnimmt.
- Achte auf deinen Körper – trink viel Wasser, treib Sport, geh in der freien Natur spazieren. Diese Techniken helfen dir, deine Energie rein zu halten und dich zu zentrieren.

Lass deine Energie strömen

Energie strömen lassen – sie durch den Körper leiten, um auf diese Weise Blockaden zu lösen. Das ist ein bisschen so, als würde man am Gartenschlauch das Wasser ganz aufdrehen, um die Knicks rauszubekommen, die den Wasserfluss hemmen. Ähnlich verbindest du dich mit der Energie der Erde ebenso wie mit der des Himmels. Du öffnest alle sieben Energiezentren des Körpers (Chakras) und bringst deine Lebenskraft wieder in Balance.

Auch hier gibt es verschiedene Möglichkeiten. Ich ziehe meist die folgende vor:

1. Setz dich ruhig hin und schließ die Augen. Stell dir vor, wie ein wunderschöner, heller Lichtstrahl durch die Mitte des Scheitels in deinen Kopf eintritt. Dies ist das Kronenchakra, das für deine Verbindung zum Göttlichen zuständig ist, für deine Göttlichkeit.
2. Das Licht strömt in dich ein und erfüllt deinen ganzen Kopf, deinen Hals. Es strömt weiter in die Brust, in die Arme, in den Bauchraum. Es füllt dein Becken bis hinein in die Pobacken. Dann fließt es durch die Beine bis hinunter zu den Fußsohlen. Das Licht kann jede Farbe annehmen, die dir angenehm ist. Du kannst es seine Farbe auch selbst wählen lassen. Auch ein Lichtstrom in den Regenbogenfarben wird dir guttun. Oder reines Weiß. Das Licht ist stark, hell und wunderschön. Dies ist deine Göttlichkeit. Dies bist du.
3. Dieses strahlende Licht bildet nun eine Aura um deinen Körper, erfüllt von hellem Glanz. Je heller das Licht in deinem Körper, desto größer die Aura, die es erzeugt. Das ist deine Lebensenergie.
4. Nun schau zu, wie das Licht aus deinen Fußsohlen austritt und in die Erde fließt. Es schimmert in allen Farben oder in der Farbe, die du dir ausgesucht hast.
5. Sieh zu, wie seine Strahlen tief in die Erde vordringen, immer tiefer und tiefer, bis sie auf den Magnetkern im Erdinnern treffen, das Herzstück der Erde. Nun bist du Teil der Erde. Du gehörst ganz zu ihr. Aber du bist auch mit dem

Göttlichen verbunden, weil du zutiefst göttlich bist. Du bist der Himmel auf Erden, ein Teil Gottes, ein Strahl des göttlichen Lichts hier auf unserem Planeten. Der Ausdruck vollkommener Liebe, der hier in Klarheit leuchtet.

6. Nun kehrst du zurück in dein Zimmer, in diesen Augenblick der Zeit. Fühle in deinem Körper nach. Spüre hinein in deine Finger und Zehen. Atme ein paar Mal tief ein und aus. Dann öffne die Augen.

Übe dich im »Handeln durch Nichthandeln«

Wir Empathen müssen lernen, wie wir Konflikte ohne Streit lösen, statt ihnen wie bisher einfach aus dem Weg zu gehen. Meine Mutter hat mich etwas gelehrt, was sich wunderbar mit meinem empathischen Naturell verträgt. Im *Tao Te King* heißt dieser Weg *Wu Wei*, was man in etwa mit »Handeln durch Nichthandeln« übersetzen könnte. Im Grunde ist dies ein Widerspruch in sich, aber dahinter steht die Vorstellung, dass Nichtstun manchmal die beste Art zu reagieren ist. Dazu gehört auch, dass das Weiche (Sanftheit) das Harte (Stärke) übertrifft.

Ich lernte das, als ich noch ein kleines Mädchen war. Während der großen Pause in der Schule lauerten mir regelmäßig ein paar Buben am Spielplatz auf. Sobald ich auftauchte, umringten sie mich. Sie wussten, dass ich immer diese köstlichen Kinderkekse dabeihatte: in Form eines Clownsgesichts und mit buntem Zuckerguss. Die wollten sie haben. Die drei Jungen waren alle größer als ich. Da stand ich nun, klein und rundlich in meinem grauen Schulkleidchen, die dicken grauen Strümpfe bis übers Knie hochgezogen. (Ich dachte einfach, das gehört so.) Das dichte schwarze Haar reichte bis über die Schultern. Und ich krallte mich, starr vor Angst, an meinem Pausentäschchen fest. Ich war das Opfer schlechthin. Einer der Jungs klopfte mir auf die Schulter, sodass ich mich instinktiv umsah und entsprechend abgelenkt war. In dem Moment riss mir ein anderer von vorn mein Täschchen aus der Hand.

Mama packte mir jeden Tag drei solcher Kekse ein, die sie in einer großen Tüte kaufte. Ich mochte die bunten Dinger total. Aber die Jungs nahmen mir diese Köstlichkeit jeden Tag ab. Eines Tages schließlich erzählte ich meiner Mutter, was da vorging. Eigentlich erwartete ich, sie würde mich zum Rektor schicken, damit ich die drei Buben meldete. Und mir sagen: »Wenn du mit solchen Rowdys zu tun hast, musst du kämpfen.« Stattdessen sagte sie: »Nun, morgen packe ich dir mehr Kekse ein. Wenn du in die Schule kommst, gehst du zu den Jungs hin, gibst ihnen die Kekse und sagst: ›Ich weiß, dass ihr diese Kekse besonders mögt. Also nehmt sie ruhig, sie sind ein Geschenk.‹«

So ganz war ich von der Sache nicht überzeugt, trotzdem nahm ich am nächsten Tag die Extratüte Kekse mit. Als ich die drei Buben auf dem Spielplatz entdeckte, ging ich vorsichtig auf sie zu, die Tüte mit den Leckereien in der Hand. Ich sah zu Boden und fragte mich, ob mein ohnehin schon schwaches Selbstbewusstsein erneut blaue Flecken bekommen würde. Die drei lehnten lässig an einem großen Baum ganz am Ende des Pausenhofs. Ich ging ganz langsam und hielt die Tüte vor mich hin. Anfangs musterten sie mich misstrauisch, dann sahen sie die Tüte mit den Keksen.

Ich blieb vor ihnen stehen. »Sieht so aus, als würdet ihr diese Kekse wirklich mögen, daher habe ich eine Extratüte für euch mitgebracht.« Meine Mutter hatte sechs Kekse in die Tüte getan, jeder von den Jungs würde also zwei bekommen.

Unvermittelt fingen die drei an zu lächeln. Der Anführer strahlte und holte sich einen Keks aus der Tüte. Dann bot er mir die Hand zum Einschlagen. Auch die anderen beiden grinsten und angelten sich die Köstlichkeiten. Auch sie hielten mir daraufhin die Hand hin. Ich drehte mich um und ging davon, mindestens zwei Meter größer. Ich war mit den Rowdys fertiggeworden! Ab dem Tag ließen sie mich in Ruhe. Stattdessen begrüßten sie mich herzlich, wann immer sich unsere Wege kreuzten. Meine Mutter hatte also ganz richtiggelegen.

Das ist *Wu Wei* in Aktion – das Schwache überwindet das Starke. Da wir Empathen Auseinandersetzungen gewöhnlich scheuen, können wir Meister des *Wu Wei* werden. Indem wir diese Praxis üben, bleiben wir mit unserer inneren Kraft verbunden, mit unserem Leitsystem, während wir gleichzeitig unsere hochsensible Natur pfleglich behandeln.

Meditation zur Verbindung mit dem kosmischen Netz des Bewusstseins

Schalte einfach mal vollkommen ab. Such dir einen ruhigen Ort und wiederhole die folgenden Worte, um dich mit allem, was ist, zu verbinden.

Ich stelle mir eine Kugel aus kristallklarem Licht vor, die mein ganzes Herz erfüllt.

Das kristallene Licht dehnt sich immer weiter aus, bis es meinen ganzen Körper umfängt.

Ich betrachte es und schaue zu, wie es sich ausdehnt und eine wunderschöne Aura bildet, die über die Grenzen meines Körpers hinausreicht.

Während sich meine Aura weitet, schafft sie ein gewaltiges Energiefeld um mich herum.

Dieses Feld wird immer weiter und verbindet sich mit dem Energiefeld anderer Menschen.

Je weiter wir unsere Energie werden lassen, desto inniger sind wir mit anderen Geschöpfen verbunden. Und mit dem großen Netz des kosmischen Bewusstseins.

4

Beim Ego bis zum Anschlag gehen

Ich liebe und akzeptiere alles an mir, sogar mein Ego.

Das Ego hat wirklich einen schlechten Ruf. Es gilt als Erzfeind der Erleuchtung – zumindest hatte ich diesen Eindruck, als ich als Jugendliche anfing, mich mit geistigen Dingen zu beschäftigen und Bücher über spirituelle Themen zu lesen. Das war vor meiner hautnahen Begegnung mit dem Tod. Irgendwie hieß es da immer, ich müsse um jeden Preis »mein Ego ablegen« oder »das Ego überwinden«, wenn ich Erleuchtung erlangen wolle. Stets wurde das Ego als Gegenspieler des wahren Selbst dargestellt. Bist du aber empathisch veranlagt, so trifft das ganz und gar nicht zu. Für Empathen ist das Ego vielmehr der Schlüssel zu allem.

Diese Aussage kommt dir jetzt vielleicht merkwürdig vor, aber habe bitte noch einen Moment Geduld. Wenn dir nämlich ein spiritueller Lehrer sagt, dass »das Ego dein Feind« ist, dann drängt sich doch zuallererst die Frage auf: Reden wir überhaupt von derselben Sache, wenn wir den Begriff »Ego« verwenden? Sollten wir nicht zumindest versuchen, uns zuerst auf eine Bedeutung von »Ego« zu einigen, die wir alle teilen, bevor wir pauschale Aussagen treffen?

Sehen wir uns also mal an, wie bekannte Wörterbücher »Ego« definieren. Der Duden verweist hier auf das »Ich«, das er so erklärt: »Das Selbst, dessen man sich bewusst ist und mit dem man sich von der Umwelt unterscheidet.« Im Cambridge Dictionary heißt es zum »Ego«: »Deine Vorstellung oder Meinung von dir selbst, vor allem das Gefühl der eigenen Wichtigkeit und Befähigung.«

Genau das verstehe auch ich unter »Ego«. Ich bin vollkommen einer Meinung mit spirituellen Lehrern, die uns Ratschläge geben wie: »Sei nicht gemein!« Oder: »Gib nicht so an.« Und: »Bescheidenheit ist eine Tugend.« Ich stehe auch hinter spirituellen Lehren, die uns ans Herz legen, unser falsches Selbstgefühl, das von der materiellen Welt geprägt ist, nicht zu verwechseln mit unserem wahren, authentischen Selbst. Solche Lehren sind durchweg gut und vernünftig.

Aber der Begriff »Ego« wird eben auch abwertend gebraucht. Diese Auffassung lässt uns unsere Selbstachtung preisgeben in der Meinung, wir müssten unser Ego ablegen oder überwinden.

Freud war es, der die Instanz des »Ich« beziehungsweise »Ego« auf die kulturelle Landkarte setzte, ergänzt um das »Über-Ich« und das »Es«. Im Laufe der Zeit aber wurde die psychoanalytische Lesart des Begriffs immer mehr deckungsgleich mit dem Charakterbild der narzisstischen Persönlichkeit, vermutlich weil er von spiritueller Seite auf diese Weise interpretiert wurde. Tatsächlich jedoch kann ein Mensch durchaus bescheiden und gütig sein und ein starkes Ego haben. Die Beschaffenheit des Ego schließt Bescheidenheit und Güte nicht aus.

Lass mich das noch deutlicher erklären. Du hast, wie jede und jeder von uns, ein Ego. An und für sich ist das Ego nichts Böses. Es verankert sich in deinem Selbstgefühl. Ein gesundes Ego schützt und stärkt dich. Außerdem macht es einen großen Unterschied, ob du einfach ein Ego hast oder schlicht egozentrisch bist. Ein Ego verleiht dir Selbstvertrauen. Es gibt dir die Stärke und Einsicht, die du brauchst, um in Situationen, in denen du dich verletzlich oder ausgenutzt fühlst, für dich einzutreten. Egozentrisch zu sein heißt hingegen, dass du dich selbst als Mittelpunkt der Welt betrachtest und nur an deinen Vorteil denkst, häufig auf Kosten anderer. Egozentrische Menschen zeigen häufig einen grundlegenden Mangel an Einfühlungsvermögen und Empathie für die Bedürfnisse anderer und die Welt im Allgemeinen. Mit dem Ergebnis, dass Ego und Egozentrik häufig in einen Topf geworfen werden.

Das Ego und das bewusste Gewahrsein

Was aber, wenn das Ego gar nicht das Problem ist? Wenn das eigentliche Problem ein Mangel an bewusstem Gewahrsein der Welt, der Bedürfnisse anderer und unserer eigenen ist? In diesem Zusammenhang möchte ich noch einmal einen Vergleich aus meinem Buch *Finde deinen Himmel auf Erden*[6] aufgreifen. Nur dass ich dieses Bild hier auf die Welt der Empathen anwende. Stell dir also mal vor, du hältst eine Fernbedienung in der Hand. Diese Fernbedienung hat nur zwei Knöpfe, die ein wenig so aussehen wie die Drehknöpfe an einem alten Radio. Damit kannst du aber nicht die Lautstärke kontrollieren, denn über einem Knopf steht: »Bewusstes Gewahrsein« und über dem anderen: »Ego«.

Menschen, die ihr bewusstes Gewahrsein nahezu auf null stellen, aber den Egoknopf bis zum Anschlag aufdrehen, sind eben das, was wir als »egozentrisch« bezeichnen. Sie sind das blanke Ego und haben kein (oder nur ein sehr geringes) Gewahrsein anderer Geschöpfe. Im Extremfall werden sie zu krankhaften Narzissten mit einem überdimensionierten Selbstgefühl, einem absoluten Mangel an Einfühlungsvermögen in andere und einem unstillbaren Bedürfnis nach Bewunderung. Wenn der Egozentriker seinen Gewahrseinsknopf ganz auf null gestellt hat, ist ihm natürlich auch sein innerer Mystiker, sein höheres Selbst oder überhaupt alles, was größer ist als sein irdisches Selbst, völlig fremd.

Doch nicht einmal Egozentriker müssen ihr Ego unbedingt eliminieren. Stattdessen sollten sie Mitgefühl entwickeln und zu bewusstem Gewahrsein ermutigt werden. Wenn wir mit unserem höheren Selbst verbunden sind, können wir gar nicht mehr egozentrisch sein.

Wenn wir unseren Gewahrseinsknopf aufdrehen, steigt auch unser Gewahrsein für uns selbst, unseren inneren Mystiker und das Universum überhaupt. Wir richten uns auf den Lebenszweck unserer Seele aus, was unser Dasein mit einem tieferen Sinn erfüllt. Je weiter wir diesen Knopf Richtung Maximum aufdrehen, desto klarer hören wir die Stimme unseres inneren Mystikers, der uns leitet und uns daran erinnert, wer wir wahrhaft sind, woher wir kommen und warum wir hier auf Erden leben. Diese erhöhte Bewusstheit macht uns hochgradig empfänglich für die materielle Welt um uns herum, für ihre Geschöpfe, für das Leid anderer und für den Einfluss, den wir auf die Welt im Allgemeinen haben.

Bei den meisten Empathen ist der Gewahrseinsregler ohnehin sehr weit oder gar zu weit aufgedreht. Das ist es ja, was uns zu Empathen macht. Wir sind innig verquickt mit unserem inneren Mystiker, aber auch mit der Welt um uns herum. Wenn wir also unser Ego ablegen – und den Egoknopf weiter in Richtung null drehen –, dann untergraben wir damit unseren Selbstwert, unsere Individualität und unsere Selbstachtung.

Am Ende fühlen wir uns der positiven Dinge unwürdig, die wir normalerweise anziehen würden. Und zu denen gehört auch die Liebe. Stattdessen übernehmen wir die Gefühle und Gedanken anderer.

Als ich noch eifrig mein Ego niederrang, machte ich mir dauernd Vorwürfe, weil ich wagte, auch nur zu *denken*, dass mich das Zusammensein mit bestimmten Menschen Energie kostete. »Für wen hältst du dich eigentlich?«, fragte ich mich ständig. Aber es braucht nun mal ein starkes Ego, damit wir uns und unser Wohlbefinden schützen können, wenn wir so überaus empathisch sind. Ein unterdrücktes Ego führt letztlich nur dazu, dass wir zwischen unseren Gefühlen und denen anderer gar nicht mehr unterscheiden können. Das Ich, das Ego, macht unsere Individualität aus, als von unserer Umwelt unterschiedene Wesen. Zwar sind wir alle miteinander verbunden, doch um in der materiellen Welt leben zu können, braucht es eine gewisse Abgrenzung. Zugleich brauchen wir das Ego »auf der anderen Seite« nicht, denn dort gibt es weder Negativität noch Doppelzüngigkeit oder Wettbewerb.

Sind Egoknopf und Gewahrseinsknopf weit aufgedreht, dann wird das Ego zu einem wichtigen Instrument, mit dessen Hilfe wir uns mit unserer Individualität identifizieren und mit ihr verbunden bleiben können. Mit dieser Einstellung können wir unser eigenes Sein mit allem, was an Gedanken, Gefühlen, Bedürfnissen und Wünschen dazugehört, von dem anderer Menschen unterscheiden. Wir sehen kristallklar, wer wir im Gegensatz zu unserem Umfeld sind.

Fühlst du dich im Schmerz und in den Stimmungen deiner Umwelt verloren, dann heißt das, dass dein Egoknopf (dein Selbstgefühl) zu weit heruntergedreht ist. Das passiert auch mir gelegentlich, aber ich habe ein paar Tricks entdeckt, wie ich den Knopf wieder in die Richtung von mehr Selbstfürsorge drehen kann. Ein Trick ist es, mich vor den Spiegel zu stellen und mir in die Augen zu sehen. Probier das mal. Schau dich selbst mit deinen Augen an. Sag dir, dass du sicher bist und stark. Dass dein Leben einen Sinn hat. Und dass es zu deinem Lebenssinn gehört, dass du als Individuum ganz du selbst bist. Tief drinnen wissen wir Empathen besser als die meisten anderen Menschen, dass wir alle miteinander vernetzt sind. Eben deshalb fällt es uns so schwer, an unserer Individualität festzuhalten, mehr als anderen Menschen jedenfalls. Und aus genau diesem Grund ist es für Empathen wichtig zu wissen, dass es vollkommen okay ist, wenn sie ihr Ego zu schätzen wissen.

Schließlich sind wir selbst die Einzigen, die Zugang zu den tiefsten Bereichen unseres Selbst haben, zu jenem Teil von uns, der wirklich weiß, wer wir sind und was wir brauchen, um bestmöglich zu funktionieren.

Das Ego ist wie ein Muskel, der uns, wenn er entwickelt ist, Filter und Grenzen festzulegen hilft. Es gibt uns ein gesundes Gefühl für unseren Selbstwert. Je empathischer ein Mensch ist, desto weiter ist der Knopf für das Gewahrsein aufgedreht. Aber wenn nicht auch gleichzeitig der Knopf für das Ego aufgedreht wird, dann besteht das Risiko, dass dieser Mensch sein Selbst verliert oder sich kleinmacht, während er gleichzeitig die Emotionen und Energien anderer in sich aufsaugt. Darum sollte bei Empathen der Knopf für das bewusste Gewahrsein auf Maximum stehen – *und genauso der Knopf fürs Ego.*

Das Ego wertschätzen

Wie ich bereits erwähnt habe, *schadet* es uns selbst, wenn wir Schmerzen und Emotionen anderer Menschen auf uns nehmen oder uns für andere abrackern und aufopfern. Am Ende führt es zu körperlichen Beschwerden und Krankheiten. In seinem Buch *Wenn der Körper Nein sagt* erklärt Gabor Maté, ein ausgewiesener Experte für die Verbindung zwischen Geist und Körper: »Emotionale Erfahrungen werden in potenziell schädliche biologische Ereignisse umgesetzt, wenn Menschen daran gehindert werden zu lernen, wie sie ihre Gefühle angemessen ausdrücken können.«[7] Ein starkes, gesundes Ego schützt dich vor diesem zwar gut gemeinten, aber nichtsdestotrotz schädlichen Seinszustand.

Ich habe es auf vielfältige Weise erfahren. Einige dieser Erfahrungen fielen wirklich dramatisch aus. Eines Tages im Jahr 2001 wurde bei meiner Freundin Soni die aggressive Form eines Tumors diagnostiziert, an dem sie letztlich auch starb. Ihre Diagnose nahm mir buchstäblich den Atem. Ich war mit Soni groß geworden und kannte sie mein ganzes Leben. Als sie die Krebsdiagnose erhielt, waren ihre Kinder noch klein. Ich hatte nicht nur ein mieses Gefühl, mir war buchstäblich übel, als ich davon hörte. Und ich fühlte mich schuldig. Genauer gesagt fühlte ich mich schuldig, weil ich gesund war und sie krank. Ich fühlte mich schuldig, weil ihre kleinen Kinder leiden würden. Ich fühlte mich schuldig, wenn ich mit gemeinsamen Freunden ausging, während sie im Krankenhaus behandelt wurde und nicht bei uns sein konnte. Jede Form von Selbstfürsorge, während meine Freundin und ihre Familie so schlimme Zeiten durchlebten, fühlte sich für mich selbstsüchtig an. Kurz gesagt: Ich konnte nichts für mich tun, eben weil ich mich ständig schuldig fühlte. Also verbrachte ich so viel Zeit wie möglich mit ihr, entweder im Krankenhaus oder bei ihr zu Hause, wo ich ihr half und mit ihren Kindern spielte.

Was ich nicht merkte, war, dass ich ihre Krankheit in meinem Körper fühlte, was mich immer kränker und schwächer werden ließ. Ich hörte nicht auf mein inneres Selbst. Mein Ego war damals so unterentwickelt, dass ich meine eigenen Bedürfnisse komplett übersah.

Dann, etwa ein Jahr nachdem Soni ihre Diagnose bekommen hatte, spürte ich einen kleinen Knoten an der linken Seite des Halses. Ich ging zum Arzt, ließ eine Biopsie vornehmen, und das Ergebnis besagte, dass ich ein Lymphom hatte, einen bösartigen Tumor an den Lymphdrüsen. Die Angst überfiel mich, aber tatsächlich gab es da auch ein Stimmchen tief in meinem Inneren, das sagte: »Ah, jetzt hast du endlich eine Entschuldigung, wenn du dich um dich selbst kümmerst!«

Sonis Gesundheit verschlechterte sich immer mehr, meine ebenfalls. Aber selbst als ich mit meiner eigenen Erkrankung kämpfte, machte ich mir immer noch mehr Gedanken darüber, wie sich die Menschen in meinem Umfeld, vor allem Soni, wohl fühlen mochten, als über mich selbst. Es brauchte erst eine Nahtoderfahrung, damit ich begriff, dass es wichtig war, mich um mein Ego zu kümmern.

Hätte ich ein gesundes Ego gehabt, hätte ich ein ausgeglicheneres Verhältnis zu meinem Selbstwert gehabt. Ich hätte gemerkt, dass es nicht genügte, einfach nur gesund zu bleiben, sondern dass ich blühen und gedeihen musste, wenn ich anderen von Nutzen sein wollte. Ganz egal, wie viele Schuldgefühle ich mit mir herumschleppte, nichts davon würde dazu beitragen, dass andere weniger krank wären. Das Beste und Selbstloseste, was ich für andere tun konnte, war, mich selbst zu stärken, damit ich sie unterstützen konnte. Hätte ich damals gewusst, was ich heute weiß, wäre mir klar gewesen, dass mein Wohlbefinden anderen Auftrieb gab. Und ich hätte für mich alles Menschenmögliche getan. Ich hätte mir mehr Ruhe gegönnt, mir mehr Zeit für mich selbst genommen. Ich hätte mein inneres Band zur Natur gestärkt und mir schöne Dinge gegönnt, zum Beispiel Massagen. Ich wäre mit Freunden ausgegangen. Ich hätte all das in dem Wissen getan, dass ich dann ganz mein bestes Selbst an den Tag legen konnte, wenn ich meine Freundin besuchte. Und ich hätte das Zutrauen besessen, dass meine Freundin all das für mich gewollt hätte. Denn wenn ich mich aufopferte vor lauter Schuldgefühlen wegen ihrer Krankheit, ging ich damit das Risiko ein, dass sie selbst Schuldgefühle entwickelte, was ihre Bürde sicher nicht leichter machte.

Meine Leserinnen und Zuschauer haben mir unzählige Mails und Briefe geschickt, in denen sie mir berichten, wie sich ihr Leben verändert hat, seitdem sie aufgehört haben, ihr Ego zum Feind zu erklären. In einem meiner Workshops erzählte eine Frau namens Amy, sie sei in der Vorstellung erzogen worden, es sei selbstsüchtig und egoistisch, ihre eigenen Bedürfnisse an erste Stelle zu setzen, wenn andere Menschen Fürsorge brauchten. Aufgrund dieser Überzeugung zog sie viele Menschen an, die extrem bedürftig waren. Amy war auch einfach der Mensch, der bereitwillig für alle da war. »Ich weiß nicht«, meinte sie, »ich kann den Gedanken einfach nicht ertragen, andere zu enttäuschen oder sie im Stich zu lassen. Es ist, als würden die Menschen meine Schwäche spüren und deshalb auf mich zustürzen.« Amy sprach so gut wie nie darüber, ob sie Schuldgefühle hatte oder Zeit für sich selbst brauchte. »Ich kann das einfach nicht«, meinte sie. »Wenn ich so etwas sagen will, trocknet mir die Kehle aus. Die Leute würden sicher glauben, dass da mein Ego das Wort ergreift, dass ich Aufmerksamkeit erregen möchte. Wenn ich das Gefühl habe, mit jemandem reden zu wollen, dränge ich diesen Impuls eisern zurück.«

Dann stieß Amy eines Tages auf eines meiner Videos, in dem es um das Ego geht und die Wichtigkeit, es anzunehmen. Da machte es bei ihr klick, und sie beschloss, ihr Ego zu akzeptieren, ohne es zu verurteilen. Immer deutlicher spürte sie, wie empfänglich sie für die Bedürfnisse anderer war (ihr Gewahrseinsknopf war bis zum Anschlag aufgedreht, ihr innerer Mystiker ganz wach), während sie ihre eigenen hintanstellte (ihr Egoknopf stand gleichsam auf null). Diese Klarheit ermöglichte ihr einen neuen Blick darauf, dass sie stets die Wünsche anderer erfüllte und dies auf Kosten ihrer eigenen Energie ging. Endlich begriff Amy, warum sie immer so müde und erschöpft war und buchstäblich jede Krankheit bekam, die gerade so umging. Schließlich begann sie, ganz bewusst ihre Wünsche zu erforschen, und nahm sich Zeit, ihre Batterien aufzuladen.

Im Grunde ist das wie mit dem Akku deines Smartphones: Wenn du ausgelaugt bist, hast du mehr Energie abgegeben, als dir zur Verfügung stand. Daher musst du dich wieder aufladen. Und Empathen neigen ohnehin dazu, sich zu übernehmen, weil sie die emotionalen Bedürfnisse aller Menschen in ihrem Umfeld erfüllen wollen. Mit ein Grund, warum es so wichtig ist, sich dieser Neigung bewusst zu werden. Ebenso wichtig ist es, die Triggerpunkte zu erkennen, die diese Energielecks verursachen. Meist stehen sie in Zusammenhang mit der Unfähigkeit, Nein zu sagen und Konflikte ohne Streit zu lösen. Wenn wir uns dieser Tendenzen bewusst werden, haben wir weniger Probleme, unsere Batterien wieder aufzuladen. Bist du so überaus feinfühlig und empathisch und erlebst immer wieder massive Erschöpfungszustände, solltest du dir eine Liste all der Dinge machen, die dir Energie spenden. Nimm sie zur Hand, wenn du spürst, dass du müde wirst, und entscheide dich für das, was dich im Moment am meisten anspricht.

Vielleicht wird dir klarer, worum es bei diesem Energietanken eigentlich geht, wenn du verstehst, dass wir alle *Lichtwesen* sind. Als du auf die Welt kamst, warst du gänzlich erfüllt von diesem hellen, kristallklaren Licht, deiner innigen Verbundenheit mit dem Göttlichen. Stell dir nun vor, dass du, wenn du dein Licht weiterhin hell und klar erhalten (und deine Energie fließen lassen) möchtest, deine Batterien aufladen musst. So wie du dein Handy auflädst.

Wie also kannst du deine Batterien aufladen, damit dein Licht weiterhin strahlt? Der erste Schritt ist recht einfach: Tu jeden Tag etwas, was deine Seele nährt und pflegt, wie auch immer das für dich aussehen mag. Geh am Strand spazieren, meditiere, schlendere durch den Park, hör Musik, schreib auf, was dich beschäftigt, male oder verbring deine Zeit mit Freunden und lieben Menschen. Manchmal sind es auch ganz prosaische Sachen, wie Schuhe zu kaufen oder mit den Kindern Pizza essen zu gehen. Es geht nicht darum, was du tust – sondern darum, was die Aktivität *für dich tun kann*. Alles, was deine Seele nährt und deinem Licht Energie schenkt, ist eine spirituelle Aktivität.

Amy lud ihre Batterien auf, indem sie öfter Dinge tat, die ihr Freude machten: ein gutes Buch lesen, sich in die Badewanne legen, einen Spaziergang machen, einen Film gucken, den sie immer schon mal sehen wollte. Wenn sie spürte, dass wieder Schuldgefühle in ihr aufwallen wollten, sagte sie sich, dass sie ja bloß ihr Energieniveau auffrischte, damit sie eine bessere

Version ihrer selbst sein konnte. Vor allem, da sie ja anderen nach wie vor gern half. Amy meinte, diese neuartige Akzeptanz ihres Ego schenke ihr enorm viel Kraft. Sie hatte mehr Energie als früher und fühlte sich nicht länger ausgelaugt, ja beinahe krank vor Müdigkeit. Ganz im Gegenteil, sie konnte ihre Energie dort konzentrieren, wo sie es für nötig hielt und wo sie gebraucht wurde.

Gesundes Ego = gesunde Selbstachtung

Ein gesundes Ego schützt dich nicht vor Reizüberflutung, aber es verschafft dir die nötige Grundlage für die Erfüllung deiner Bedürfnisse. Dann brauchst du keine Entschuldigungen mehr wie zum Beispiel Krankheiten, um dich um dein eigenes Wohlbefinden kümmern zu können. Es verleiht dir Mut und die nötige Voraussicht, sodass du dich aus Situationen zurückziehen kannst, die deiner emotionalen oder körperlichen Gesundheit schaden. Mit einem unterentwickelten Ego fühlst du jedermanns Leid, kommst dir aber auch noch selbstsüchtig vor, wenn du dein eigenes Leid verringern möchtest. In dieser Falle bleibst du stecken, bis eine Krankheit, eine traumatische Erfahrung oder ein anderes lebensveränderndes Ereignis über dich hereinbricht, um dich emotional zu retten.

Denk mal darüber nach. Wenn du fremde Emotionen intensiv wahrnimmst – so stark wie deine eigenen (was heißt, dass dein Gewahrseinsknopf voll aufgedreht ist) –, aber ein schwaches Selbstgefühl, wenig Selbstachtung oder gar einen Minderwertigkeitskomplex hast (der Egoknopf steht auf null), dann werden dich andere natürlich als Fußabtreter benutzen, und du wirst zum ewigen Jasager. Die Gefühle anderer Menschen zählen für dich mehr als deine eigenen, weil du dir selbst nicht wichtig bist. So bist du das ideale Opfer für Menschen, die dich schikanieren oder ausnutzen. Du fühlst dich klein und bist unfähig, Nein zu sagen, auch wenn du das gern möchtest. Du verlierst dich selbst, deine Identität und deine Energie, weil du ständig Anerkennung von anderen brauchst.

Das ist in meinen Augen der Daseinszustand eines »unterdrückten Empathen«, und ich kenne ihn gut, denn ich *war* selbst so unterwegs. Dazu kam noch, dass mich niemand je ermutigte, mein Selbst zu stärken. Stattdessen war ich umgeben von spirituellen Menschen und Lehrern, die mir erklärten, dass das Ego der Feind jeder Erleuchtung und Spiritualität sei und deshalb abgelegt werden müsse.

Um spirituelle und emotionale Gesundheit zu erlangen, müssen jedoch *beide* Knöpfe auf Maximum stehen. Ich und Tausende von Menschen, mit denen ich gearbeitet habe, hatten bestimmte Probleme, solange der Egoknopf auf null stand. Hier ein paar Beispiele:

Fehlende Selbstliebe

Steht der Egoknopf fast bei null, ist es sehr schwierig, sich selbst zu lieben (mehr über Selbstliebe im nächsten Kapitel). Das liegt daran, dass sich im Ego unsere Individualität und unsere Bedürfnisse ausdrücken. Wenn wir den Egoknopf Schritt für Schritt weiter aufdrehen, lernen wir, wie wir für uns sorgen und unsere Bedürfnisse erfüllen können. Damit wir auch wirklich die beste Version unser selbst werden.

Mangelnde Authentizität

Wenn du glaubst, nicht gut genug zu sein, dann erlaubst du dir auch keinen Funken Spontaneität, einfach weil du dir selbst nicht vertraust. Du zweifelst ständig an dir und überlegst alles hundertmal, bevor du endlich aktiv wirst. Auf diese Weise verlierst du deine Spontaneität, ja deine Lebensfreude. Du verlierst dich *selbst.*

Joan, eine Frau, die bei einem meiner Vorträge ihre Geschichte erzählte, strebte stets nach Anerkennung von außen. Dabei merkte sie noch nicht mal, wie sehr sie davon abhängig war. Sie verbog sich, bis sie so war, wie ihr Gegenüber sie haben wollte, nur um andere auf keinen Fall zu enttäuschen. Sie war die Großmeisterin der Rückzieher, denn sobald sie auch nur ahnte, dass ihr Gesprächspartner anderer Ansicht war, änderte sie auf der Stelle ihre Meinung. Wenn sie im Berufsleben eine gute Präsentation oder einen ausgezeichneten Bericht abgeliefert hatte, konnte sie es selbst dann kaum glauben, wenn man ihr das bestätigte. Sobald ihr Gegenüber jedoch im Gespräch nur das leiseste Zögern erkennen ließ, versank Joan in einem Meer aus Selbstzweifeln. Durch ihre Sucht nach Anerkennung verlor sie sich selbst, ohne das auch nur zu registrieren. Sie lebte ein Leben, in dem kein Platz für Authentizität war. Es war ja auch nicht ihr eigenes. Sie richtete ihre Existenz vielmehr danach aus, was ihrer Ansicht nach andere von ihr erwarteten.

Während meines Vortrags kam ihr die Erkenntnis, dass sie ihren Lebenssinn nie verwirklichen würde, wenn sie nicht ihr ureigenstes Leben lebte. In diesem Augenblick gab sie sich selbst ein Versprechen: Sie würde ihr Ego künftig wertschätzen, es besser kennenlernen, ein authentisches Leben führen und zuallererst die Anerkennung ihres Selbst suchen statt die anderer Menschen.

Das mag am Anfang unangenehm sein, aber stell dir nur mal vor, wie sich das anfühlen würde! Spür mal einen ganzen

Tag lang immer wieder dieser Freiheit nach, bis sie schließlich ganz natürlich wirkt. Wenn du dir das erlaubst und dazu noch die ein oder andere Übung aus diesem Buch machst, dann wirst du bald in der Lage sein, dein wahres Selbst zu leben und ihm Ausdruck zu verleihen.

Das Gefühl der Ohnmacht

Zu den Kennzeichen eines unterdrückten (blockierten, gehemmten, erstickten) Ego, das unweigerlich zu einem niedrigen Selbstwertgefühl führt, gehören unter anderem:

- Schwierigkeiten, für sich selbst zu sorgen,
- andere Menschen besser zu behandeln als sich selbst,
- der Wunsch, möglichst nicht beachtet zu werden,
- die Meinung anderer stets über die eigene zu stellen,
- sich keiner Herausforderung zu stellen aus Angst vor dem Scheitern,
- Angst vor Ablehnung,
- scharfe Selbstkritik,
- auf Komplimente, Geschenke oder überhaupt positive Erlebnisse immer mit Beschämung zu reagieren und sich unwürdig zu fühlen.

Im Extremfall kann ein schwaches Ego zu Depressionen[8], Sucht und Essstörungen[9] führen. Hast du ein unterdrücktes Ego *und* bist zudem noch Empathin oder Empath, wirst du nicht nur die Dramen, Probleme und Ängste anderer Menschen aufsaugen wie ein Schwamm, du stellst auch deine Bedürfnisse regelmäßig hintan. Ein Beispiel: Nehmen wir mal an, du hast gerade gehört, dass deine beste Freundin aus ihrer Wohnung geflogen ist. Natürlich wirst du ihr helfen – das ist normal. So etwas machen

Freunde nun mal. Und nun stell dir vor, dass du selbst Probleme hast, sei es mit deinen Finanzen, deiner Gesundheit oder deiner Beziehung. Und diese Probleme sind schwerwiegender als die deiner Freundin. Aber weil du eben ein schwaches Ego hast, verdrängst du deine persönlichen Bedürfnisse und nimmst den Verlust deiner Freundin wichtiger. Du merkst, wie sich deine eigene Situation zusehends verschlechtert, aber du gibst alles, was du hast, um deiner Freundin aus der Patsche zu helfen.

Nehmen wir jetzt mal weiter an, du hast nicht nur ein unterdrücktes Ego, sondern bist obendrein auch noch äußerst empathisch. Deine Freundin ruft dich an und erzählt dir, dass sie aus der Wohnung geflogen ist. Nun hilfst du ihr nicht nur äußerlich, du empfindest auch all ihre Gefühle so, als wären es deine eigenen. Dein Körper übernimmt den vollen Stress deiner Freundin zusätzlich zu deinem eigenen. Du erkennst kaum noch einen Unterschied, wo ihre Gefühle beginnen und deine aufhören. Daher ist es gerade für dich so wichtig, dass du dir deiner Stärken und Herausforderungen bewusst bist. Nur dann spürst du, was es mit dir macht, wenn du anderen auf deine Kosten hilfst.

Zu meinen Zeiten als Fußabtreter glaubte ich nicht an meine Stärke, weil ich der Meinung war, jeder Mensch wisse mehr als ich, sei wichtiger als ich und könne Entscheidungen besser treffen – selbst wenn es um Dinge ging, die *nur mich* betrafen! Ich habe diese Macht immer an andere abgetreten, an irgendwelche Autoritäten oder Gurus, ohne zu spüren, dass ich sie in mir selbst trug. Und weil ich Empathin war, sog ich mich mit den Emotionen anderer Leute voll, nahm ihren Stress in mich auf und ließ mich in ihre Dramen und Probleme verwickeln. Der Tod aber lehrte mich, dass niemand mehr Macht über mein Leben hat als ich selbst.

Aber natürlich musst du nicht erst sterben, um dir dessen gewahr zu werden. Ich möchte dir vielmehr eine ganz einfache Lösung vorschlagen. Erstens: Wenn du im Augenblick alle Menschen wichtiger nimmst als dich selbst, dann mach dir klar, dass du damit unbewusst diesen Menschen Macht über dein Leben gibst. Schon allein dieses Bewusstsein wird dir helfen, jene Menschen zu erkennen, die diese Macht nach Möglichkeit ausnutzen. Zweitens: Mach dir bewusst, dass es zwischen Aggression und Selbstbehauptung einen Unterschied gibt. Dr. Edith Eva Eger, eine Psychologin, die das Todeslager Auschwitz überlebt hat, hat darüber ein Buch geschrieben: *Ich bin hier und alles ist jetzt. Warum wir uns jederzeit für die Freiheit entscheiden können.* Sie schildert diesen Unterschied wie folgt: »Passiv zu sein heißt, andere für sich entscheiden zu lassen. Aggressiv zu sein heißt, für andere zu entscheiden. Durchsetzungsstark zu sein heißt, für sich selbst zu entscheiden.«[10]

Viele Menschen können zwischen Selbstbehauptung und Aggression nicht unterscheiden. Doch als Fußabtreter hältst du dich schon für aggressiv, wenn du nur deinen Standpunkt vertrittst. Vergiss nicht: Du willst ja nicht *anderen* Menschen vorschreiben, was sie tun sollen. Du trittst nur für das ein, was *du* tun möchtest. Sobald sich dieser Unterschied fest in deinem Bewusstsein verankert hat, wirst du eine enorme Erleichterung verspüren.

Außerdem kannst du ja auch sprachlich Vorkehrungen treffen und dir ein paar Formulierungen überlegen, die dir helfen, deine Macht sanft auszuüben. So kannst du beispielsweise sagen: »Danke für dein Interesse an meiner Situation, aber ich ziehe es vor, das anders zu regeln.« Oder: »Es freut mich, dass du dir um mich Gedanken machst. Aber ich glaube, es ist besser für mich, wenn ich das auf meine Weise handhabe.« Du verstehst, was ich meine?

Die Unfähigkeit, etwas anzunehmen

Wenn ich dieser Tage Workshops oder Vorträge abhalte und die Teilnehmer bitte, die Hand zu heben, wenn sie sich für Empathen halten, dann frage ich sie gleich als Nächstes, ob sie zwar jederzeit geben können, aber Probleme haben, ihrerseits etwas anzunehmen. Und das Ergebnis fällt immer gleich aus: Jeder, der auf die erste Frage, ob er Empath sei, die Hand gehoben hat, lässt sie bei der zweiten oben. Wie gesagt: Empathen, ganz besonders diejenigen unter ihnen, die noch ein Fußabtreter-Dasein führen, können nicht gut annehmen, was man ihnen geben will.

Ich war so gut im Geben, dass ich ständig völlig ausgelaugt war. Etwas anzunehmen aber fiel mir schrecklich schwer. Sobald mir irgendjemand ein Geschenk machte oder mir einen Gefallen tat, ließ mir das Gefühl, ich müsse mich dafür irgendwie revanchieren, keine Ruhe mehr. Ich fühlte mich einfach nicht würdig, die Gabe anzunehmen, ob sie nun materieller oder eher emotionaler Natur war. Stell dir bloß mal vor, wie es wäre, wenn jeder Mensch, dem du ein Geschenk machst, das als Belastung empfände. Vermutlich würdest du dich ziemlich unbehaglich damit fühlen. Man muss sich für Geschenke wirklich öffnen können. Es ist einfach verlogen, ständig nur zu geben, weil man Karmapunkte sammeln möchte oder glaubt, Geben sei seliger denn Nehmen. Wenn du wirklich gibst, sollte dies aus einem Gefühl der Fülle heraus geschehen. So klappt das mit dem Schenken schon deutlich besser.

Wenn du dir erlaubst, auch etwas zu nehmen, dann drehst du damit deinen Egoknopf auf. Und wenn du dir das Schenken gestattest, dann stellst du den Gewahrseinsknopf höher. Stehen beide Knöpfe auf dem Maximum, dann kannst du geben (und empfangen), ohne dich je erschöpft oder schuldig zu fühlen.

Finanzielle Probleme

Empathen, bei denen der Egoknopf auf null steht, haben auch Schwierigkeiten mit dem Geldverdienen und mit Erfolg an sich. Das hat unzählige Gründe. Einer davon ist, dass sie sich selten würdig fühlen, im Wohlstand zu leben. Ich erlebte dies, als ich mich als Unternehmerin versuchte und mein eigenes Geschäft gründete. Ich arbeitete für meine Kunden ebenso wie für meine Mitarbeiter! Ich brachte es nicht fertig, meinen Angestellten gegenüber eine gewisse Entschiedenheit an den Tag zu legen, wenn sie ihre Arbeit nachlässig erledigten oder zu spät kamen. Ich hatte ja immer so viel Verständnis für ihre Situation. Einmal mehr ließ ich mich in ihre Dramen hineinziehen, nahm ihre Energien in mich auf und damit auch ihre Probleme, obwohl es ja nicht meine eigenen waren. Und daneben stand ich auch noch meinen Kunden zur Verfügung.

Es fiel mir schwer, für gute Arbeit gutes Geld zu verlangen. Daher habe ich immer zu wenig verdient. Nur weil ich glaubte, es sei egoistisch, meine positiven Eigenschaften und Stärken herauszustellen. Auch im Lebenslauf trat ich immer extrem bescheiden auf und spielte meine Qualifikationen herunter, weil ich es für Egoismus hielt, über meine Erfolge zu sprechen oder auf meine offenkundige Leistungsbilanz zu verweisen. Mit dem Ergebnis, dass ich für meine Arbeit, für die ich aufgrund meiner Erfahrung außergewöhnlich gut qualifiziert war, immer zu wenig bezahlt bekam.

Wer sich meine Dienste nicht leisten konnte, der bekam sie umsonst, einfach weil ich nicht Nein sagen oder ein für mich sinnvolles Tauschgeschäft aushandeln konnte. Diese zusätzliche unbezahlte Arbeit brachte meine Angestellten gegen mich auf. Daher erledigte ich sie selbst, damit ich sie niemand anderem zumuten musste.

Als ich diese Geschichte in einem meiner Workshops erzählte, bat ich diejenigen Teilnehmer, die Hand zu heben, die schon einmal ähnliche Erfahrungen gemacht hatten. Und natürlich gingen die Hände all derer nach oben, die sich mit dem Bild des Fußabtreters identifizieren konnten. Daraufhin bat ich einige von ihnen, dem Rest der Gruppe ihre Geschichte zu erzählen. Ein Mann berichtete, sein Vater hätte ihm als Kind immer eingeschärft, er dürfe nie mit seinen Leistungen prahlen oder gar überheblich sein. Anders ausgedrückt: »Nicht reden, sondern machen!« Also gewöhnte er sich an, in seinem Lebenslauf sein Licht unter den Scheffel zu stellen. Mit dem Resultat, dass er für die Jobs, für die er sich bewarb, meist besser qualifiziert war als seine Vorgesetzten, die jedoch deutlich mehr verdienten als er. Mit der Zeit staute sich bei ihm so einiges an Groll auf. Als er es schließlich satthatte, fand er einen Weg, auf seine Leistungen hinzuweisen, ohne deshalb großmäulig zu werden. Anfangs fiel ihm das trotz allem schwer. Er erwartete beinahe, dass die Leute mit dem Finger auf ihn zeigen und ihm Arroganz vorwerfen würden. Aber dazu kam es nie. Wie sich herausstellte, wussten die meisten Menschen in seinem Umfeld gar nicht, was er alles draufhatte. Nach seinem »Coming-out« sahen sie ihn in einem völlig neuen Licht.

Die Sache mit dem Neinsagen

Empathen im Fußabtreter-Zustand sagen wirklich niemals Nein. Auch wenn sie nur deshalb Ja sagen, weil sie niemanden enttäuschen wollen. Für mich jedenfalls stimmte das voll. Im

Grunde ist dieses Verhalten letztlich aber unehrlich. Wie würde es dir gehen, wenn du wüsstest, dass alle Menschen, die dir schon mal geholfen und Ja zu dir gesagt haben, dies nur deshalb taten, weil sie nicht Nein sagen konnten? Wäre dir ein klares Nein nicht lieber, als dass jemand etwas für dich tut, was er eigentlich nicht tun will? Also ich weiß, dass ich das ehrliche Nein vorziehen würde. (Mehr zum Zwiespalt zwischen Ja und Nein findest du in Kapitel 9.)

Das schwach ausgeprägte Gefühl, ein Recht auf Erfolg zu haben

Empathen, die ihren Egoknopf ewig auf null lassen, haben für gewöhnlich Probleme mit dem Erfolg. Ich hatte immer den Eindruck, es nicht zu verdienen, erfolgreich zu sein. Ganz besonders schuldig fühlte ich mich, wenn ich erfolgreicher war als andere Menschen in meinem Umfeld, vor allem, wenn es sich um Freunde handelte. Also verschwieg ich entweder meine Erfolge oder spielte sie herunter. Statt Erfolg als etwas zu sehen, das dazu beiträgt, anderen mehr und besser helfen zu können, machen sich Empathen im Fußabtreter-Stadium gern klein. Sie verbergen ihre Talente und Begabungen, weil sie nicht als gierig oder egoistisch angesehen werden wollen.

Eine Empathin, mit der ich mich über dieses Thema unterhielt, sagte: »Ich schäme mich immer, dass ich mehr Geld verdiene, als ich brauche. Ich spiele das nach Möglichkeit herunter und kaufe mir keine teuren Sachen, weil ich keine Aufmerksamkeit auf diesen Punkt lenken möchte. Ich will nicht, dass die Leute mich für eine egoistische Angeberin halten!« Von all den Empathen, mit denen ich arbeite und von denen ich höre, stellen mindestens 80 Prozent ihr Licht kontinuierlich unter den Scheffel und verlangen ganz wenig für sich, nur um nicht als Egoisten dazustehen. Allein das Wort löst bei ihnen instinktiv Scham aus.

Das Zurückscheuen vor Führungsaufgaben

Wie die meisten Empathen hatte auch ich Probleme, eine Führungsrolle einzunehmen. Wir wollen ja keine Aufmerksamkeit auf uns ziehen, weil wir glauben, diese nicht zu verdienen. Und weil es angeblich egoistisch ist, sich Aufmerksamkeit zu wünschen. Bedauerlicherweise sind aber oftmals gerade jene Menschen, denen ein starkes Ego bedenklich scheint, auch die, die mehr Weisheit besitzen als der Großteil aller anderen. Sie sind unglaublich mitfühlend, sensibel und auch stark. Sie haben gute – wenn auch häufig ungewöhnliche – Ideen. Diese Menschen sind nicht interessiert daran, im Licht der Öffentlichkeit zu stehen, dafür haben sie einen guten Zugang zu ihrem inneren Mystiker. Wie gesagt: Wir als Gesellschaft würden *sehr* davon profitieren, wenn wir ihnen unser Ohr leihen würden.

Das typische Führungspersonal hat für gewöhnlich seinen Egoknopf voll aufgedreht, den Gewahrseinsknopf aber auf null gestellt. Nur so können diese Menschen die Kaltschnäuzigkeit aufbringen, die nötig ist, um ohne Mitgefühl, Selbstreflexion, Selbstzweifel oder auch nur einen Funken von Einfühlungsvermögen ihre Aufgaben anzugehen. Sie konzentrieren sich einzig auf ihre Ziele, ohne jede Einsicht oder Erkenntnis, die ihnen erlauben würde, sich selbst an die Kandare zu nehmen. Sie sind es, die die Fußabtreter, Jasager und Empathen ausbeuten, wo immer es geht.

Wie du ein gesundes Ego entwickelst

Meine Erfahrung mit dem Tod hat mir gezeigt, dass das Ego sehr wohl seinen Sinn hat. Ich habe es gebraucht, um meine Individualität, meine Einzigartigkeit besser zu verstehen und anzunehmen. Es half mir, mich selbst zu lieben, auf meinen inneren Mystiker zu vertrauen und mich von den Neinsagern nicht überzeugen zu lassen, dass alles, was ich erlebte, »esoterischer Unsinn« oder »gaga« war. Es half mir auch, meine Neigung zu überwinden, Rückzieher zu machen und meine Macht an andere abzugeben – zwei absolute Schlüssellektionen für Empathen.

Wenn ich jemanden ermutigen möchte, ein gesundes Ego zu entwickeln, stelle ich ihm folgende Fragen: Wenn du nicht auf die Meinung anderer hören würdest, was für ein Mensch wärst du dann? Und was würdest du tun, um glücklich zu sein? Mit einem schwach ausgeprägten Ego machen wir uns mehr Gedanken darüber, was andere wohl denken, als über unsere Bedürfnisse und unser Glück. Herauszufinden, was wir gern tun würden, wenn wir uns nicht länger um die Meinung anderer sorgten, und es dann wirklich zu tun, wäre für uns eine enorme Freiheit. Und wir würden uns nicht länger über all jene empören, die sich, aller Missbilligung ihrer Umwelt zum Trotz, entschieden haben, ihrem Herzen zu folgen.

Nachstehend findest du einige der Antworten, die ich auf die obigen Fragen bekommen habe. Ich habe sie als Anregung umformuliert, was du an deinem Leben ändern könntest, wenn du dich von fremden Meinungen einmal unabhängig machst:

- Einen gut bezahlten und sicheren Job aufgeben, um etwas zu tun, was du viel befriedigender findest, auch wenn es dir nicht ganz so viel Sicherheit gibt.

- Dir erlauben, dich wieder zu verlieben, wenn du einen geliebten Menschen verloren hast.
- Aus deinem Schneckenhaus hervorkommen, damit die Welt sehen kann, wer du wirklich bist.
- Dich aus einer schwierigen Ehe lösen, die du nur noch um des Anscheins willen aufrechterhältst.
- Aus deiner großen Wohnung ausziehen, die mittlerweile viel zu teuer geworden ist, die du aber behältst, um die Fassade zu wahren.
- Dir auch mal einfach nur bequeme, nicht bloß stylishe Kleidung erlauben. (Eigentlich geht ja beides.) Konkret heißt das: Raus aus den Stilettos und rein in die Sneakers, wenn dir danach ist.

Folge deinem Herzen und mach dir nicht ständig Gedanken über das, was andere vielleicht denken. Das verhilft dir schon mal zu einem gesünderen Ego.

Jetzt, wo du weißt, dass ein gesundes Ego wichtig ist, kannst du mitfühlend sein, ohne deshalb Schuldgefühle oder ein schlechtes Gewissen zu haben. Und das wird *allen* Menschen in deinem Umfeld guttun, denn eine starke, zuversichtliche Persönlichkeit kann anderen eher helfen als eine abgetretene Fußmatte.

Meditation zur Stärkung des Ego

Ich rezitiere die folgenden Worte immer dann, wenn ich das Gefühl habe, mein Ego könnte ein wenig Unterstützung brauchen. Oder damit es sich groß fühlen kann statt klein, damit es weit wird und sich sicher fühlt, wenn es die Fülle all dessen ausdrückt, was ich tatsächlich bin. Ich lade dich hiermit ein, für dich dasselbe zu tun.

Ich konzentriere mich auf meine Herzgegend und stelle mir vor, wie ich meinen Ego- und meinen Gewahrseinsknopf langsam aufs Maximum drehe.
Wenn beide Knöpfe voll aufgedreht sind, spüre ich, wie meine Energie mich erfüllt, mir Stärke schenkt, Ausstrahlung, Freude und tausend Möglichkeiten.
Dies ist meine vibrierende Lebenskraft, zu der ich stets Zugang habe. Diese Energie ist mein Geburtsrecht.
Sie ist so stark, wie ich sie haben will.
Dieses weite Energiefeld schenkt mir Sicherheit, sodass ich mich voll und ganz selbst ausdrücken kann.
Ich fühle mich so sicher, dass ich all das sein kann, was ich bin; dass ich alle Macht habe, die mein ist; und dass ich mein Licht hell leuchten lassen kann.
Ich liebe mich selbst, jeden noch so kleinen Teil von mir, sogar mein Ego.

5

Spirituell sein heißt: Du selbst sein

Meine Empathie ist eine Gabe,
die mich mit allem verbindet, was ist.

Wir Empathen bewegen uns auf einem ebenso schmalen wie scharfen Grat zwischen zwei Welten: der äußeren Welt mit ihren angsteinflößenden Botschaften und der Innenwelt, wo wir mit Herz und Seele verbunden sind. Aufgrund unserer Hochsensibilität und unserer Verwobenheit mit der Welt fühlen wir uns von spirituellen Lehren angezogen wie die Motten vom Licht. Spirituelle Gemeinschaften empfindet der sich ohnehin stets als Außenseiter fühlende Empath als Labsal für seine Seele. Sie geben ihm das Gefühl dazuzugehören. So, als wäre er nach Hause gekommen. Leider geht diese Heimkehr häufig mit einem spirituellen Rauschen einher, das die Stimme des eigenen inneren Mystikers überlagert.

Bist du ein Empath oder eine Empathin mit einem unterdrückten oder schwachen Ego – und hast vielleicht obendrein mit deiner Neigung zum Jasagen zu kämpfen –, dann drängen dich viele traditionelle spirituelle Schulen unter Umständen nur weiter hinein in dein Fußabtreter-Dasein. Sie weisen dich ständig auf deine Schwächen (oder Ängste) hin, statt dich darin zu bestärken, voller Zuversicht auf *dein eigenes* inneres Leitsystem zu hören. Ein gesundes Ego hilft uns, uns für die spirituelle Welt zu öffnen, die uns so sehr anzieht, ohne dass wir uns in ihr verlieren oder uns selbst den Rücken kehren müssen. In diesem Kapitel geht es darum, wie wir mit der Kraft unserer Liebe, unserer Zuversicht und unseres Glaubens unsere spirituelle Verbundenheit stärken können, ohne uns selbst aufzugeben.

Ich war so um die zwanzig und eben vor der für mich arrangierten Ehe weggelaufen (mehr dazu in Kapitel 10), als man meine Eltern einlud, im Haus eines Freundes einen hochverehrten Guru aus Indien kennenzulernen. Sie beschlossen, mich mitzunehmen. Sie erhofften sich Rat von ihm, was sie mit mir nur anfangen sollten. Warum sträubte ich mich so sehr, zu heiraten und einen Hausstand zu gründen? Warum konnte ich die sozialen Normen unserer Familie nicht einfach befolgen? Was sagten denn die Sterne über mich? Ich selbst hoffte auch, der Guru könnte mir Antworten geben, denn ich spürte ja, dass ich für meine Eltern zu einer Quelle ständiger Sorge geworden war. Außerdem wollte ich wissen, was die Zukunft für mich bereithielt und was der Guru über mich zu sagen hatte. Schließlich hatte ich mein Leben lang auf solche geistigen Führer gehört und ihren Worten geglaubt.

Kaum waren wir in dem luxuriösen Haushalt angekommen, in dem der Guru residierte, merkte ich, dass die anderen Fragesteller samt und sonders traditionelle indische Kleidung trugen. Auch hatten sie, aus Respekt vor dem Mann, ihr Haupthaar bedeckt. Daran hatte ich überhaupt nicht gedacht. Ich trug wie üblich Jeans, eine geblümte sommerliche Bluse und ein Paar schicke Halbschuhe, die ich vor der Tür ausgezogen hatte, wie es den Gepflogenheiten entsprach.

In dem riesigen Wohnzimmer thronte der Guru mit gekreuzten Beinen auf einem ausladenden Polstersessel. Um ihn herum gut siebzig Menschen auf einem riesigen plüschigen Teppich. Neben ihm hatte man einen kleinen Altar aufgebaut, wo nach Rosen duftendes Räucherwerk verbrannt wurde. Eine kleine Schale mit Früchten und frischer Kokosnuss war als Opfergabe an die Götter bestimmt. Die Besucher traten nun, einer nach dem anderen, vor, setzten sich vor dem Guru auf den Fußboden, verbeugten sich und warteten hoffnungsvoll. Der Guru überlegte kurz. Dann spendete er der Person vor ihm seinen Segen und sprach ein paar gütige Worte des Rates.

Aus dem Nirwana verbannt

Als die Reihe an mir war, versetzten mir meine Eltern einen kleinen Schubs und bedeuteten mir, ich solle mich vor den Guru setzen. Sie selbst ließen sich links und rechts von mir nieder.

»Unsere Tochter ist schon sechsundzwanzig und immer noch nicht verheiratet«, sagte mein Vater in unserer Muttersprache, dem Sindhi. »Könnt Ihr uns sagen, wann es für sie so weit sein wird und warum es so lange dauert?«

Ich spürte, wie ich bei diesen Worten errötete. Natürlich fragte ich mich, ob der Guru nun schlecht von mir denken würde, weil ich immer noch Single war.

Mein Vater berichtete kurz, dass ich vor einer bereits arrangierten Ehe weggelaufen war, hielt sich aber mit genaueren Schilderungen zurück. Ich spürte, dass es ihm peinlich war, an diesen schrecklichen Moment zurückzudenken. Während mein Vater noch sprach, runzelte der Guru die Stirn. Dann riss er die Augen weit auf und sah mich lange an. Ich war so nervös, das Herz schlug mir bis zum Hals. Vielleicht sah er ja etwas ganz

Furchtbares, zum Beispiel, dass ich nie heiraten würde? Drohte mir etwa das Schicksal einer alten Jungfer?

Das Schweigen schien mir eine Ewigkeit zu dauern, aber irgendwann ergriff der Mann das Wort. Er meinte, man habe mich zu sehr verwöhnt, sodass ich meine ursprüngliche Kultur nicht zu würdigen wisse. (Dass ich westliche Kleidung trug, sprach in diesem Augenblick sicher auch nicht zu meinen Gunsten, aber man hatte mich ja auch nicht vorgewarnt.) Er sagte, ich müsse mein Verhalten ändern, wenn ich je einen Mann finden wollte. Dann erklärte er mir lang und breit, dass ich gehorsamer, respektvoller und traditionsbewusster werden müsse. Er betonte, dass kein Mann mich je begehrenswert finden würde, weil ich viel zu unabhängig war. (Welche Familie wollte schon eine so aufmüpfige Schwiegertochter?) Eines war sowieso klar: In seinen Augen wäre ich ein wertvollerer Mensch, wenn ich verheiratet wäre.

Was mich aber am meisten traf, war die folgende Aussage: »Du bist mit Makeln behaftet.« Und weiter: »Wenn du dich nicht änderst, wirst du nicht nur *keinen Mann bekommen*, sondern am Ende deines Lebens auch *nicht* das Nirwana erreichen. Weil du nämlich kein gutes Karma aufbauen kannst. Du wirst daher in diese Welt zurückkommen, bis du dieses Muster abgelegt hast.«

Diese Worte trafen mich völlig unvorbereitet. Sie gingen mir mitten ins Herz, und ich konnte sie nicht mehr loslassen. Sie blieben an mir kleben, damals und noch lange Jahre danach. Ich war in einem multikulturellen Umfeld aufgewachsen und hatte Freunde in aller Welt. Wir kleideten uns alle mehr oder weniger gleich, traten für dieselben Ideale und Werte ein. Wenn ich »mit Makeln behaftet« war, galt dies dann für uns alle? Und wenn ja, wie wäre das möglich? Wir waren schließlich kulturelle Mischwesen. Wir stammten aus den unterschiedlichsten Ländern, lebten aber alle in Hongkong. Darüber hinaus hatten unsere Bildung und die Popkultur, deren Erzeugnisse wir begeistert konsumierten, ihre Wurzeln in einem dritten Land, nämlich in Großbritannien. Schließlich war Hongkong zu jener Zeit noch britische Kronkolonie. Und da stand ich nun, mitten in Hongkong, vor einem Guru, den man gerade aus Indien eingeflogen hatte. Damals war mir noch nicht bewusst, dass ich in einer einzigartigen Lage, an einem besonderen Ort in Raum und Zeit war. Und dass dieser Guru mit mir einfach nichts anfangen konnte. Offensichtlich war ich in seinen Augen eine Missgeburt.

»Aber wie kann ich schlechtes Karma ansammeln, das mir den Eintritt ins Nirwana verwehrt, wenn ich einfach nur ich selbst bin?«, wagte ich zu fragen. Vielleicht würde ich daraufhin einfach in die Kategorie »durch und durch missraten« eingestuft werden. Dabei hatte der Mann meine Cyndi-Lauper-Seite ja noch nicht mal gesehen.

»Warum sollte Gott dir erlauben, in höhere Welten einzugehen, wenn du noch nicht vollkommen bist, gereinigt von allem schlechten Karma?«, antwortete er. »Du würdest ja auch niemanden in dein Haus lassen, den du nicht magst oder der über und über von Schmutz bedeckt ist. Du musst dich reinigen, dich von allen irdischen Wünschen befreien, bevor du auf die andere Seite gehen kannst, um das Nirwana zu erlangen.«

Mich bitte wovon befreien? Was mich umhaute, war, dass ich zwar an Reinkarnation und Karma glaubte, aber zu diesem Thema doch ein paar Fragen hatte: Welcher Teil von mir sollte »von Makeln behaftet« sein? Welcher Teil meiner selbst schuf künftiges schlechtes Karma? War ich voller Makel, weil ich keine arrangierte Ehe akzeptieren wollte? Bezog der Guru sich etwa auf meine Träume, die Welt zu bereisen? Oder auf meine innere Stimme? Meinte er jenen Teil meiner selbst, der sich mit dem Universum tief verbunden fühlte, mit etwas, das größer war als ich selbst? Musste ich Leuten wie ihm vertrauen und gehorchen? (Diesen selbsternannten Meistern mit direktem Draht zum Göttlichen?) Oder sollte ich nicht vielmehr meiner inneren Stimme folgen?

Ich hatte so unglaublich viele Fragen, trotzdem weiß ich eines mit Sicherheit: Nach dem Besuch bei diesem Guru ging es mit mir kontinuierlich bergab. Ich rackerte mich ab, um zu beweisen, dass auch ich ein wertvolles menschliches Wesen war. Dass auch ich ein Anrecht auf einen Platz im Nirwana hatte.

Während ich diese Zeilen niederschreibe, fällt mir meine liebe Freundin aus Kindertagen ein: Aisha. Aisha blieb Single, bis sie fast Ende dreißig war, was ihren Eltern große Sorge bereitete. Auch ihre Eltern schleppten sie ständig zu solchen selbsternannten Meistern, um zu fragen, warum ihre Tochter noch keinen Mann hatte. Und die Antwort war immer die gleiche: Es liege an Aishas schlechtem Karma aus früheren Lebenszeiten. Und jeder Guru gab ihr ein anderes »Gegengift«, mit dem sie dieses negative Karma auslöschen sollte: jeden Tag Weihrauch zu verbrennen und um einen guten Ehemann zu beten. Zu einer bestimmten Zeit jeden Monat zehn Tage lang zu fasten. Niemals bei Vollmond zu baden. Bei Vollmond unbedingt Weiß zu tragen. Täglich stundenlang Mantras zu sprechen. Viel in den Tempel zu gehen und zu Füßen des Guru zu beten. Jeden Tag frühmorgens den Tempel zu besuchen und die Götterbilder in Milch zu baden. Mein persönlicher Hit ist (bitte nicht nachmachen!): Bade die Füße des Gurus in Milch und trink sie dann, weil sie nun mit der göttlichen Energie des Gurus aufgeladen ist. Als ich das hörte – ich trank gerade mit Aisha Kaffee –, hätte ich beinahe angewidert meinen Cappuccino ausgespuckt. Was mich natürlich zu einer schlechten Hindufrau machte.

Nachdem Aisha endlich geheiratet hatte, wurde sie von ihrem Ehemann ständig wüst beschimpft. Sie hatte seinen Heiratsantrag angenommen, weil sie verzweifelt war und ihre Eltern nicht mehr länger enttäuschen wollte. Als sie drei Kinder zur Welt gebracht hatte, zerbrach die Ehe. Aisha bereut nicht, geheiratet zu haben, denn sie ist mit ihren Kindern glücklich. Trotzdem war dies wohl nicht die Ehe, die sie sich erhofft hatte.

Die falsche Straße ins Paradies

Ich bin sicher, der Guru meinte es gut und glaubte, er würde mir helfen. Er wollte, dass ich gutes Karma ansammelte. Und aus seinem kulturellen Blickwinkel betrachtet dachte er, dass mich sein Rat in die richtige Richtung führen würde. Aber ab dem Moment meines Besuchs bei ihm begann ich, mir selbst zu misstrauen und meine innere Stimme zu ersticken. (Warum sollte eine wahre Stimme von mir verlangen, Dinge zu tun, die mit unseren kulturellen Gepflogenheiten und der Welt um mich herum nicht in Einklang standen? Bedeutete, meinem Herzen zu folgen, vom rechten Weg abzuweichen?) Ich kam zu dem Schluss, dass mich mein innerer Kompass, wenn ich ihm folgte, *weit* weg vom Himmel führen würde – vermutlich in die Hölle. Also versuchte ich, »spiritueller« zu sein, »reiner«. Ich übte mich in unzähligen spirituellen Praktiken, um gutes Karma anzusammeln. Damit ich eines Tages von dieser Welt ins

Nirwana übergehen konnte. Ich meditierte, betete, chantete. Ich ging zu spirituellen Workshops und Vorträgen und las entsprechende Bücher. Daran ist ja an sich noch nichts verkehrt, nur tat ich all diese Dinge ausschließlich aus dem Wunsch heraus, endlich *alles richtig zu machen.*

Und ich stieß immer wieder auf bestimmte Botschaften:

- Wir müssen der Menschheit dienen.
- Wir müssen den Menschen vergeben, die uns geschadet oder wehgetan haben.
- Geben ist seliger denn Nehmen.
- Wir müssen unsere Feinde lieben.
- Wir müssen unser Ego ablegen.
- Wer uns verletzt, ist unser wichtigster Lehrer.
- Wir sollten in schweren Zeiten nach der Lektion suchen, die sie für uns beinhalten.

Nun sind einige dieser Aussagen höchst widersprüchlich. Nur ein Beispiel: Manche spirituellen Lehren ermahnen uns, uns von der Anhaftung an die materielle Welt zu lösen. Geld gilt hier als Quell allen Übels. Andere wiederum ermutigen uns, Fülle und Überfluss zu manifestieren, selbst wenn es dabei um die materiellen Mittel für einen heißen Sportwagen oder eine Flotte von Learjets geht.

Für uns Empathen ist es Balsam für die Seele, wenn wir unsere innere Verbundenheit stärken. Die meisten Empathen, die ich kenne (mich eingeschlossen), lieben solche Dinge wie Gruppenmeditation, Chanten, das Auflösen energetischer Blockaden, das Ausbalancieren von Chakras und andere Heilmethoden. Ich jedenfalls stürzte mich voller Enthusiasmus auf diese Techniken. Auf alle zusammen. Und sofort. Je mehr solcher Praktiken ich machte, desto spiritueller würde ich werden. Und wenn ich all das nicht täte, hätte ich nur einmal mehr bewiesen, dass ich unwürdig war, nicht spirituell genug. Die Äußerungen von spirituellen Lehrern nahm ich grundsätzlich für bare Münze. Ich fing an zu geben und zu geben, ohne offen zu sein für das Empfangen, denn das war ja angeblich unspirituell. Ich engagierte mich überall als Freiwillige: in Tempeln, Waisenhäusern, Suppenküchen und Obdachlosenheimen. Woran per se natürlich nichts Schlechtes ist, aber ich machte diese Arbeit auch dann noch, wenn ich erschöpft war und nichts mehr zu geben hatte. Ich gab immer weiter, nur um gutes Karma anzusammeln.

Wenn mich jemand verletzte oder schlecht behandelte, hielt ich ihm auch die andere Wange hin. Ich empfand tiefen Schmerz dabei, sagte mir aber, ich müsse diesem Menschen vergeben und ihn bedingungslos lieben. Ich verurteilte mich selbst dafür, dass ich Groll, Ärger oder andere »unspirituelle« Emotionen empfand, während man mich weiter quälte. Wo lag hier die Lektion für mich? Offensichtlich sollte ich lernen zu vergeben und diesen Menschen weiterhin lieben. Was mir nicht klar war: Ich musste erst einmal lernen, *mich selbst* zu lieben.

Bevor ich mich im Folgenden mit der heilenden Macht der Selbstliebe befasse, möchte ich hier unmissverständlich aufzeigen, was mit uns geschieht, wenn wir spirituelle Lehren auf eine Weise missverstehen, die unser spirituelles Licht tatsächlich *dämpft*. Ich beispielsweise erlaubte Menschen, die mich verletzt hatten, weiter auf mir herumzutrampeln, während ich mich darin versuchte, sie bedingungslos zu lieben. Ich suchte in den Tiefen des Schmerzes nach Lektionen – in der Überzeugung, dass Menschen, die mich verletzten, meine »Lehrer« waren. Ich verbannte sie also nicht aus meinem Leben, was dazu führte, dass ich ständig aufs Neue verletzt wurde.

Solche Geschichten lese ich fast täglich in den Briefen und Mails, die ich von ratsuchenden Menschen bekomme. Sie berichten, dass sie Konfrontationen aus dem Weg gehen, weil sie es für unspirituell halten, wütend zu werden oder einfach nur gegenzuhalten und für sich einzutreten. Sie verurteilen sich selbst in der Überzeugung, dass jede Gegenwehr nur das schädliche Treiben des Ego verrate.

In ihrem Bestreben, anderen ein Wohlgefallen zu sein (weil das ja so spirituell ist), bemühen sich manche noch nicht einmal, die eigenen Wunden zu heilen und ihre Gefühle ernst zu nehmen. Nimmt ihr Schmerz unerträgliche Ausmaße an, zermartern sie sich stundenlang den Kopf, welche Lektion sie da wohl nicht erkennen und was sie aus dieser Erfahrung lernen sollen. Viele leiden darüber hinaus unter der tief sitzenden Furcht, dass sie, wenn sie ihr Leben nicht richtig anpackten, später die Folgen zu spüren bekämen. Stichwort: karmische Vergeltung.

Das eben Geschilderte ist ganz klassisches Empathenverhalten. Da es unser sehnlichster Wunsch ist, Konflikten wo immer möglich aus dem Weg zu gehen und alles richtig zu machen (bloß nicht auffallen!), verlieren wir aus den Augen, was wirklich zählt: unsere Verbindung zum inneren Mystiker. Bei mir war das jedenfalls so. Ich hatte dieses Band verloren, weil es irgendwann unter einem Berg spiritueller Dogmen verschüttet war, die ich für absolut wahr gehalten hatte.

Als Empathen neigen wir ohnehin dazu, Autoritätsgestalten mehr zu vertrauen als uns selbst, selbst wenn diese nur Gurus von eigenen Gnaden sind. Sogar dann noch, wenn das, was sie uns predigen, in unseren Ohren völlig falsch klingt. Und auch dann noch, wenn alles in uns schreit: »Nein, nein, nein! Das passt nicht zu mir!« Der Jasager in uns wird der Autoritätsfigur immer noch mehr Glauben schenken. Weil wir nicht als schwierig gelten wollen, ersticken wir unsere innere Stimme oder zweifeln an ihr, so wie ich das getan habe. Schlussendlich können irrige und falsch verstandene spirituelle Botschaften unser Vertrauen in unser inneres Leitsystem völlig untergraben, sodass wir ins Fußabtreter-Dasein abstürzen.

Spirituell sein heißt: Authentisch sein

Ein wahrer spiritueller Lehrer sieht deine Einzigartigkeit und lehrt dich, wie du sie selbst sehen kannst. Er lebt dir durch sein Beispiel vor, wie du deinem inneren Kompass zu vertrauen lernst. So hilft er dir, deinen inneren Mystiker zu erwecken und dich von Angst und Dogma zu befreien. Gute Lehrer helfen dir, an dich selbst zu glauben und nicht an sie. Sie zeigen dir, wie du dich mit dem Göttlichen in dir verbinden kannst.

Ich musste tatsächlich erst dem Tod ins Auge blicken, um zu begreifen, dass in der Art, wie ich spirituelle Lehren praktizierte, ein wichtiges Element fehlte: meine eigene Verbundenheit mit der Gottheit in mir. Der Tod lehrte mich, dass ich *zuerst* meine Göttlichkeit akzeptieren musste, bevor ich für andere wirklich von Nutzen sein konnte. Zum ersten Mal in meinem Leben verstand ich, dass die Göttlichkeit, die ich außerhalb von mir gesucht hatte, tatsächlich in mir verborgen lag. Sie gehört zu jener Lebenskraft, die wir mit unserer Geburt geschenkt bekommen. Sie ist unser Geburtsrecht.

Wir sind alle spirituelle Wesen. Wie sollte es auch anders sein? Wir kommen vom kosmischen Bewusstsein und kehren dorthin zurück. Wir müssen nicht »daran arbeiten«, spirituellere Menschen zu werden. Vielmehr sollten wir begreifen, dass wir grundlegend spirituelle Geschöpfe sind, verbunden mit der Quelle unserer Göttlichkeit, unserem inneren Mystiker. Wenn wir uns Zeit für ein wenig Ruhe nehmen und unseren Geist zur Stille anhalten, wenn wir nichts tun, als uns auf unseren Atem zu konzentrieren, und sei es nur für zehn oder fünfzehn Minuten, dann können wir Verbindung zu unserer Mitte aufnehmen. In diesem Raum, in dem wir weiter nichts tun, als unsere Aufmerksamkeit auf den Atem zu richten, kann unser innerer Mystiker – oder das Göttliche – uns Führung zuteilwerden lassen.

Sobald mir klar wurde, dass ich selbst Ausdruck des Göttlichen bin, dass ich *shakti* (oder *prana*, die Lebensenergie) besaß, fügte sich alles in eins. Ich hatte mir die Verbindung zu meinem inneren Kompass zurückerobert und konnte nun mein authentisches, spirituelles Selbst kultivieren. Ich tat positive Dinge für mich, die meine empathische Tendenz, mein Licht unter den Scheffel zu stellen, umgingen. Ich vertraute nun meiner Intuition stärker, statt die Führung, die ich immer deutlicher spürte, anzuzweifeln. Ich hörte auf, meine Macht an Menschen abzugeben, die sich als Autorität ausgaben. Stattdessen hörte ich auf mein Herz, um zu sehen, ob das, was sie sagten, wirklich zu mir passte. Und ich hatte keine Furcht mehr, ihren Rat nicht zu befolgen, wenn er falsch klang, mir Angst machte oder mir die Selbstbestimmung raubte. Ich rief mir immer wieder ins Gedächtnis, dass ich den gleichen Zugang zum göttlichen Kraftfeld hatte wie sie. Sie hatten also nicht die Macht, meine Intuition lahmzulegen.

Dies waren meine ersten Schritte, um die Macht der Selbstliebe zu leben. Und ich übe mich heute noch darin. Mit dem Ergebnis, dass mich die richtigen Lehrer, die richtigen Bücher und die richtigen Botschaften stets zur rechten Zeit erreichen.

Und ich bekomme jeden Tag Nachrichten, die mir zeigen, dass auch andere Menschen mit dieser veränderten Haltung und Lebensperspektive endlich erhalten, was sie brauchen.

Aber man berichtet mir auch von Verwirrung, vor allem dann, wenn Menschen auf der Suche nach Antworten auf ein persönliches oder gesundheitliches Problem alle möglichen Kanäle abgrasen. Ihre Internetrecherchen machen sie noch konfuser, als sie vorher waren, weil sie dabei auf völlig widersprüchliche Informationen stoßen. An diesem Punkt sage ich: »Hört auf damit. Lasst euren Geist ruhig werden und wendet den Blick nach innen. Visualisiert eure Verbindung zum Göttlichen und macht euch klar, dass ihr geliebt werdet.«

Diejenigen, die diesen Weg ausprobieren, berichten im Allgemeinen von einem tiefen Gefühl des Friedens, das sie dabei erfahren. Und dass sich in der Folge auch eine Antwort einstellt. Selbst wenn sie von einer äußeren Quelle kommt – einem Buch, einem Podcast, einem Kollegen –, stellt sich die Antwort ein, wenn man am wenigsten damit rechnet. Eine Frau, die sich ständig Vorwürfe machte, weil sie so oft krank war, hatte ihr Leben lang nach einer Antwort auf ihr Problem gesucht. Sie erzählte mir, dass sie eine tiefe, nie gekannte Liebe zu sich selbst entdeckte, als sie sich darin übte, im Frieden mit sich selbst zu sein. Sie machte weiterhin ihre Visualisierung und die Atemübung zur Erdung – und siehe da, am vierten Tag kam eine Freundin vorbei und überreichte ihr ein Buch mit den Worten: »Ich weiß ja, dass du immer noch Informationen über diese Krankheit suchst. Daher habe ich dieses Buch, in dem es genau darum geht, einfach mal mitgebracht.« Und tatsächlich enthielt das Buch alles, was sie brauchte, um für dieses spezielle Problem Heilung zu finden! Die Frau selbst hatte dieses Buch bei ihren ausgedehnten Recherchen offensichtlich übersehen.

Nach der Lektüre verbesserte sich ihr Zustand innerhalb weniger Wochen, und nach ein paar Monaten waren alle Symptome verschwunden.

Bedingungslose Liebe: Kein Fußabtreter-Dasein

Gleichzeitig berichten mir Menschen aus aller Welt immer wieder, wie schwer es ist, jemanden bedingungslos zu lieben, der sich ihnen gegenüber böse, gemein oder respektlos verhält. Sie empfinden Wut und Ärger, aber kämpfen innerlich mit sich, um diesem Menschen zu vergeben. Alles nur, weil man uns einredet, wir müssten Menschen lieben, die uns verletzt haben (auch wenn sie nicht mehr Teil unseres Lebens sind). Das sei eine spirituelle Tugend.

Dabei sollten wir uns vielmehr bewusst machen, dass es wichtiger ist, zuerst *uns* selbst zu lieben und wertzuschätzen. Ohne Selbstliebe bleiben wir auf ewig Fußabtreter, wie sehr wir uns auch um spirituelle Verwirklichung bemühen mögen. Daher ist meine Meinung, dass die Selbstliebe ein Schlüsselelement ist, das in den meisten spirituellen Praktiken schlicht fehlt. Wenn wir uns selbst lieben und schätzen, verspüren wir nicht mehr das Bedürfnis, unserem Peiniger zu verzeihen. Aber zu diesem Zweck müssen wir so manches spirituelle Dogma vom Kopf auf die Füße stellen.

Ein Beispiel: Wenn dich jemand verletzt oder auf dir herumtrampelt, dann ist der erste Schritt nicht, diese Person bedingungslos zu lieben, wenn sich das nicht richtig *anfühlt.* Oder dir Vorwürfe zu machen, weil du so wenig spirituell bist und es nicht schaffst, diesem Menschen von Herzen zu vergeben. Der erste sinnvolle Schritt in diesem Prozess ist es, deine Verletztheit zu akzeptieren und etwas für dich zu tun, so als würdest du dein inneres Kind in die Arme nehmen. Du musst dich zuerst um dein Wohlbefinden kümmern. Für Empathen im Fußabtreter-Zustand ist schon das eine echte Herausforderung. Wir neigen ja ohnehin dazu, Menschen, die uns verletzen, noch zu besänftigen. Wir wollen sie für uns gewinnen, wollen, dass sie uns lieben – und versuchen daher unsererseits, *sie* so bedingungslos wie nur möglich zu lieben.

Doch andere bedingungslos zu lieben heißt nicht, sich ihnen als Fußabtreter anzubieten. Du kannst diese Menschen lieben, aber trotzdem klare Grenzen setzen. Keine Angst: Du wirst deshalb nicht aus dem Nirwana verwiesen. Und du häufst auch kein negatives Karma an, wenn du für dich selbst gut sorgst. Zu tun, was für dich am besten ist, kann anfangs erschreckend sein (vor allem, wenn du anderen dabei nicht gibst, was sie wollen), aber mit der Zeit wird es immer leichter. Du musst nur eine Methode finden, die gut für dich passt.

Ich hatte erst kürzlich mit einem Unternehmen zu tun, von dem ich mich ausgebeutet fühlte, und war entsprechend frustriert. Diese Organisation hatte einen Einjahresvertrag mit mir geschlossen, mit dem ich einige der Rechte an meiner Arbeit an sie abtrat. Mittlerweile war der Vertrag ausgelaufen, aber man verwendete meine Materialien einfach weiter und behauptete in der Werbung, ich gehöre weiterhin zu den Content-Providern. Als ich die Verantwortlichen darauf ansprach, hieß es, ein neuer Vertrag sei unterwegs. Ich hatte das Gefühl, dass man mich zappeln lassen wollte. Man wollte mich nicht weglassen, gab sich aber auch keine Mühe, eine neue Rechteübertragung auszuhandeln. Irgendwann schließlich war ich mir nicht mehr sicher, ob ich dort überhaupt noch unterschreiben wollte, wenn man so mit mir umsprang. Ich hatte zu der Zeit so viele andere

Projekte am Laufen, so viele Eisen im Feuer, dass ich diese Leute nicht unbedingt brauchte. Trotzdem fühlte ich mich wie das kleine Mädchen, das in der Schule schikaniert wurde – die Organisation war sehr bekannt, also wollte ich das Tischtuch zwischen uns auch nicht ganz zerschneiden. Andererseits wollte ich mich aber auch nicht ausnutzen lassen.

Ich sprach mit Freunden, die meinten, ich solle per Anwalt gegen das Unternehmen vorgehen. Doch das war ein aggressives Niveau, mit dem ich mich unwohl fühlte. Dann machte mir jemand einen Vorschlag, der in meinen Ohren auf Anhieb richtig klang. Ich sollte jemanden – vielleicht einen meiner Mitarbeiter – zu meinem geschäftlichen Vertreter ernennen. Der sollte dem Unternehmen mitteilen, dass unser Vertrag ausgelaufen sei und ich meine Inhalte anderen Organisationen zur Verfügung stellen würde. Er sollte weiter mitteilen, dass man diesem Unternehmen wegen der bisherigen guten Beziehungen ein Vorkaufsrecht einräume. (Das war sozusagen das Wu Wei des Ganzen, das Gegenstück zur Kekstüte: Auf diese Weise konnten wir zeigen, dass noch kein Porzellan zerschlagen war. Wir machten der Firma ja immerhin ein Angebot.) Dieser Rat klang gut, und ich befolgte ihn auf der Stelle. Ich ernannte jemanden aus meinem Team zum Verhandlungsführer. Mein frisch ernannter Vertreter in Geschäftsdingen setzte den Leuten einen festen Termin. Wenn wir bis zu diesem Zeitpunkt nichts gehört hätten, würden wir die Inhalte anderen Unternehmen anbieten.

Was dann geschah, war wirklich erstaunlich. Ich fühlte mich durch dieses Vorgehen gestärkt. Es gab keine Konflikte, keine verletzten Gefühle, und plötzlich trudelten zahlreiche Angebote von anderen Firmen ein. Ich entschied mich letztlich für ein neues Angebot, aber die Organisation, mit der ich vorher zusammengearbeitet hatte, behandelte mich plötzlich mit viel mehr Respekt. Man schlägt mir seither häufig neue Projekte vor und hält mir sozusagen die Tür auf, obwohl ich den Abschluss nicht mit ihnen getätigt habe.

Nachdem ich diese Geschichte bei einem meiner Workshops erzählt hatte, gaben die Teilnehmer eigene Erfahrungen zum Besten, die zeigten, wie man konfliktbeladene Situationen ohne Streit lösen kann. Das gelang auch ihnen, als sie die Situation aus ihrer ureigensten Kraft heraus angingen, ohne sich zum Fußabtreter zu machen. Wie bei Gina. Sie war Autorin, und ihr Werk erschien bei einem kleinen Verlag, von dem sie sich zunehmend ungerecht behandelt fühlte. Gina erzählte, dass man ihr sehr wenig Geld anbot, obwohl ihre Bücher sich eigentlich gut verkauften. Sie hatte keinen Agenten, und weil sie nicht so bekannt war, fürchtete sie, sie könnte Schwierigkeiten haben, einen neuen Verleger zu finden. Sie zögerte, den Verlagschef um eine höhere Vorauszahlung zu bitten, aber sie schickte ihr neues Manuskript an mehrere Verlagshäuser, um zu sehen, ob es möglicherweise Interessenten gab. Und sie rechnete aus, wie viel mehr sie verdienen würde, wenn sie ihr Buch im Selbstverlag herausgäbe.

Tatsächlich zeigte ein anderes kleines Verlagshaus nach kurzer Zeit Interesse an ihrem Buch, und das Angebot war auf jeden Fall besser als das ihres aktuellen Verlages. Mit diesem Angebot im Gepäck und den Kalkulationen für den Selbstverlag marschierte sie in den Verlag und sprach mit dem Programmchef. Gina sprach ihn zwar nett an, hatte aber die feste Absicht wegzugehen, wenn er ihr kein besseres Angebot machte. Nachdem er ihre Zahlen überprüft hatte, gab er ihr tatsächlich bessere Konditionen, weil er erkannte, dass ihre Arbeit mehr wert war.

Wenn wir uns aus dem Fußabtreter-Zustand befreien wollen, müssen wir darauf achten, dass wir nicht ständig Entschuldigungen für Menschen erfinden, die uns ausnutzen oder verletzen. Dass wir aufhören, uns zu verbiegen, nur um ihre Anerkennung zu gewinnen, oder uns zwingen, ihnen zu vergeben, wenn wir dazu noch nicht bereit sind. Einfach nur, weil wir glauben, dass Vergebung höchste Spiritualität sei. Oft haben wir Schwierigkeiten mit dem Wort »vergeben«, vor allem, wenn wir tief verletzt wurden. Im Geiste des Wu Wei können wir es ersetzen durch »loslassen«. Anders gesagt: Statt Menschen zu vergeben, lässt du sie los. Du entlässt sie aus deinem Leben, damit sie nicht länger dein Dasein bestimmen. Frage dich also nicht: *Wie kann ich ihnen vergeben?* Sondern: *Wie kann ich sie loslassen?* Und dann schenkst du dir selbst Wertschätzung, Liebe und Hochachtung im Wissen, dass du die Macht besitzt, die Dynamik jeder Situation zu ändern.

Der Schlüssel zur Selbstliebe

Eine meiner Methoden, mehr Selbstliebe zu entwickeln, ist, über meine Gefühle zu schreiben. Das hilft wirklich, negative Emotionen loszulassen. Du nimmst einfach dein Tagebuch und hältst fest, was dir spontan als Antwort auf folgende Fragen einfällt:

- Beurteile ich mich zu streng?
- Erlaube ich anderen Menschen, mich schlecht zu behandeln und auf mir herumzutrampeln?
- Verbiege ich mich, um anderen zu gefallen, auch wenn es für mich nicht gut ist?

- Fühle ich mich häufig ausgelaugt und erschöpft?
- Versuche ich die Anerkennung von Leuten zu gewinnen, die mich verletzt haben?
- Habe ich Angst, andere zu enttäuschen?
- Nehme ich mir immer Zeit für andere, aber nie für mich selbst?
- Fühle ich mich schuldig, wenn ich mir selbst etwas Schönes gönne?

Wenn du auf nur eine dieser Fragen mit Ja geantwortet hast, bedeutet das, dass da noch viel Raum ist für mehr Selbstliebe. Stell doch zum Beispiel eine Liste jener Dinge zusammen, die du tun würdest, wenn du dich selbst mehr lieben könntest – und sei dabei möglichst ehrlich. Würdest du dir beispielsweise mehr Zeit für dich nehmen: damit du Sport treiben kannst, spazieren gehen, gesundes Essen einkaufen und zubereiten? Vielleicht würdest du ja auch gern mehr Zeit in der Natur verbringen? (Hier gibt es vermutlich Überschneidungen zu jenen Dingen, die du tun wolltest, um deine Batterien aufzuladen.) Vielleicht schließt du auch eine Ausbildung ab oder holst den Abschluss nach, an dem du immer schon interessiert warst. Oder du machst einen spannenden Workshop mit. Verfasse eine möglichst lange Liste, denn wenn du auch nicht alles sofort umsetzen kannst, kannst du dir doch versprechen, jeden Tag zumindest eines dieser Dinge als Zeichen deiner Selbstliebe zu tun.

Uns selbst zu lieben gibt uns Kraft – die Kraft, andere zu lieben und uns von jenen Menschen zu trennen, die für unser Leben nicht gut sind. Ich habe ein Mantra formuliert, das helfen soll, in diesem positiven Raum zu bleiben: *Ich werde nur zu jenen Menschen Kontakt halten, die liebevoll und wertschät-*

zend mit mir umgehen. Mit diesem Mantra schaffe ich es, mich auf Leute zu konzentrieren, die mir ihre Unterstützung und Anteilnahme schenken. So vergeude ich nicht länger Energie darauf, Menschen, die mich wie einen Fußabtreter behandeln, für mich zu gewinnen.

Natürlich haben wir alle gelegentlich mit Menschen zu tun, die uns nicht eben liebevoll begegnen, ob das nun ein tyrannischer Chef ist, ein schwieriges Kind oder ein intoleranter Kollege. Solchen Situationen können wir nicht immer aus dem Weg gehen. Aber wenn deine Batterien aufgeladen sind und du dein Licht leuchten lassen kannst, dann hast du viel mehr Energie, um mit solchen Erfahrungen umzugehen, ohne dich kleinzumachen und deine Macht an andere abzugeben. Dann gehst du selbstbestimmt und stark auf andere zu und lässt dich nicht zum Opfer degradieren.

Eines möchte ich an dieser Stelle noch einmal in aller Deutlichkeit sagen: Spirituelle Lehrer und Gemeinschaften sind wichtig. Die Menschen, mit denen ich in diesem Zusammenhang zu tun hatte, waren guten Willens, und ihre Botschaft war für die Welt im Allgemeinen auch positiv. Du solltest aber immer im Hinterkopf behalten: Die wahre Aufgabe eines spirituellen Lehrers ist es, dir zu helfen, dein inneres Leitsystem zu entwickeln und zu stärken. Es geht niemals darum, dass du dem Lehrer mehr vertraust als dir selbst. Sorge von innen heraus für dich und nimm deine Kraft aus der Quelle deiner eigenen Göttlichkeit.

Meditation zum Ausdruck deiner Göttlichkeit

Die folgenden Worte rezitiere ich sehr oft. Je häufiger du diese Meditation machst, desto deutlicher kannst du die göttliche Energie fühlen, die als Liebe deinen Körper durchströmt. Diese Worte sind eine Quelle der Kraft. Daher möchte ich dir ans Herz legen, sie so oft wie möglich zu sprechen.

Ich bin eine Facette des Göttlichen und immer mit ihm verbunden.
Ich bin mächtig und habe Zugang zu allem, was ich brauche.
Ich visualisiere diese Kraft und spüre, wie meine Energie dabei wächst.
Ich bin ein spirituelles Wesen und werde geliebt.
Liebe ist mein Geburtsrecht, nicht etwas, wofür ich mich abrackern muss.
Ich lasse all meine Zweifel und Ängste los.
Ich bin es wert, mich offen auszudrücken. Ich habe es wirklich verdient.

6
Wenn der Körper rebelliert

Mein Körper hat seine eigene Intelligenz.
Ich entscheide mich, auf meinen Körper zu hören.

Du baust also deine spirituelle Verbundenheit auf. Du schärfst deine Intuition. Du stärkst dein Band im Netz des kosmischen Bewusstseins und entwickelst ein gesundes Ego. Und du vergisst über alldem nicht, gut für dich zu sorgen und deine Selbstliebe zu stärken. Da es Empathen Freude macht zu geben (manchmal so viel, dass sie krank werden), schwächen sie oft ihre Lebensenergie. Ich habe ja bereits erklärt, wie wir unsere Batterien wieder aufladen können. Doch der eigentliche Stoff, der diese Batterien ausmacht, ist unsere Lebensenergie.

Streben wir nach Heilung, müssen wir dabei unsere empathischen Neigungen berücksichtigen, zum Beispiel unsere Tendenz, uns zu viel aufzubürden oder Ängste und Krankheiten anderer zu absorbieren. Wir müssen uns selbst vor unserer extremen Sensibilität schützen, denn wenn wir nicht auf unsere Grenzen achten, halten wir fremde Meinungen oft für unsere eigene. Sind wir dann tatsächlich krank geworden, müssen wir herausfinden, wie wir unseren Heilungsprozess aktiv unterstützen können. Und wir müssen lernen, wie wir geliebte Menschen auf ihrem Heilungsweg unterstützen können, wenn sie krank sind.

Ganz besonders gilt das für das medizinische Personal in Arztpraxen, Ambulanzen und Kliniken. Judith Orloff schreibt, dass wir Empathen gern im Gesundheitswesen arbeiten, als Ärzte, Krankenschwestern und Pfleger.[11] Es macht uns nun mal Freude, Menschen zu helfen. Wir sind die geborenen Retter, Pfleger und Heiler, weil wir intuitiv erfassen, was unser Gegenüber braucht. Und wir bemühen uns nach Kräften, andere Menschen zu unterstützen, damit es ihnen besser geht. Wir geben also wirklich großartiges medizinisches Fachpersonal ab.

Vermutlich sind unter den Beschäftigten im Gesundheitswesen viele Empathen, die alles, was sie im Krankenhaus erleben, Tag für Tag aufsaugen wie ein Schwamm. Vom individuellen Stress einmal ganz abgesehen, denn die Schichten sind lang, und die Arbeit für die Patienten ist anstrengend. Wenn du Empath bist und als Ärztin, Krankenschwester oder Pfleger täglich viele Stunden mit verstörten, ängstlichen und kranken Menschen zu tun hast, dann ist es besonders wichtig, dass du weißt, wie du dich davor schützen kannst, die Symptome der anderen körperlich aufzunehmen. Du musst Möglichkeiten finden, kontinuierlich etwas für dich zu tun, sonst wird es dir immer ein Rätsel bleiben, warum du ständig erschöpft bist und am eigenen Leib dauernd irgendwelche Symptome erfährst.

Wie also können wir uns schützen, wenn wir in einem Heilberuf arbeiten oder einen kranken Angehörigen oder Freund versorgen? Wie können wir liebevoll und mitfühlend für andere da sein, ohne uns selbst aufzureiben? Wie können wir mit einem kranken Menschen mitfühlen, ohne selbst krank zu werden? Und was können wir tun, um die emotionale Reaktion des Kranken auf seine Krankheit nicht zu unserer eigenen zu machen?

Ich selbst arbeite viel mit Menschen, die an Krebs oder einer anderen schweren Erkrankung leiden, die ihnen massive Angst einflößt. Und ich möchte wirklich alles mir Mögliche tun, um ihnen zu helfen. Seit mich jener Schamane in Costa Rica davor warnte, anderen zu helfen, ohne auf mich selbst achtzugeben, habe ich gelernt, mich mithilfe einer Reihe von Visualisierungsübungen zu stärken, bevor ich Workshops, Seminare und Retreats abhalte. Ich umgebe mich ganz bewusst mit einem schützenden Energiefeld (siehe die Meditation am Ende von Kapitel 3), wenn ich auf Menschen zugehe, die krank sind und Schmerzen haben. Insbesondere achte ich darauf, dass meine Lebensenergie hoch ist (siehe dazu die Meditation am Ende dieses Kapitels). Diese Vorsichtsmaßnahmen haben mir geholfen, nicht mehr selbst krank zu werden, wenn ich mit kranken Menschen arbeite. Außerdem habe ich festgestellt, dass es sich auf andere überträgt, wenn meine Lebenskraft stark pulsiert. Die Menschen lachen dann mehr, fühlen sich weniger niedergeschlagen und berichten, dass sich ihre Ängste aufzulösen scheinen.

Angst mit Liebe heilen

Wie gesagt, meine tief sitzende Krebsangst begann mit der Diagnose meiner Freundin Soni. Ab da war mein ständiger Gedanke: Wenn Soni Krebs bekommen konnte, dann ich auch. Bevor ich fortfahre, möchte ich aber eines klären: In meiner Geschichte geht es um Krebs, und das war meine ganz persönliche Erfahrung. Doch egal welche Krankheit du haben und worunter du leiden magst – Multiple Sklerose, Lupus erythematodes, Mukoviszidose, Allergien oder chronische Entzündungen -, die Ideen und Beobachtungen, um die es in diesem Kapitel geht, sind auch darauf anwendbar.

Soni war eine starke Frau voller Leben. Der letzte Mensch, von dem ich gedacht hätte, dass er so schwer krank werden könnte. Und doch war es so gekommen. Wenige Monate später erhielten wir die Nachricht, dass der Schwager meines Mannes Danny ebenfalls eine aggressive Tumorform entwickelt hatte. Diese Information verstärkte meine Ängste weiter, denn beide waren etwa in meinem Alter. Ich begann, alles über Krebs und seine Ursachen zu lesen, dessen ich habhaft werden konnte. Anfangs noch, weil ich unbedingt helfen wollte. Ich wollte für Soni da sein, sie in ihrem Kampf unterstützen. Aber je mehr ich über die Krankheit las, desto mehr fürchtete ich mich vor allem, was vielleicht eine Krebsursache sein konnte. Bald sah ich in wirklich allem und jedem eine Gefahr: in Pestiziden, der Mikrowelle, Konservierungsstoffen, genetisch veränderten Nahrungsmitteln, Sonnenlicht, Luftverschmutzung, Lebensmittelverpackungen aus Plastik, Mobiltelefonen ... Diese Besessenheit ging irgendwann so weit, dass ich mich vor dem Leben selbst fürchtete.

Dannys Schwager und Soni durchliefen das ganze Behandlungsspektrum: Chemotherapie, Bestrahlung, Operation, Stammzellenbehandlung – einfach alles. Und ich sah, dass es ihnen damit nicht besser ging. Und das machte mir noch mehr Angst. Allmählich bekam ich auch Angst vor einer Krebsbehandlung. Und vor dem Tod. Ich wollte alles nur Mögliche tun, um keinen Tumor zu bekommen. Aber alles, was ich tat, hatte seine Wurzeln in meinem verzweifelten Wunsch, nicht an Krebs zu erkranken. Ich begann zu recherchieren, wie man Krebs vermeiden konnte. Ich kaufte alle Nahrungsergänzungsmittel, die antioxidativ und antitumoral wirkten – Kurkumin,

Coenzym Q10, Omega-3-Fettsäuren, Chlorellaalgen, Vitamin C, Extrakte vom Grüntee und so weiter. Ich schüttete das Zeug fast kiloweise in mich hinein. Ich zog meinen eigenen Weizengrasvorrat, damit ich jeden Morgen davon essen konnte. Ich machte mir die absolut tollsten grünen Smoothies und folgte strikt einer strengen Anti-Krebs-Diät – Palmkohl, Grünkohl, Linsen und viel Rohkost.

Viele Leute, mit denen ich gesprochen habe, haben es genauso gemacht, ganz egal, um welche Krankheit es ging. Sie ernährten sich rohköstlich und sagten Einladungen ab, wenn es in dem Restaurant keine entsprechenden Gerichte gab. Und wenn sie tatsächlich mal eine Einladung zu Freunden annahmen, brachten sie ihr eigenes Essen mit. Natürlich ist es gut, sich gesund zu ernähren, aber das Problem an Anti-Krebs-Diäten oder Anti-Irgendwas-Diäten ist: Du konzentrierst dich dabei viel zu sehr auf das, was du nicht willst. Wenn du eine Anti-Krebs-Diät machst, fixierst du deine Aufmerksamkeit auf den Krebs, nicht auf deine Gesundheit. Und da wir Empathen hochgradig empfänglich für sämtliche Suggestionen sind, machen wir uns damit auch offen für die Krankheit, der wir vorbeugen und die wir heilen wollen. Heute richte ich meinen Fokus darauf, dass ich gesund, aktiv, strahlend und freudvoll durchs Leben gehe. Und ich tue, was immer nötig ist, um diesen Zustand aufrechtzuerhalten. Ich konzentriere mich nicht auf die Krankheit. Ich glaube nämlich, dass es sinnvoller ist, mein Wohlbefinden zu stärken, statt eine Krankheit ausmerzen oder unbedingt verhindern zu wollen.

Damals aber war ich wie besessen. Immer wenn mir ein Artikel mit neuen Erkenntnissen in die Finger fiel, änderte ich meine Lebensweise entsprechend. Danny und ich installierten eine Umkehrosmoseanlage in unserem Haus, damit wir sauberes Wasser hatten. Wir vermaßen regelmäßig unser elektromagnetisches Feld (EMF), um eventuelle drastische Veränderungen in unserer Umgebung aufzuspüren. Ich war wild entschlossen, keinen Krebs zu bekommen. Schließlich war ich unglaublich wachsam und bekämpfte die Krankheit schon im Vorfeld. Wenn ich auch nur einmal eines meiner zigtausend Nahrungsergänzungsmittel einzunehmen vergaß, bekam ich eine Heidenangst und wurde noch wachsamer. Meine selbst verschriebene Behandlung kostete mich unendlich viel Kraft, denn ich bot alles auf, um nur ja keinen Krebs zu bekommen. Der Krebs beherrschte mein ganzes Gesichtsfeld. Und weißt du, was dann passierte? Ich bekam Krebs.

Was lernen wir daraus? Ich begriff – und zwar nicht, weil ich an Krebs erkrankt war, sondern weil ich daran starb –, dass es im Leben nicht darum geht, Krankheiten zu vermeiden, sondern sich am Dasein zu erfreuen, ihm mit Leidenschaft zu begegnen, voll darin einzutauchen.

Was mir damals auch nicht klar war: Wenn du dich krummlegst, um nur ja gesund zu bleiben, schickst du deinem Körper die Botschaft, dass er ohne dein Zutun nicht gesund bleiben kann. Bruce Lipton, Autor des Buches *Intelligente Zellen*, schreibt in einem Text auf seiner Website, dass wir eine »angeborene Fähigkeit zur Heilung«[12] besitzen. Und er fährt fort: »Sobald wir aber ungefähr sechs Jahre alt sind, verändert sich unser Gehirn. Wir fangen an, uns ein Bild davon zu machen, wer wir sind. In den meisten Fällen überschreibt dieser Konditionierungsprozess diese angeborene Gabe.« In meinem Fall lautete diese Konditionierung: »Gesund zu bleiben verlangt große Anstrengung von mir.« Bei anderen klingt es vielleicht so: »Wir leben in einer vergifteten Umwelt.« Oder: »Ich habe eine schwache Konstitution.« Und: »Meine Familie neigt zu

Krankheiten.« Und was dergleichen Dinge mehr sind, mit denen wir uns selbst sabotieren.

Empathen besitzen nun eine weitere Eigenschaft, die sie empfänglich für Krankheiten macht: ihre Neigung, die Probleme der Menschen in ihrer Umgebung (und manchmal auf der ganzen Welt) zu ihren eigenen zu machen. Wir empfinden es als unsere Verantwortung, alles und jedes in Ordnung zu bringen. Wenn wir das nicht schaffen, leiden wir. Wir fühlen uns vielleicht sogar schuldig und wollen unsere Schuldgefühle lindern, indem wir mit den anderen mitleiden. Als würden wir sagen: »Wenn du leidest und ich dir nicht helfen kann, dann leide ich mit dir.«

Die Inhaberin eines kleinen Unternehmens schrieb mir einmal, sie habe ein derart schlechtes Gewissen, wenn ihre Mitarbeiter länger arbeiten müssten, dass sie im Geschäft blieb, bis auch der letzte Angestellte nach Hause gegangen war – obwohl ihre Arbeit längst getan war. Und so blieb sie jeden Tag bis spät in die Nacht, auch wenn jeder ihrer etwa fünfzig Mitarbeiter im Durchschnitt nur einmal pro Monat Überstunden machen musste. Genauso machte ich es mit Soni und ihrer Krankheit – ich empfand Schuldgefühle, litt mit ihr. Bis mein Körper mir mit der Krankheit sagte: »Es reicht jetzt!« Leider ist dies manchmal der einzige Weg, wie er sich Gehör verschaffen kann.

Esther Hicks hat zusammen mit ihrem mittlerweile verstorbenen Ehemann Jerry Hicks viele Bücher herausgegeben, zum Beispiel: *Wunscherfüllung – die zweiundzwanzig Methoden* und: *The Law of Attraction.*[13] Sie fasst das Problem sinngemäß so zusammen: »So krank kannst du gar nicht werden, um damit Kranken zu neuem Wohlergehen zu verhelfen. Du kannst auch nicht so arm werden, dass du damit armen Menschen zu

Wohlstand verhilfst. Alles, was du erreichen kannst, ist, dass du anderen etwas zu geben hast.«[14] Empathen müssen also lernen, sich selbst an die erste Stelle zu setzen und sich zu lieben, als ob ihr Leben davon abhinge, denn das ist tatsächlich der Fall. Nachfolgend nun ein paar Tipps, wie du das am besten anstellst.

Vier Schritte zur Heilung

Mit allem, was ich heute weiß, würde ich im Falle einer erneuten gesundheitlichen Krise ganz anders vorgehen. Damals habe ich zuerst mit den Ärzten über meine Behandlungsmöglichkeiten gesprochen. Natürlich konsultierte ich auch Dr. Google (die beste Möglichkeit, sich selbst in Angst und Schrecken zu versetzen), um nach Möglichkeit alternativmedizinische Heilmittel zu finden. Ich wollte einfach alles ausprobieren. Wohlmeinende Freunde stellten ebenfalls Recherchen an und überhäuften mich noch zusätzlich mit Informationen – die wiederum anderen Aussagen widersprachen. All das hatte noch mehr Stress, Angst und Verwirrung zur Folge. All diese Informationen befassten sich mit Heilung auf der körperlichen Ebene. Man konzentrierte sich auf die Krankheit selbst – den Verlauf, die Statistik, mögliche Resultate –, nicht aber auf die zugrunde liegenden Ursachen und die Frage, wie man sein Wohlbefinden wiederherstellen konnte.

Wenn bei mir heute eine lebensbedrohliche Krankheit festgestellt würde, würde ich es ganz anders anpacken. Hier die Schritte, die ich der Reihe nach unternehmen und deshalb auch dir empfehlen würde:

1. Frage dich: »Wozu kann ich jetzt Nein sagen?«

Wenn es dir schwerfällt, Nein zu sagen, und du dazu neigst, dir mehr aufzuhalsen, als dir guttut, dann frage dich als Erstes: »Wo übernehme ich Dinge, die ich nicht mehr haben will?« Anders ausgedrückt: »Wo kann ich Nein sagen? Wo habe ich Ja gesagt, obwohl ich Nein meinte?«

Vielleicht hast ja auch du die Neigung, ständig Leute retten oder unterstützen zu wollen, auch wenn man dich nicht darum gebeten hat oder deine Hilfe nicht braucht. Hast du Angst davor, andere zu enttäuschen, und verleitet dich das vielleicht dazu, dir mehr abzuverlangen als nötig? Packst du dir auf diese Weise immer noch eine Schicht mehr auf, die mit dir gar nichts zu tun hat?

Auch wenn du nicht lebensgefährlich erkrankt bist, kannst du diesen Schritt für dich tun. Ich jedenfalls tue es. Wenn du eine Erkältung heranziehen fühlst, wenn es im Rücken zwackt oder du Kopfschmerzen bekommst, mach ruhig mal eine Liste all jener Dinge, die du aktuell erledigst, obwohl du das nicht willst. Und dann nimm deinen Mut zusammen und lehne ab. Du wirst es nicht bereuen.

Natürlich wird es dir hin und wieder auch passieren, dass du bestimmte Dinge tun musst, obwohl du müde und ausgelaugt bist. Vielleicht musst du dich um einen Menschen kümmern, der dich braucht, ein Kind mit besonderen Bedürfnissen etwa oder ein alternder Verwandter. Es handelt sich hierbei fast immer um Fälle, wo du die Verantwortung für einen geliebten Menschen hast. Dann solltest du die Dinge akzeptieren, wie sie sind. Finde dich damit ab, dass dich das eine Menge Energie kosten wird. Und gib dir dann immer wieder den Raum, dir deine Energie zurückzuholen, indem du etwas tust, was dich glücklich macht. Lade deine Batterien wieder auf.

Mach dir vor allem keine Vorwürfe, weil du dich auch um dich selbst kümmern musst. Gib dir die Erlaubnis, eine Auszeit zu nehmen, ohne alle Schuldgefühle. Und mach etwas, was dir wirklich guttut. Etwas nur für dich, was auch immer das sein mag.

Vielleicht findest du ja sogar Mittel und Wege, wie du deiner Verantwortung auf eine Art und Weise nachkommen kannst, die Spaß macht, vor allem, wenn du dich um ein Kind kümmerst. Sieh zu, dass ihr beide einfach so viel Freude wie möglich habt. Denn manchmal lässt uns sogar der Gedanke, uns das Leben ein bisschen leichter zu machen, mit der Hand an der Hosennaht dastehen.

2. Lerne, deine Empfangsantennen auszufahren

Finde heraus, wo du es dir selbst unmöglich machst, auch einmal etwas anzunehmen. Wenn du dich stets darauf fokussierst, anderen zu gefallen und zu helfen, ohne je etwas dafür anzunehmen, übe dich ruhig mal darin, auf Empfang umzuschalten.

Fange mit kleinen Dingen an. Wenn jemand dir ein Kompliment macht, sagst du: »Danke«, statt es sofort abzuschwächen. Macht dir jemand ein Geschenk, dann musst du dich nicht gleich überschlagen, um dich zu revanchieren. Die entsprechende Gelegenheit ergibt sich schon von selbst. Und auf diese Weise verdirbt dir das Gefühl des Verpflichtet-Seins nicht die Freude am Geschenk.

Gerade wenn wir nichts annehmen und nicht Nein sagen können, ist eine gesundheitliche Krise häufig die einzige Möglichkeit, wie der Körper uns aus diesem speziellen Lebensmodus befreien kann. Er zwingt uns einfach zu einer Veränderung, so wie mein Körper mich drängte, etwas für mich selbst zu tun, als ich mich wegen Sonis Krankheit schuldig fühlte.

3. Wende dich dem Leben voller Leidenschaft zu

Im nächsten Schritt geht es darum, Möglichkeiten zu finden, wie du dein Leben spannend und erfüllend gestalten kannst. Frage dich: »Wäre ich völlig gesund, was würde ich dann mit dem Rest meines Lebens anstellen?« Und wie immer die Antwort ausfällt: Fang gleich damit an oder arbeite zumindest darauf hin.

Dass deine Krankheit dir als Weckruf dienen sollte, ist eigentlich klar. Sie zeigt dir, dass die Art, wie du im Moment dein Leben lebst, zu viel von deiner Lebenskraft verzehrt. Viele von uns neigen ja dazu, sich einzig und allein auf die Krankheit zu konzentrieren, darauf, wie man sie wieder loswird. Ansonsten machen wir weiter wie gehabt, aber es war ja gerade unser bisheriger Lebensstil, der uns krank gemacht hat. Eben darum ist es so wichtig, dass du darauf achtest, was dich mit Begeisterung und Freude erfüllt.

Frage dich weiter: »Warum will ich eigentlich wieder gesund werden? Warum will ich mein Leben zurück? Möchte ich etwa das Leben weiterführen, das mich so viel Kraft gekostet hat? Würde ich nicht lieber mehr Zeit mit den Menschen verbringen, die ich liebe? Aufregende Dinge tun? Öfter mal Ferien machen? Weniger arbeiten? Etwas machen, das mir Spaß macht? Meine Leidenschaft leben? Oder erst mal herausfinden, was überhaupt meine Leidenschaft ist?« Mit diesen Fragen solltest du dich auseinandersetzen, während du dich auf deinen Heilungsprozess einlässt. Denn wenn dein Leben von Begeisterung erfüllt ist, wenn du etwas hast, wofür du lebst, dann brauchst du ein langes Leben voll Gesundheit und Kraft.

Der Sinn, den ich in meinem Leben sehe, ist in meinen Augen einer der wichtigsten Aspekte, was meine Gesundheit angeht. Wofür lebe ich? Habe ich das Gefühl, dass mein Leben einen Sinn hat? Ich möchte vollkommene Klarheit darüber haben, warum ich lebe und warum ich gesund bleiben möchte. Wenn du dich in einem Leben gefangen fühlst, das du hasst, fehlt dir jeder Antrieb, um wieder gesund zu werden.

Stünde ich vor einer gesundheitlichen Herausforderung, dann würde ich zuallererst den Weg der Selbsterforschung einschlagen. Hast du den brennenden Wunsch, irgendetwas zu tun oder ein bestimmter Mensch zu sein, dann unterdrücke diese Leidenschaft nicht. Sie ist deine Berufung. Ich liebe das Wort »Berufung«, weil es mir das Gefühl gibt, mein künftiges Selbst ruft mich in meine Zukunft.

Der erste Schritt, um deine Berufung zu finden, ist es, deiner *Vorstellungskraft* freien Lauf zu lassen. Wenn ich das tue, nehme ich Kontakt zu etwas auf, das unglaublich aufregend und schön ist: Für mich ist das mein sechster Sinn, meine Intuition, mein höheres Selbst. Wenn ich anderen dieses Band beschreibe, hält man mir häufig entgegen: »Ach, das ist doch nur deine Fantasie!« Ja, dann war es eben meine Fantasie, die mir meine Berufung offenbarte, meinen Lebenssinn. Sie hat mir geholfen, die Verbindung zu meinem Geist, zu meiner Seele zu knüpfen.

Viele Menschen reden uns ein, es sei selbstsüchtig, wenn wir unseren Wünschen, unserer Berufung folgen. Aber das ist nicht der Fall. Wenn du deine Vorstellungskraft, deine Wünsche und deine Berufung unterdrückst, dann zerstörst du damit all das, was dich in diese Welt gebracht hat und was hier und jetzt deine Aufgabe ist, die du erledigen sollst.

Ich habe gelernt, dass sich meine Seele, mein Geist, mein höheres Selbst meiner Vorstellungskraft bedienen, um zu mir zu sprechen. Und ich glaube, das trifft auf alle Menschen zu. Oder wie Albert Einstein sinngemäß gesagt haben soll: Fantasie ist wichtiger als Wissen. Denn Wissen ist begrenzt, während die Fantasie die ganze Welt umfasst. Sie ist es, die zum Fortschritt anregt und der Evolution den Weg bereitet.

Wenn du also deinen Platz im Universum finden möchtest, deine Verbundenheit mit allem, was ist, dann lass deiner Fantasie freien Lauf.

4. Frage dich: »Wie kann ich meinen Körper unterstützen? Welche Behandlungsformen gibt es?«

Wenn wir gesundheitliche Probleme haben, fragen wir uns gewöhnlich zuerst, welche Behandlungsmöglichkeiten es für uns gibt. Ich würde aufgrund meiner Erfahrungen die Frage nach den Behandlungsmöglichkeiten nicht an erste Stelle setzen, außer natürlich, es handelt sich um einen Notfall. Einfach weil die Beschäftigung mit den Behandlungsformen viel Angst verursachen kann. Jetzt aber geht es in erster Linie darum, dass du dich um deinen Körper kümmerst, und das *nicht* aus einem Gefühl tiefer Angst heraus. Joe Dispenza schreibt im Vorwort zu Kelly Noonan Gores' Buch *Heal*: »Stress bedeutet, dass Gehirn und Körper aus dem Gleichgewicht kommen.«[15] Wir müssen entspannt sein, um Heilung zu finden. Der erste Schritt ist es also, frei von Angst zu werden, weil sie für den Körper Stress bedeutet. Dich angstfrei mit deinen Behandlungsmöglichkeiten auseinanderzusetzen ist für dein System weniger belastend, was bedeutet, dass die Behandlung eher Erfolg haben wird.

Erst der vierte Schlüssel zur Heilung besteht also darin herauszufinden, mit welchen Methoden du deinen Körper unterstützen kannst. Besorge dir die entsprechenden Informationen, während du deine Leidenschaften und deinen Lebenssinn erkundest. Du kannst dich dann immer noch fragen, welche Formen der medizinischen Behandlung dir offenstehen, aber meiner Ansicht nach sind die ersten drei Schritte wichtiger, obwohl sie im medizinischen Maßnahmenkatalog nicht einmal erwähnt und keinem Patienten ans Herz gelegt werden.

Entscheide dich für Techniken, mit denen du dich sicher fühlst und die dir Energie schenken, um deinen Körper bei seiner Heilung zu unterstützen. Auch die Menschen, die dich behandeln, solltest du unter diesem Gesichtspunkt auswählen.

Dazu ein Beispiel, wie Begegnungen mit Hausärzten verlaufen können, die uns nicht zuhören, obwohl wir unseren Körper sicher besser kennen als sie. Ich ließ bei meiner damaligen Ärztin immer eine regelmäßige Kontrolluntersuchung machen. Alles top – bis auf den Blutdruck. Der war vergleichsweise hoch. Das überraschte mich, denn üblicherweise ist mein Blutdruck eher zu niedrig. Also bat ich die Ärztin, noch einmal zu messen. Wieder fiel der Wert sehr hoch aus. Die Ärztin fand das beunruhigend und bat mich daher, in ein paar Tagen noch einmal zum Nachmessen vorbeizukommen.

Was ich auch machte. Mein Blutdruck war wieder extrem hoch. Also verschrieb die Ärztin mir ein Medikament gegen Bluthochdruck. Ich hasse es, Tabletten zu nehmen, also versuchte ich, mit ihr zu reden. Ich wollte vor allem wissen, ob es nicht natürliche Methoden gäbe, wie ich meinen Blutdruck senken könnte. Aber sie war sich da völlig sicher: »Nein, auf natürliche Methoden sollten Sie sich hier wirklich nicht verlassen.« Ich schluckte also die Pillen und fühlte mich nach ein paar Tagen richtig elend – total matt und schwach. Daher suchte ich die Ärztin wieder auf: Mein Blutdruck war nun im Normalbereich. Da ich ja brav mein Medikament einnahm, war das weiter nicht verwunderlich. Trotz der Nebenwirkungen bestand die Ärztin darauf, dass ich es weiter nahm, denn offensichtlich zeigte es ja Wirkung.

Nachdem ich mich eine weitere Woche total schwach gefühlt hatte, beschloss ich, mir in der Apotheke selbst ein Messgerät zu kaufen. Schon bei der ersten Messung zeigte sich, dass mein Blutdruck abnorm niedrig war – weit unter den Normalwerten. Also ließ ich die Tabletten für ein paar Tage weg und maß dann wieder. Mein Blutdruck war normal. Ich setzte die Messungen ein paar Tage lang fort und stellte fest, dass der Blutdruck auch ohne Medikamente im Normbereich lag. Ich verstand das einfach nicht. Hohen Blutdruck hatte ich wirklich nur in der Praxis meiner Ärztin. Ich googelte »hoher Blutdruck in Arztpraxis«, und siehe da: Bei vielen Menschen schießt der Blutdruck in die Höhe, wenn der Arzt ihn misst. Man nennt das »Weißkittelhypertonie«: Wir regen uns auf, wenn wir beim Arzt sind. Als ich der Ärztin von meinen Recherchen erzählte, zuckte sie nur mit den Schultern. Allerdings bestand sie auch nicht mehr darauf, dass ich die Tabletten weiter einnehmen sollte.

Da ich mich in dieser Praxis wirklich nicht mehr gut aufgehoben fühlte, suchte ich mir einen anderen Arzt: einen, der es gut fand, dass ich mich selbst um meine Gesundheit kümmern wollte, und der auch alternative Behandlungsformen in Betracht zog. (In diesem Fall hatte ich ja eher der Natur ihren Lauf gelassen.) Damit will ich nicht sagen, dass Ärzte auf unsere Diagnosen hören und wir allein über unsere Medikamente bestimmen sollten. Aber es ist doch wichtig, dass unsere Meinung, unser Instinkt und unsere Präferenzen wenigstens Gehör finden.

Schließlich brauchst du einen Arzt, der dich versteht und der auch weiß, wie er am besten mit uns Empathen umgeht, mit ihrer Sicht auf die Welt. So reagieren wir beispielsweise stark auf Krankenhäuser und empfinden Angst, wenn wir uns dort behandeln lassen müssen. Such dir also einen Arzt, der die Furcht vor Krankheiten nicht etwa vergrößert, sondern dich dazu anhält, dein Augenmerk auf die Heilung zu richten und darauf, wie du ein Leben in Gesundheit und Wohlbefinden führen kannst. Ob du dich nun für eine klassische Therapie oder für alternative Behandlungsmöglichkeiten entscheidest (vielleicht auch für beides), du solltest auf jeden Fall prüfen, ob die Methode dir das Gefühl vermittelt, auf dem Weg zur Gesundung zu sein. Lass die Finger davon, wenn du spürst, dass dein Körper darunter leidet. Es ist von entscheidender Bedeutung, dass du eine Methode wählst, die du als heilsam empfindest.

Ob nun Arzt oder Behandlungsform, wenn sie deine Angst vor der Krankheit immer größer werden lassen, dann tut dir das nicht gut. Vor meiner Begegnung mit dem Tod hatte ich Angst, wenn ich den Empfehlungen des Arztes folgte, und Angst, wenn ich es nicht tat. Ich habe all meine Macht an die Ärzte abgegeben, weil ich sie nicht enttäuschen wollte. Ich hatte Angst, ihren Rat nicht zu befolgen, obwohl meine Intuition die Alarmglocken schrillen ließ, weil ich etwas anderes brauchte. Das Resultat war, dass ich meine Fähigkeiten in Zweifel zog. Und je mehr ich an mir selbst zweifelte, umso kränker wurde ich.

Häufig berichten mir Teilnehmer meiner Workshops von ähnlichen Erfahrungen. Eine Frau nahm schließlich die Behandlung ihrer Krankheit selbst in die Hand. Sie hatte unendliche Angst angesichts ihrer angeblich schlechten Aussichten. Ihr Arzt half ihr nicht weiter, weil er sie nicht ermutigte, an Heilung zu denken, sondern immer die Krankheit in den Vordergrund stellte. Also nahm sie all ihren Mut zusammen und »feuerte« ihren Doktor, um sich einen anderen zu suchen. Zuerst aber stellte sie sicher, dass ihre Familie sie in ihrem Vorhaben unterstützte, was sie auch tat. Dann wandte sie sich an einen Arzt, der ihr von einer empathischen Freundin empfohlen worden war. Mit ihm fühlte sie sich sofort gestärkt. Sie spürte, dass sie selbst etwas zu ihrer Heilung beitragen konnte. Mittlerweile hat sie sich vollständig von der Krankheit erholt, sagt aber noch heute, dass ihr das viel leichter gefallen war mit einem Arzt, der sie in ihrer Konzentration auf ihre Heilung unterstützte. Erst da konnte sie aufhören, den Kampf gegen die Krankheit als Schlacht gegen den eigenen Körper zu führen. Mithilfe des neuen Arztes entwickelte sie eine positivere Einstellung und begegnete diesem Teil ihres Lebensweges mit Freude statt mit Angst.

Unser Körper ist viel intelligenter, stärker und widerstandsfähiger, als man uns für gewöhnlich einredet. Für den Heilungsprozess ist unser Geisteszustand, sind unsere Emotionen ganz wesentliche Grundlagen. Wir müssen uns zuerst um unser emotionales Wohlbefinden kümmern und Vertrauen zu den behandelnden Ärztinnen und Pflegern entwickeln. Schließlich müssen wir uns darauf verlassen können, dass ihnen unser geistiges und emotionales Wohlbefinden wichtig ist.

Musst du dich für bestimmte Behandlungsmöglichkeiten entscheiden, seien diese nun schul- oder alternativmedizinisch, so würde ich vorschlagen, dass du dich mit folgenden Fragen beschäftigst: »Mit welchen dieser Behandlungsformen fühle ich mich gut gerüstet? Welche dieser Möglichkeiten gibt mir das Gefühl, meine Lebenskraft zu stärken? Mit welchen dieser Methoden habe ich den Eindruck, dass ich etwas für mich tue?«

Entscheide dich für all das, was dich instinktiv anspricht. Arbeite mit einem Team von Menschen, die deine Entscheidungen unterstützen. Wer immer dich behandelt, sollte dir das Gefühl vermitteln, dass deine Entscheidung gut für dich ist. Auf keinen Fall solltest du akzeptieren, dass dir jemand Angst einjagt, weil er die von dir gewählte Methode nicht richtig findet. Umgib dich nicht mit Menschen, die deine Wahl in Zweifel ziehen. Du musst ein gutes Gefühl haben, was die Behandlung angeht. Und deine Behandler müssen hinter dir stehen und dich darin bestärken, dass du auf dem Weg der Gesundung bist. Wer immer deine Behandlung übernimmt, sollte mit dir in der Frage übereinstimmen, auf welche Weise du von deinem jetzigen Zustand zu Gesundheit und Wohlbefinden gelangen kannst. Du brauchst ein Team von Menschen, die diese Fähigkeit haben. Und ein Umfeld – Freunde und Familie –, das dich bestärkt.

Als ich meine Krankheit durchlebte, war ich von Leuten umgeben, die ganz unterschiedliche Vorstellungen davon hatten, was ich tun sollte. Das steigerte meine Verwirrung noch. Sollte ich je wieder in eine ähnliche Lage geraten, würde ich die Dinge anders handhaben. Ich würde mich nur mit Menschen umgeben, die meinen Weg mitgehen und mich aufbauen. Von allen anderen würde ich mich fernhalten, bis ich wieder gesund bin.

Wie du deine Lebenskraft stärken kannst

An dieser Stelle möchte ich mich eingehender damit beschäftigen, was unter Lebenskraft zu verstehen ist. Lebenskraft wird in der alten indischen Kultur *prana* oder *shakti* genannt – die Macht der kosmischen Energie, die jedes Wesen durchströmt. Heilung beruht in meinen Augen darauf, wie wir den Fluss dieser Lebenskraft fördern. Wir öffnen uns für die Energie, damit sich der Körper selbst heilen kann – ohne Medikamente, Operationen oder andere medizinische Prozeduren. Allerdings solltest du diese nicht ausschlagen, wenn du sie tatsächlich brauchst. Manchmal ist die Lebenskraft schon so abgeschwächt, dass du die Unterstützung von Medikamenten oder operativen Eingriffen brauchst. So gewinnst du Zeit, in der du lernen kannst, wie du diese Energie wieder aufbauen kannst.

Um deine Lebenskraft zu steigern, brauchst du ein wenig Fantasie. Ich habe dir ja bereits eine Übung gezeigt, bei der du dir deine Lebenskraft bildlich vorstellst, sodass du sie *sehen* kannst. Die folgende Übung baut darauf auf.

Das Sanktuarium der Heilung

Such dir einen ruhigen Ort, an dem du nicht gestört wirst. Leg wenn möglich ruhige, sanfte Musik auf.

Nun stell dir vor, dass du dich in einem wunderschönen Tempelraum befindest. Du sitzt in einem Liegestuhl. Eine Versuchsleiterin befestigt ein Band an deinem Arm, mit dem deine emotionalen und energetischen Reaktionen gemessen werden. Sie werden auf einen Bildschirm übertragen, den die Versuchsleiterin überwacht.

Sie wird dir mehrere Fragen stellen, die emotionale Reaktionen auslösen sollen. Während die Versuchsleiterin dir nun der Reihe nach ihre Fragen stellt, merkst du, wie sich, während du über die Antwort nachdenkst, deine Gefühle verändern. Vielleicht empfindest du Freude, wenn du an deine Kinder denkst, an deinen kleinen Hund oder an einen lieben Menschen. Oder dir wird das Herz schwer, wenn du an deine ungeliebte Arbeit denkst oder an einen Menschen, der dir Energie raubt. Was auch immer du empfindest, du siehst an den Ausschlägen auf dem Schirm, ob deine Reaktion über oder unter dem Normbereich liegt. Du kannst dabei eine eigene Skala (vielleicht von 1 bis 20) anlegen und selbst sehen, wie du auf jede einzelne Frage reagierst.

Jeder noch so kleine Ausschlag wird gemessen, während dir die Versuchsleiterin eine endlos scheinende Reihe von Fragen vorlegt, bei denen du mitunter kaum einen Unterschied entdecken kannst.

Du kannst auch eigene Fragestellungen entwickeln. Stell dich jeder Frage, die in deinem Kopf auftaucht. Für den Augenblick kannst du dich mit den folgenden Fragen auseinandersetzen. Nimm dir nur einfach genug Zeit, um nachzuspüren, welche Reaktionen dein Körper zeigt, welcher Ausschlag auf dem Bildschirm sichtbar wird.

- Bist du einsam?
- Wie sehen deine aktuellen Beziehungen aus?
- Gibt es Menschen in deinem Leben, die du liebst? Und wer liebt dich?
- Hast du das Gefühl, dein Leben habe einen Sinn? Wenn ja, erzähl mir davon.
- Gibt es deiner Ansicht nach Freude in deinem Leben?
- Was macht dir Freude? Was macht dich glücklich?
- Was macht dir Angst? Was löst bei dir Stress aus?
- Wie geht es dir mit deiner aktuellen finanziellen Situation?
- Weißt du zu schätzen, wie du deinen Tag verbringst? Wenn nicht: Hast du das Gefühl, dass du tust, was du tust, weil du musst? Weil du keine Wahl hast oder in der Falle sitzt?
- Wenn du an deine Kindheit denkst: Was empfindest du da? (Liebe? Wärme und Geborgenheit? Angst und Erschöpfung?)
- Wenn du an deine Familie denkst: Was fühlst du da? (Liebe? Wärme und Geborgenheit? Erschöpfung und Angst?)
- Gibt es bestimmte Familienmitglieder, die dieses Gefühl auslösen? (Liebe? Wärme und Geborgenheit? Angst und Erschöpfung?)

- Hast du Haustiere? Wenn ja: Wie fühlst du dich, wenn du Zeit mit ihnen verbringst oder an sie denkst?
- Gibt es Menschen in deinem Leben, die dich Kraft kosten? Musst du viel Zeit mit ihnen verbringen?

Wenn du dich mit diesen Fragen auseinandergesetzt hast, legt dir die Versuchsleiterin als Nächstes Fragen vor, die mit deiner Ernährung zu tun haben. Sie bittet dich, dir die jeweiligen Nahrungsmittel vorzustellen, und prüft dann, welchen Ausschlag sie jeweils auf der Energieskala erzeugen. Was steigert deine Energie? Was schwächt sie?

- Was isst du am liebsten?
- Was magst du gar nicht?
- Was isst du nicht, weil du glaubst, dass es ungesund sei?
- Was steht nicht auf der Liste deiner Top-Favoriten, aber du isst es trotzdem, weil du es für gesund hältst?
- Was schmeckt dir und ist gut für dich?
- Was schmeckt dir, und du isst es, obwohl es *nicht* gut für dich ist?

Die Antworten könnten dich in vielen Fällen überraschen. Vielleicht lässt Eiscreme deine Energie ansteigen, einfach weil du sie gern isst? Und Weizengrassaft schwächt sie, weil du den Geschmack unerträglich findest. Und dabei hast du Eiscreme aus dem Kühlschrank verbannt, weil du sie für schädlich hieltest. Und du trinkst jeden Tag dein Gläschen Weizengrassaft, der ja angeblich gesund ist. Umgekehrt schießt der Energiepegel bei dem grasgrünen Saft vielleicht auch nach oben, weil er dir das Gefühl gibt, etwas für dich zu tun. Und die Befriedigung darüber zeigt sich im hohen Energielevel.

Im nächsten Schritt legt dir die Versuchsleiterin Fragen vor, die deine Aktivitäten betreffen. Hier wird das energetische Niveau von alltäglichen Beschäftigungen gemessen, um herauszufinden, was dir Freude macht und damit deine Lebenskraft steigert. Du kannst die entsprechende Liste schon vor der Übung zusammenstellen. Hier ein paar Beispiele:

- Welche Art von Bewegung liegt dir am meisten? Wenn du hier zum Beispiel mit »Yoga« antwortest, wäre die nächste Frage, welche Form des Yoga du bevorzugst: Bikram, Kundalini, Hatha, Vinyasa ... Wenn du gern schwimmen gehst, dann prüfe, was dir da am besten gefällt: ein Schwimmbad, ein See oder lieber gleich das Meer?
- Was machst du am liebsten, wenn du abends weggehst? Ins Restaurant? Wenn ja: In welches, und was isst du dort? Welche Art von Restaurant: edel, lässig oder vielleicht lieber ein Picknick in freier Natur? Oder gehst du gern ins Kino? Wenn ja: Welche Filme gefallen dir am besten?
- Musik: gehört zu meinen Lieblingsbeschäftigungen. Unterschiedliche Musikstile versetzen den Geist jeweils in unterschiedliche Zustände, was sich wiederum im Energieniveau niederschlägt. Du hörst die unterschiedlichsten Musikstile, und bei jedem wird deine Reaktion gemessen. Weil die Reaktion auf Musik hochgradig subjektiv ist, ist es wichtig zu wissen, welche Form deine Energie steigert. Mithilfe dieser Übung kannst du herausfinden, welche Musik dir guttut und deine Heilung unterstützt.
- Wie verbringst du deinen Alltag: im Einkaufszentrum, im Naturkostladen, im Auto oder beim Essen zusammen mit deinen Lieben? Welche Aktivität löst welche energetische Antwort aus?

- Die Ferien: Vielleicht machst du ja eine Radtour, gehst campen, wandern oder klettern. Oder du besuchst faszinierende Städte, entlegene Dörfer und heilige Tempel oder Kirchen. Buchst du lieber Kreuzfahrten im Mittelmeer oder eine Postschiffreise auf der Hurtigruta im hohen Norden? Welche Vorstellung lässt dein Energieniveau am ehesten ansteigen?

Die Auswertung

Nachdem du diesen Fragenkatalog beantwortet hast, bekommst du nun die Auswertung präsentiert. (Lass deine Antworten noch einmal Revue passieren, um dir über die Resultate klar zu werden.) Sie gibt dir Aufschluss über folgende Punkte:

- jene Bereiche im Leben, die deine Energie schwächen (Einsamkeit, eine Abneigung gegen deine Arbeit oder was immer bei deinen Energiemessungen herausgekommen ist)
- die Bereiche, die dich aufbauen (In meinem Fall waren dies: Fernsehkomödien gucken, Tanzmusik hören, Schuhe kaufen, mich mit Menschen umgeben, die mich zum Lachen bringen und in deren Nähe ich vollkommen ich selbst sein kann.)
- Wer kostet dich Energie?
- Wie kannst du Energie gewinnen und deine Batterien aufladen? Was kannst du tun, um dein Energieniveau schnell zu steigern? (zum Beispiel: die richtige Unterhaltung wählen, die richtige Musik, ganz bestimmte Aktivitäten oder der Kontakt zu den richtigen Leuten)
- Welche Nahrungsmittel bauen dich auf und schenken dir Energie? Welche tun das nicht?

Diese Informationen betreffen dich ganz persönlich und haben mit dem Leben zu tun, das du führst. Um deine Energie auf einem hohen Niveau zu halten (also alles sein zu lassen, was dir Energie raubt, und dafür Dinge zu tun, die dich aufbauen), wird man dir in deinem Sanktuarium der Heilung einen Ratgeber zur Seite stellen. Er wird dir bei schwierigen Themen wie Selbstliebe, Selbstwertgefühl, Lebenssinn und Einsamkeit zur Seite stehen. Man wird dich ermutigen, Musik zu hören, die dir gefällt, Bücher zu lesen, die deinen Interessen entsprechen, und Yoga- oder Meditationskurse zu belegen. All das kannst du in deinem Sanktuarium der Heilung machen. Vielleicht wird man dir auch eine gewisse Abstinenz nahelegen, was Computer, soziale Medien und Nachrichten angeht (zumindest für eine gewisse Zeit). Und wenn du gern in die Stille eintauchen möchtest, dann bietet dir dein Heiligtum auch das.

Dahinter steht die Idee, dass dein Körper mehr Kapazitäten für seine Heilung zur Verfügung hat, wenn deine Lebensenergie über einen längeren Zeitraum auf einem hohen Niveau ist. Und natürlich wird diese Energie den Grad der Heilung erhöhen. Denn wenn deine Lebenskraft stark ist, dann bist du vermutlich gesund. Ist dies nicht der Fall, dann möchte ich dir jetzt nochmals jene Dinge ins Gedächtnis rufen, durch die wir unsere Lebensenergie schwächen. Sie können entweder zu Krankheiten führen oder unseren Körper daran hindern, wieder heil zu werden.

- Wir geben und geben, bis wir vollkommen ausgelaugt sind, wissen jedoch nicht, wie wir auch auf Empfang schalten können.
- Wir wissen nicht, wie wir unsere Batterien wieder aufladen sollen.
- Wir fühlen uns schuldig, wenn wir glücklich sind oder uns etwas Gutes tun.

- Wir glauben nicht, dass wir die guten Dinge des Lebens wirklich verdienen.
- Wir sind dauernd gestresst, ob nun durch unsere Beziehungen, unsere Finanzen oder unsere Arbeit.
- Wir sind einsam. Wir leiden oder haben ein Trauma durchlebt, das uns auf lange Sicht schwächt.

Wenn du als Empathin oder Empath ständig nach Anerkennung von außen strebst und nicht Nein sagen kannst; wenn du dauernd Aufgaben übernimmst, die du dir eigentlich nicht aufbürden wolltest, dann stehen die Chancen gut, dass du deine Energie vergeudest. Das Heiligtum mit seinem Messgerät könnte dir helfen, es sofort zu bemerken, wenn du wieder in diese alten Muster verfällst.

Stell dir vor, so einen Apparat gäbe es tatsächlich. Wir würden schnell merken, wenn wir über längere Zeit einer belastenden Situation ausgesetzt sind und Körper und Gesundheit über Gebühr strapazieren. Wir hätten ein sichtbares Resultat, das wir unserem Ratgeber zeigen könnten. Und dieser würde uns dann helfen, uns aus dieser Lage zu befreien, indem wir uns besser abgrenzen. Unser Ratgeber (in diesem Fall: *du selbst*) würde uns dabei unterstützen, Wege zu finden, wie wir unser Energieniveau steigern können. Das jedenfalls wäre mein Traum: dass es solche Zentren der Heilung in Zukunft geben wird. Für den Augenblick musst du die Rolle des Patienten ebenso einnehmen wie die der Versuchsleiterin und des Ratgebers. So schaffst du dir ein heilsames Umfeld, in dem du mehr über deine Lebenskraft herausfinden kannst. Natürlich kannst du auch für jemand anderen die Rolle des Versuchsleiters übernehmen. Oder du lässt dir von jemandem helfen, dem du Zutritt zu deinem Heiligtum gewährst.

Einer der Grundpfeiler, um deine Lebenskraft zu stützen, ist es ohnehin, dich mit Menschen zu umgeben, die deinen Weg gutheißen und deine Energie mehren. Vor allem würde ich dir empfehlen, dir solche Freunde zu wählen, die dich als normalen Menschen mit Träumen und Wünschen behandeln und nicht als jemanden »mit einer Krankheit«. Umgib dich mit Leuten, die dich als ganzen Menschen sehen, der eine strahlende Zukunft vor sich hat. Umgibst du dich mit konstruktiv denkenden Menschen, schaffst du die Voraussetzung dafür, dass alle Krankheitsgedanken und die damit verbundenen Ängste verblassen und aus deinem Bewusstsein verschwinden.

Oder wie Bruce Lipton in seinem Buch *Intelligente Zellen* schreibt: »Die Energie des Geistes (der Gedanke) hat einen direkten Einfluss auf die Steuerung der Körperphysiologie durch das Gehirn.«[16]

Für mich ist das eine Feststellung, die alles sagt. Und sie stammt von einem Zellbiologen. Joe Dispenza unterstreicht sie noch einmal in seinem Buch *Du bist das Placebo*, in dem es vorzugsweise darum geht, wie das Denken Veränderungen auf physiologischer Ebene bewirkt. Wenn du neue, positive Gedanken hegst, dann werden diese zu Gefühlen, die wiederum die Gedanken verstärken. Wenn du dich also nicht wohlfühlst, dann musst du lernen, »über deine Gefühle hinauszudenken ... bis diese zu einem neuen Seinszustand werden«.[17]

Ich habe ja bereits darauf hingewiesen, dass wir alle Teil eines gigantischen Netzes sind, verknüpft durch ein unsichtbares »Band« – und dieses Band ist Energie. Menschen mit einem starken energetischen Niveau teilen über dieses Band ihre Energie mit den Schwächeren, und das ist gut so. Wenn wir das verstanden haben, wissen wir auch, warum es so wichtig ist, dass jeder Teil dieses gewaltigen Netzes tut, was er kann, um gesund und glücklich zu sein. Denn dann können wir unser gesundes und glückliches Selbst in dieses Netz einspeisen, in die Welt, in unsere Familie. Auf diese Weise stärken auch wir das Netz, statt nur Energie daraus zu ziehen.

Meditation zur Stärkung der Lebenskraft

Mach diese Meditation, wann immer du dich ausgelaugt fühlst und den Mut zu verlieren drohst. Oder immer dann, wenn es dir super geht und du möchtest, dass das so bleibt.

Ich stelle mir vor, wie ein kristallklarer Lichtstrahl aus dem Himmel kommt und durch mein Kronenchakra in meinen Körper eintritt.
Das Licht kann jede Farbe annehmen, die ich mir vorstelle.
Der Lichtstrahl tritt in meinen Körper ein und erfüllt meinen ganzen Kopf. Das Licht fließt weiter durch den Hals in meine Brust.
Es erfüllt den ganzen Körper, fließt in Arme und Beine. Dabei nimmt es jede Spannung, alle Blockaden mit sich.
Der Lichtstrahl ist so hell und klar, dass er eine Aura um meinen Körper schafft.
Ich selbst kann entscheiden, wie hell das Licht leuchtet. Je heller ich es werden lasse, desto größer wird meine Aura.
Je größer meine Aura, desto stärker meine Energie.

Teil III

Deine Beziehung zur Welt

7

Erst im Tode ganz ich selbst!

Ich bin mehr als mein Körper!
Ich bin ein Geschöpf der Ewigkeit!

Aus eigener Erfahrung wie auch aufgrund dessen, was ich aus der Literatur und durch den Austausch mit anderen weiß, kann ich sagen: Es gibt zwei Stadien der Transformation im Leben eines Empathen. Eines habe ich dir bereits vorgestellt, als ich dich ermutigt habe, dein außergewöhnlich sensibles Naturell zu erkennen. Als ich dir Wege aufgezeigt habe, wie du dir deiner selbst bewusst werden kannst. Ich selbst habe dieses Stadium erst durchlaufen, als ich dem Tod gegenübertrat, aber es gibt durchaus andere Wege dorthin: Meditation, pflanzliche Heilmittel, spirituelle Lehren oder eine plötzliche Erkenntnis, während du gemütlich die Straße entlangbummelst. Anders ausgedrückt: Alles, was dich die andere Seite erfahren lässt, den Himmel oder eine erweiterte Form der Wirklichkeit. Alles, was dir in aller Klarheit und Deutlichkeit zeigt, weshalb du hier auf diesem Planeten bist.

Im zweiten Stadium, das man auch das »äußerliche« nennen kann, geht es darum, wie wir uns nach einem solchen Wandlungserlebnis wieder in die Welt eingliedern. Wie wir das, was wir erfahren haben, in unserem Alltag ausdrücken. Mit diesem Stadium haben die meisten Menschen mehr Probleme, und das hat seine Gründe. Es ist nämlich ziemlich schwierig, den Kontakt zu dieser umfassenden Selbstliebe, zu unserem inneren Mystiker und dem kosmischen Netz des Bewusstseins aufrechtzuerhalten, wenn um dich herum die Autos hupen oder dein Telefon mit seinem aufdringlichen Schrillen eben dieses Gefühl der Verbundenheit durchkreuzt. Daher möchte ich dich nun in die Kunst einführen, wie du dein inneres Gewahrsein in der Außenwelt lebendig hältst.

Was steckt in deiner Marinade?

Als »Marinade« bezeichne ich die uns umgebende Kultur, deren Gepflogenheiten wir erlernt haben. Davon nehme ich auch Glaubenssysteme nicht aus, die wir als letzte Wahrheit betrachten. Wir alle sind in eine solche Marinade aus Überzeugungen, Denk- und Verhaltensmustern eingelegt worden. Eine Wandlungserfahrung holt dich kurzfristig aus dieser Marinade heraus und ermöglicht dir einen fast göttlichen Panoramablick über das Leben und die Rolle, die du darin spielst. Und nach solch einem Erlebnis passt du nicht mehr so recht in die Marinade.

Obwohl wir alle in unserer jeweiligen Marinade dümpeln, ist eine unserer Grundüberzeugungen doch die, dass wir individuelle, voneinander getrennte Geschöpfe sind – und darüber hinaus rein materielle Wesen. Und dass wir miteinander konkurrieren müssen, weil nicht genug für alle da ist (Geld, Jobs, Nahrung, Aufmerksamkeit, Anerkennung, Liebe …). In Wirklichkeit aber sind wir, wie ich bereits sagte, alle miteinander verbunden. Obwohl mir hier wohl kaum einer zustimmen wird.

Als ich aus meiner Nahtoderfahrung erwachte, wurde mir klar, dass alles, was ich zu wissen glaubte, dem widersprach, was ich auf der anderen Seite erfahren hatte. Und das erfüllte mich mit tiefer Freude. Und ich dachte, dass die Menschen ein Interesse daran hätten zu erfahren, was sich mir offenbart hatte. Aber als ich von meinen Erfahrungen berichtete, widersprachen mir die meisten Menschen, aus dem einfachen Grund, weil das, was ich sagte, so ziemlich das Gegenteil von dem war, was wir in der Schule lernen, was wir in unserer Kultur verinnerlichen und was die Schulmedizin lehrt. Alles, was sich mir gezeigt hatte, stand den vorherrschenden Überzeugungen auf dieser Erde entgegen. Daher fiel es den Leuten so schwer, mir zu glauben. Ich hielt an dem fest, was ich erfahren hatte, und musste mich gegen Schwarzmaler und Kritiker zur Wehr setzen. Zu diesem Zweck konzentrierte ich mich auf all jene Instrumente, die ich dir bisher vorgestellt habe: auf Selbstliebe, die Verbindung zum inneren Mystiker, auf die Intuition und den Schutz und das Bewahren meiner Lebenskraft. Ich musste einfach furchtlos ich selbst sein.

Selbst wenn wir uns mit dem Wissen wappnen, dass wir nicht verletzt werden können, was auch immer uns in dieser Realität widerfahren mag – denn unsere Energie stirbt nie –, so kann es doch anstrengend sein, unserem Kurs in dieser Welt zu folgen, wenn unsere Mitmenschen allen, die eine andere Weltanschauung oder ein anderes Wertesystem haben, mit einem derart tiefen Misstrauen, ja mit Feindseligkeit begegnen. Außerdem macht solch eine Erkenntnis auch einsam. Aber du wirst deinen Weg finden. Wenn du aus dieser Authentizität heraus lebst, dann ziehst du automatisch andere Menschen an, die die Welt genauso sehen wie du. Und dann wirst du mehr Liebe und Verständnis für all jene aufbringen, die das nicht tun.

Das ist nämlich das Paradox: Wenn wir eine transzendente Erfahrung gemacht haben und dann versuchen, in dieser Welt zu leben und unser irdisches Dasein mit unserem Wandlungserlebnis unter einen Hut zu bringen, ist das eine echte Herausforderung, weil andere Menschen nun mal eine andere Weltsicht haben. Haben wir eine so tiefe, umwälzende Erfahrung gemacht, nur um uns dann vollständig von der Welt zurückzuziehen, dann hat es ohnehin keinen Sinn mehr, noch länger hier zu leben. Dann können wir gleich in unser ursprüngliches Reich zurückkehren, aus dem wir kommen und in das wir nach dem Tod wieder eingehen werden.

Darum sei hier noch einmal zur – durchaus angebrachten – Wiederholung gesagt: Es ist eine weitaus größere Herausforderung, die eigene spirituelle Erfahrung nach der »Rückkehr« in den Alltag zu integrieren, als solch eine Erfahrung zu machen. Wir haben ein Wandlungserlebnis gemacht und können es nicht vergessen. Es ist ja nicht wie ein Traum, der uns im Schlaf besucht und der nach dem Aufwachen wieder aus unserem Bewusstsein verschwindet – ganz und gar nicht. Eine transzendente spirituelle Erfahrung fühlt sich realer an als unsere irdische Wirklichkeit. Neben der transzendenten Realität erscheint die Wirklichkeit als Trugbild ... als Traum. Daher ist ein Vergessen unmöglich. Wir können das Erkannte nicht mehr »verkennen«. Denn je mehr Zeit verstreicht, umso realer fühlt sich das Erlebnis an, denn wir werden Zeugen, wie sich alles, was wir im Reich der Transzendenz erfahren haben, in unserem irdischen Dasein entwickelt. Doch es wird auch Zeiten geben, in denen wir unser Wandlungserlebnis aus dem Blick verlieren, weil die materielle Wirklichkeit so unglaublich überzeugend sein kann und uns dazu bringt, unsere Erfahrung anzuzweifeln. Wir sollen hier ja nur das glauben, was unsere fünf Sinne uns sagen. Wir brauchen daher Ressourcen, die uns helfen, die Verbundenheit mit diesem Reich aufrechtzuerhalten.

Viele meiner Freunde, die ich kennenlernen durfte, nachdem sie wie ich ein Nahtoderlebnis gehabt hatten, würden mir darin wohl zustimmen. Auch an dieser Stelle möchte ich dich ausdrücklich darauf hinweisen, dass dies der Weg war, den *ich* zum Erwachen einschlug, und eine Gemeinschaft, in der ich mich wohlfühle. Dein Weg kann ganz anders verlaufen. Ein mir bekannter Arzt gab nach seiner Nahtoderfahrung infolge eines fast tödlichen Herzinfarkts seine Praxis auf. Kaum war er wieder genesen, widmete er sich der Energieheilung, denn nun wusste er, wie wichtig ein hoher Energiepegel für unsere Gesundheit ist. Anfangs war seine Familie darüber alles andere als glücklich, weil sie ja schließlich von seinem Einkommen abhängig war. Doch nun hatte Geld für ihn keine zentrale Bedeutung mehr. Er war sich jetzt seiner Lebensaufgabe bewusst, und das zählte mehr als alles andere. Mit der Zeit lernte seine Familie, ihn stärker zu unterstützen, denn sein Lebenssinn hatte sich in ihm tief eingebrannt. Er konnte einfach nicht mehr zurück.

Eine transzendente Erfahrung, wie auch immer du sie erlebt haben magst, ist wie eine offene Pforte. Sie lädt dich ein, sie zu durchschreiten. Sie verblasst nie. Und ich glaube, jeder Mensch, der schon einmal eine Nahtoderfahrung hatte, wird mir hier zustimmen. Sobald du die Tür einmal geöffnet hast, fällt sie nicht mehr zu – die Klarheit, die Weisheit vergeht nie. Und bist du einmal durch diese Pforte gegangen, dann ist dein Leben nicht mehr dasselbe. Du lässt dein altes Leben vielmehr zurück.

Auch mein Leben war nicht mehr dasselbe. Für mich eröffnete sich ein völlig neues Dasein. In den Wochen nach der Nahtoderfahrung wurde ich Zeugin, wie mein Körper auf eine Weise heilte, wie die Ärzte es niemals erwartet hätten. Da ich mich aber als unbesiegbar wahrnahm, fühlte sich die Heilung für mich völlig normal an. Ich begriff nun, dass ich immer die Opferrolle übernommen hatte. Gleichzeitig wusste ich, dass ich sie jederzeit hätte ablegen und zur Schöpferin meines eigenen Lebens werden können. Mir wurde klar, dass ich, um selbstbestimmt zu handeln, nicht auf die Anerkennung anderer warten musste. Diese Macht war immer in meiner Hand gewesen. Ich konnte sie nur nicht sehen, weil ich immer in meiner Marinade dümpelte. Meine Marinade – die kulturelle Konditionierung, der ich ausgesetzt war – war die des Opfers, der Ungleichheit zwischen den Geschlechtern und der festen Überzeugung, dass ich minderwertig sei. Alle diese Überzeugungen und die zugehörigen Gefühle waren mit einem Mal wie weggeblasen. Ich konnte einfach nicht mehr der Mensch sein, der ich vorher gewesen war – das alte Ich war einfach verschwunden.

Die Quintessenz ist also: Sei deinem neuen Ich treu. Sei vollständig und furchtlos du selbst. Alles andere wird sich von selbst ergeben.

Filter und Spiegel

Traumatische Erfahrungen hinterlassen in uns einen tiefen Eindruck. Sie lassen uns Brillengläser aufsetzen, durch die wir fortan die Welt wahrnehmen. Wie Filter prägen sie in der Folge unser Leben. Vielleicht haben deine Filter ja Ähnlichkeit mit den folgenden: *Ich lebe in einer Welt, in der ich wirklich schwer arbeiten muss, um Erfolg zu haben. Ich muss mich mit allen messen, um mich selbst zu beweisen.* Oder: *Es ist nicht genug für alle da. Wenn ich nicht mit anderen Menschen konkurriere, räumen sie den Teller ab, bevor ich zugreifen kann.* Oder: *Ich muss mich jeden Tag zu jeder Stunde beweisen.*

Stell dir vor, du wärst als Kind schikaniert worden. Oder sogar missbraucht. Vielleicht hatten deine Eltern nie ein anerkennendes Wort für dich übrig. Solche Erfahrungen werden zu Filtern, durch die du künftig die Welt wie durch einen beengenden Schlitz siehst. Sie bewirken, dass du dich vor anderen Menschen fürchtest oder kaum jemandem vertraust. Vielleicht haben deine Lebenserfahrungen dazu geführt, dass du Unbekannten mit Misstrauen begegnest. Anders gesagt: Du betrachtest die Welt durch einen Schleier des Argwohns. Oder du bist ängstlich, erwartest immer das Schlimmste. Und aus diesem Grund gehst du nie ein Risiko ein. Wir hatten ja schon davon gesprochen, dass man aufgrund solcher Filter sämtliche Entscheidungen davon abhängig macht, ob andere sie gutheißen. Oder davon, wo die wenigsten Reibungen und Widerstände zu befürchten sind.

Ich hatte aufgrund der Tatsache, dass ich in der Schule schikaniert wurde, weil ich anders aussah als die anderen, die Überzeugung entwickelt, mein Aussehen mache mich minderwertig. Ein Junge in der Schule sagte sogar zu mir, ich sei hässlich. Das blieb hängen. Ich glaubte es. Und weil ich glaubte, hässlich und minderwertig zu sein, wurden diese Glaubenssätze zu der Brille, durch die ich die Welt fortan betrachtete. Mit dem Resultat, dass ich extrem schüchtern wurde. Am liebsten hätte ich mich vor der Welt verkrochen. Ich hatte eine Höllenangst davor, irgendwie ins Blickfeld zu geraten, weil ich nicht wollte, dass die Leute mich, weil ich so war, wie ich war, verurteilten. Meine Weltsicht machte mich zu einem introvertierten Menschen. Sie machte mich klein und änderte meinen Blick auf mich selbst. Sie beeinflusste in jeder Hinsicht die Art und Weise, wie ich meine Umgebung wahrnahm.

Wie wäre es gewesen, hätte man mir als Kind gesagt, ich sei hübsch und niedlich? Ich hätte die Welt durch eine ganz andere Brille gesehen als die, die mir sozusagen jahrelang auf der Nase saß. Ich hätte die Welt vollkommen anders erlebt.

Natürlich bringt der Filter des Schön- und Wunderbar-Seins später im Leben seine eigenen Probleme mit sich. Wenn man mit dem Alter an Attraktivität verliert, dann fühlt man sich auf eine bislang ungekannte Weise zutiefst verunsichert. Auf jeden Fall prägen unsere Kindheitserfahrungen unsere Weltsicht auf lange und scheinbar sogar dauerhafte Weise.

Obwohl wir keinen Einfluss darauf haben, was uns in der Kindheit widerfährt, tragen wir als Erwachsene diese Bürde mit uns, meist sogar, ohne es zu bemerken. Wir sehen die Welt immer noch durch diese alte Brille, obwohl deren Optik längst nicht mehr stimmt! Wir glauben, die wahre Wirklichkeit zu sehen, aber tatsächlich sehen wir nur das Bild, das unsere Brillengläser durchlassen. So passierte es mir als Erwachsener einmal, dass man mich beim Security Check vor einem Flug zufällig zur Kontrolle herausgriff. Und ich dachte sofort: »Das passiert nur, weil ich eine dunkle Hautfarbe habe!« Die Kontrolle mag zufällig gewesen sein, aber in meinem Kopf machte ich daraus einen Fall rassistischen Profilings. Einfach weil ich in meiner Jugend ständig wegen meiner Hautfarbe diskriminiert worden war. Das war die Brille, durch die ich meine Realität wahrnahm.

Wie sehr meine Filter mich beeinflussten, merkte ich erst, als ich bei einer Party einen Mann wiedersah, den ich gekannt hatte, als wir beide neunzehn waren. Ich war damals total in ihn verknallt, aber ich dachte, ich sei ihm nicht hübsch genug. Und jetzt die Überraschung: Als wir uns unterhielten, gestand er mir, dass ich ihm ausgesprochen gefallen hatte. Er hätte mich gern näher kennengelernt, sich aber nie getraut, mich um ein Date zu bitten, weil ich immer so distanziert gewesen sei.

Ich war total schockiert zu hören, dass man mich für distanziert halten konnte. Das war mir völlig neu. Dann sagte er: »Was mir an dir am besten gefiel, war einfach, dass du keine Ahnung zu haben schienst, wie attraktiv du warst.«

Dieses Gespräch zeigte mir, dass wir die Welt stets durch die Filter wahrnehmen, die wir uns als Kind zugelegt haben. Dann wird die negative Einstellung zu uns selbst zur selbsterfüllenden Prophezeiung und lässt uns immer wieder Ablehnung erleben. In meinem Fall spann ich die Erzählung dergestalt fort, dass ich mir einredete, ich hätte keinen Wert. So schuf ich auf der Grundlage meiner frühen Konditionierungen meine Wirklichkeit und die Welt um mich herum.

Wir sind so konditioniert, dass wir unsere Wahrnehmung der äußeren Welt für die Wirklichkeit halten und glauben, unsere innere Konditionierung sei nur eine Reaktion auf das äußere Geschehen. In Wahrheit ist es natürlich genau andersherum. Da unsere Wirklichkeitswahrnehmung von unseren Filtern verfälscht ist, reagieren wir auf ein verzerrtes Bild und sind uns nicht bewusst, dass die so wahrgenommene Wirklichkeit eine Widerspiegelung unseres inneren Selbst ist.

Wir müssen lernen, an diesen Filtern vorbeizuschauen, damit wir nicht länger glauben, was andere uns als Wirklichkeit einreden wollen. Und damit wir nicht in das Bedürfnis zurückfallen, uns anzupassen, um akzeptiert zu werden. Das ist machbar, und zwar durch die Strategien, die ich dir bisher vorgestellt habe – Selbstliebe, Offenheit für den inneren Mystiker und Verbindung zum kosmischen Bewusstsein. Auf diese Weise können wir wachsen und müssen uns nicht mehr kleinmachen, weil wir einem falschen Selbstbild aufsitzen.

Das ungefilterte Leben

Während meiner Nahtoderfahrung hatte ich das Gefühl, dass sich all diese Filter einfach auflösten. Ich sah mich selbst so, wie ich wirklich war. Ich erkannte, dass ich nicht mein Körper war, mein Selbstbild, meine Hautfarbe, meine Kultur, mein Geschlecht oder irgendetwas anderes, was mich in meinen Augen von anderen Menschen unterschied. All diese Dinge, die ich für die wesentlichsten hielt, waren nur Filter, die in dieser Welt wichtig waren, bloße Meinungen über unser Geschlecht und unsere ethnische Zugehörigkeit. Anhand dieser Filter beurteilen wir jedoch andere Menschen.

In dieser Welt herrscht die Überzeugung vor, dass wir materielle Wesen sind und nichts sonst. Und dass die äußere Welt unsere Wirklichkeit ist. Wohingegen unser Innenleben reine Einbildung sein soll. Wenn uns die äußere Welt nicht gefällt, so heißt es, können wir sie ändern. Aber nur durch viel Arbeit, Manipulation, Zwang oder Gewalt. All diese Methoden sind Versuche, über die äußere Welt eine wie auch immer geartete Form der Kontrolle auszuüben.

Meine Begegnung mit dem Tod, die transformative Klarheit vieler anderer solcher Erlebnisse, von denen ich gelesen habe, die uralten Weisheitslehren der Völker und die Erkenntnisse der Quantenphysik weisen darauf hin, dass die Wahrheit das exakte Gegenteil dieser Grundüberzeugung ist. Wenn wir mit unseren Lebensumständen unzufrieden sind, müssen wir den Blick nach innen richten und vielleicht auch daran arbeiten, uns selbst mehr zu lieben. Wir müssen uns darin üben, unsere Filter und Grundüberzeugungen loszulassen, damit unser Inneres strahlen und von der äußeren Welt widergespiegelt werden kann.

Das Leben nach einer solchen Wandlungserfahrung kann für Empathen, Jasager und Fußabtreter sogar noch schwieriger sein, als es zuvor war. Wie ich bereits sagte, befinden sich Empathen auf einer steten Gratwanderung zwischen zwei Welten – der materiellen (äußeren) und der persönlichen (inneren). Da wir ein überwältigendes Gespür für unsere Innenwelt besitzen, erleben wir tiefe Einsichten und Gedanken, die uns zur Wandlung anhalten. Doch da diese Wandlung von innen kommt, ist sie schwer ins Alltagsleben zu integrieren, wenn wir eine Jasager-Persönlichkeit haben. Spüren wir doch deutlich, was andere denken und von uns wollen. Und wir wollen nun mal dazugehören und bringen es nicht übers Herz, andere zu verärgern.

Viele unserer Filter sind das Ergebnis von Ängsten. Und sie signalisieren uns, dass wir nicht gut genug sind. Aber stell dir nur mal vor, wie es ist, wenn du deine Brille abnimmst und die Welt ganz anders siehst! Wie würden deine Welt und die Menschen in ihr aussehen, wenn du diese verschmierten Brillengläser wegnimmst, die du dir im Laufe der Zeit zugelegt hast? Ohne diese Gläser erkennst du plötzlich nicht nur, wie und wann du dir diese Brille zugelegt hast. Du erkennst auch, wie das Handeln anderer durch deren Ängste (Filter) bestimmt wird, durch ihre Furcht, unterlegen zu sein oder nicht genug zu sein oder zu haben.

In meinem zweiten Buch *Finde deinen Himmel auf Erden* habe ich mich intensiv damit auseinandergesetzt, wie wir an Überzeugungen festhalten, die uns längst nicht mehr dienlich sind. Und genau das sind die Filter, von denen ich hier spreche. Wir begegnen der Welt mit dieser Brille auf der Nase, und das macht uns mitunter das Leben zur Hölle. Wenn wir sie absetzen, kann das Leben hier auf der Erde zum himmlischen Dasein werden. Tatsächlich ist dies unser Himmel, denn der Zugang zu unserem grenzenlosen und wunderbaren Selbst steht uns ja immer offen.

Wie aber können wir diese Filter ablegen? Das genau ist mein nächstes Thema. Denn wenn wir uns dieser Filter bewusst werden und auf sie verzichten, fällt es uns leichter, die Verbindung zu unserem wahren Selbst herzustellen und aufrechtzuerhalten. Natürlich ist eine der ersten Fragen, mit denen wir uns diesbezüglich beschäftigen müssen: *Was sind meine Filter? Wie sehen die Brillengläser aus, durch die ich das Leben betrachte?* Ich wurde in meiner Jugend wegen meiner Hautfarbe schikaniert und habe mich zum Fußabtreter machen lassen. Die Linse, durch die ich das Leben sah, war: *Ich bin ein Opfer der Umstände.* Mittlerweile stehe ich an einem Punkt, an dem ich merke, wann diese alten Denk- und Verhaltensmuster aktiviert werden. Ich weiß, welche Rolle sie in meiner Weltsicht und in meinem Leben spielten. Und weil ich mir dessen bewusst bin, haben sie keine Macht mehr über mich. Mit diesem Gewahrsein kann ich sie mir vorstellen, ohne sie zu sehen. Und das bringt mich einen Schritt näher an den Punkt heran, an dem ich sie ganz ablegen kann.

An dieser Stelle möchte ich dir an einigen Beispielen erklären, wie du diese Brille erkennen und abnehmen kannst. Immer wieder nämlich erzählen mir Leute, wie sie in solche alten Muster zurückfallen. Sie haben eine kreative Idee, und ihr Bauchgefühl sagt ihnen, dass sie ein Erfolg wird. Aber plötzlich schalten sich die Filter ein, und diese Menschen sagen sich: *Bestimmt hatte schon jemand anderer diese Idee. Sicher bin ich nicht der Einzige, der auf so etwas kommt. Das kann doch nicht wirklich innovativ sein.*

Nehmen wir Claudia, eine phänomenale Sängerin. Sie erzählte mir von einem Vorsingen, zu dem sie eingeladen war.

Sie war total aufgekratzt und nervös, andererseits auch bereit, alle umzuhauen – all diese Emotionen auf einmal. Aber in den Minuten, bevor sie an der Reihe war, spürte sie, wie ihr Hals sich zuschnürte. Und dann kamen die »Filtergedanken«: *Für wen hältst du dich eigentlich? Du bist doch keine professionelle Sängerin! Das ist doch Kinderkram!* Claudia war wütend auf sich. *Das ist jetzt nicht der richtige Zeitpunkt*, sagte sie zu dieser inneren Stimme. *Komm später wieder, aber nicht jetzt.* Doch je mehr sie versuchte, die Stimme auszublenden, umso lauter wurde sie.

Wenn du solche Empfindungen hast – Schwere, Trauer, Wut, Enge in der Brust oder Kurzatmigkeit und Kälte –, dann heißt das, dass deine Filter aktiv sind. Dann solltest du dich zurücklehnen und sie bewusst auflösen. Zum Beispiel, indem du sie dir vorstellst und zusiehst, wie sie verschwinden und das Feld räumen für deine Träume!

Claudia schaffte das Vorsingen, bekam den Part aber trotzdem nicht. Doch sie war fest entschlossen und so meldete sie sich bald wieder zum Vorsingen an. Kurz vor ihrem Auftritt stellte sie sich vor, wie die Filter sich buchstäblich in Luft auflösten, sodass sie ohne sehen konnte. Es funktionierte. Sie bekam mehr und mehr Engagements.

Vor einigen Jahren wurde ich eingeladen, auf einer Konferenz einen Vortrag zu halten. Einer der Vortragenden hielt eine Rede, die mir sehr gut gefallen hat. Also ging ich hinterher auf ihn zu und sagte ihm das. Er reagierte zurückhaltend, und meine Filter interpretierten dies als Zeichen von Kälte und Arroganz. In meinen Augen hatte er mich herablassend behandelt. Für meinen Opferfilter stand fest, dass er sich mir überlegen fühlte. Ich war ihm nicht gut genug, um sich die Zeit zu nehmen, mit mir zu sprechen.

Ich bin ganz froh, dass ich später am Tag die innere Klarheit aufbrachte, um zu merken, dass hier meine Filter sprachen. Das meine ich mit »sich der eigenen Filter bewusst werden«. Merken wir, wie sie sich dazwischenschalten, finden wir sehr schnell heraus, wie sie unsere Weltsicht verzerren. Zögere also nicht, sie infrage zu stellen, vor allem wenn es sich um ständig wiederkehrende Muster handelt. In dem Augenblick, in dem ich mir sagte: »Das waren vermutlich meine Filter, die dieses Gespräch beeinflusst haben«, erhielt ich einen »göttlichen Download«, wie ich das nenne. Verbunden mit folgender Erkenntnis: *Dieser Mann ist ein Fan deiner Arbeit. Er war total überrascht, als du auf ihn zugegangen bist. Tatsächlich hatte er so viel Ehrfurcht vor dir, dass er nicht wusste, was er sagen sollte.*

Diese Downloads kommen meist in Form von »Stimmen«, und zwar von meinem höheren Selbst oder dem inneren Mystiker, der sich am kosmischen Werkzeugkasten des Wissens bedient. Es handelt sich nicht wirklich um Stimmen. Ein ganzer Dialog läuft da manchmal innerhalb von Sekunden ab. Wie ein Schnappschuss von Worten. Und dann weiß ich es einfach. Das läuft nicht bei allen gleich ab. Andere haben unbestimmte Eindrücke, sehen Bilder, vernehmen ein Klingeln in den Ohren, oder es stellt sich plötzlich ein sicheres Wissen ein. Mitunter fühlt es sich an wie ein Stromschlag, oder es kommt als Mischung aus verschiedenen Empfindungen. Auf jeden Fall weißt du, was gemeint ist und was diese »Stimme« dir sagen möchte.

Dass ich von dieser Botschaft überrascht war, ist eine absolute Untertreibung. *Wahnsinn!*, dachte ich. *Das kann doch nicht wahr sein! Wie kann jemand vor mir Ehrfurcht empfinden! Ich bin doch dieser kleine Fußabtreter*! Das sagte mein Kopf, genauer gesagt, mein Filter. Gleichzeitig gab es einen weiteren Download von oben.

Diese »andere« Stimme kann nur dann mit dir kommunizieren, wenn du die Gedanken auflösen kannst, die die Filter in deinem Kopf aufwirbeln. Zumindest musst du sie infrage stellen können, und sei es nur für einen kurzen Moment. Die Filter können dich nur dann beeinflussen, wenn du ihnen zustimmst. Negative Filter haben nur Macht über dich, wenn du ihre Urteile akzeptierst. Aber das musst du nicht. Das ist eben deine Macht. Stell sie infrage, wann immer sie ihre hässlichen Häupter in dein Bewusstsein stecken. Und zwar wirklich *jedes* Mal.

Hältst du an deinen negativen Filtern zu sehr fest, dringt die höhere »Stimme«, der Download oder wie immer du das nennst, nicht zu dir durch. Es ist, als würde die »Stimme« auf einer anderen Frequenz senden als deine Filter. Du musst also diese Filter irgendwie umgehen, um auf die Frequenz deines inneren Leitsystems zu gelangen. Mach dich darauf gefasst, dass die Stimme dich überrascht, denn sie sagt Dinge zu dir und über dich, die du dir nie hättest träumen lassen. Es würde dir im Leben nicht einfallen, solche Gedanken zu hegen. Die Stimme, die oberhalb deiner Filter spricht, hat immer einen ermutigenden Tonfall, niemals wird sie deprimierende oder verunsichernde Dinge sagen. Sie ist immer inspirierend und schürt nie deine Ängste. Sie bringt dich vielmehr näher zum Gewahrsein deiner eigenen Göttlichkeit.

An jenem Tag ging ich auf den Kollegen noch einmal zu, weil mein Download mir neue Energie geschenkt hatte. Und tatsächlich hatte er all meine Bücher gelesen und meine Arbeit verfolgt. Er war wirklich ein Riesenfan meiner Arbeit! Er hatte schüchtern reagiert, weil er nicht gewusst hatte, dass ich im Publikum gesessen hatte. Und er meinte, er freue sich so sehr, dass er mich endlich persönlich kennenlernen würde. Ich war froh, auf meine innere Stimme gehört zu haben. Ich hatte ihr vertraut und war nochmals auf den Mann zugegangen. Sonst hätte ich die Gelegenheit verpasst, einen wunderbaren Menschen zu treffen, der seitdem mein Leben bereichert. Es hat also durchaus Sinn, die eigenen Reaktionen stets zu überprüfen. Denn ein Leben ohne Filter kann uns Chancen und Sichtweisen eröffnen, auf die wir selbst nie gekommen wären.

Die Frequenz einstellen

Wenn du ein starkes Band zu deinem grenzenlosen Selbst und deinem spirituellen Leitsystem entwickeln willst, möchte ich dich einladen, zuerst deine Filter zu erkunden – die dich daran hindern, dich auf die Frequenz einzustimmen, über die der göttliche Download erfolgt.

Ich werde häufig gefragt: »Warum fühlen *Sie* sich geleitet und andere Menschen nicht? Warum sind Sie etwas Besonderes?« Meine Antwort lautet: Das bin ich nicht! Ich bin weder auserwählt noch etwas Besonderes. Diese Downloads – oder Stimmen, wie ich es nenne – versuchen ständig, mit uns zu kommunizieren. Aber wir müssen uns auf ihre Frequenz einstellen, damit wir sie hören, sehen oder fühlen können.

Stell dir vor, wie dein Leben aussehen würde, wenn du deine Brille einfach abnehmen könntest, und dann wäre Schluss mit all den Filtern. Sobald du spürst, dass du mit deinen eigenen Augen siehst, schau wirklich hin, damit du die Botschaften wahrnehmen kannst – Stimmen, positive Gedanken, Ideen, Einsichten und Ahnungen, die sich unweigerlich einstellen werden. Wenn du trotzdem Schwierigkeiten hast, die Downloads zu hören, zu sehen oder auf andere Weise zu spüren, nimm dir mehr Zeit für das Alleinsein. Verwende ein wenig mehr Zeit darauf, mit dir selbst zu reden. Ich weiß ja, dass es immer heißt, wer mit sich selbst spricht, sei nicht ganz richtig im Kopf. Aber ich versichere dir eines: Wenn ich schon angeblich verrückt bin, dann bin ich trotzdem lieber ich selbst als eine ganze Reihe von Leuten, die als normal gelten. Meiner Erfahrung nach sind die meisten Menschen auf dieser Welt unglücklich. Ich dagegen bin wahrhaft glücklich und zufrieden. Und das ist keine Einbildung, kein positives Denken, das einen oberflächlich glücklich macht. Es ist ein tiefes Glücksgefühl, das mich selbst in schwierigen Zeiten nicht verlässt, weil ich mich tief in mir sicher fühle. Ich habe nicht das Gefühl, ich müsste *positiv denken* oder so *tun*, als wäre ich glücklich oder positiv gestimmt. Ich *bin* einfach glücklich.

Was meine ich also mit »mit dir selbst reden«? Du kannst dir beispielsweise Fragen stellen, vielleicht abends vor dem Schlafengehen: *Wie sehen meine Filter aus? Zeigt euch mir, ihr Filter*! Du wirst feststellen, dass du deine Filter entdeckst, wenn du deinen negativen Gedanken über dich selbst nachgehst. Es sind jene Stimmen, die dich davon abhalten, dich selbst und andere Menschen zu lieben. Wenn du deine Filter identifiziert hast, kannst du dich als Nächstes fragen: *Wie kann ich meine Filter loslassen? Bitte hilf mir, grenzenloses Selbst! Zeig mir, wie ich das anstelle.*

Manche Antworten kommen dir vielleicht mitten in der Nacht oder beim Aufwachen am nächsten Morgen. Daher ist es sinnvoll, Notizbuch und Stift auf dem Nachttisch liegen zu haben. Schreib nach Möglichkeit auch die Frage auf, die du deinem höheren Selbst gestellt hast. Und halte dann die Einsichten und Antworten, die es dir schickt, schriftlich fest.

Anfangs sind die Botschaften vielleicht nicht mehr als zarte Hinweise, an denen du eher zweifelst. Du bildest dir womöglich ein, dass es Spielchen sind, die dein Geist mit dir anstellt. Doch du kannst echte Eingebungen von bloßen Hirngespinsten unterscheiden, weil dein höheres Selbst dir nur Dinge kommuniziert, die sich wirklich gut anfühlen. Meist ist es etwas eher Unerwartetes, das wirklich weise ist und sich nach tiefer Einsicht anfühlt. Es ist ein Wissen, das deine Seele nährt und deine Selbstliebe stärkt. Deine alte Konditionierung mag versuchen, zweifelnde Gedanken dazwischenzuschieben, was dich dazu veranlasst, die guten Empfindungen infrage zu stellen. Ein Beispiel: Du willst etwas Neues, für dich ganz und gar Unübliches ausprobieren. Du bist ein wenig ängstlich, und so gibt dir dein höheres Selbst mit auf den Weg: *Fürchte dich nicht.* Oder du hast etwas gegessen, was dir nicht guttut, und deine innere Stimme sagt dir: *Trink warmes Wasser.* Dein Kopf versucht, diese Einsichten durch diverse Einwände abzuwerten: »Warum soll ausgerechnet ich solche Botschaften empfangen?« Oder: »Das bilde ich mir doch nur ein.« Aber es ist wichtig, dass du auf diese Botschaften hörst. Dann spürst du, dass sich jemand um dich kümmert, dich beschützt und liebt. Botschaften aber, die deine Furcht anheizen, dir negative Gefühle verursachen oder dich daran zweifeln lassen, dass du geliebt und beschützt wirst, solltest du kein Gehör schenken.

Auf diese Weise kannst du zwischen deinem höheren Selbst und deinem niederen, materiellen Selbst unterscheiden. Die Stimme deines materiellen Selbst wurzelt für gewöhnlich in Angst oder Wut. In einem Opferstatus. Sie schallt aus den Filtern deiner Kindheit, die so lange dein Leben bestimmt haben. Die Stimme des höheren Selbst aber steht über alldem. Sie ist wie die Stimme des Göttlichen, die Stimme deiner Schutzengel. Die Stimme eines Wesens, das auf dich aufpasst und dich bedingungslos liebt. Wenn du dich also darauf einlässt, nur solche Gedanken zu hegen, die sich gut anfühlen und deine Seele nähren, bevor ängstliche Vorstellungen und Zweifel aufflackern und die Party ruinieren, dann ist dies schon mal ein guter Anfang.

Der zweite Schritt ist, so zu handeln, als wären diese positiven Gedanken wahr und kämen von deinem inneren Leitsystem. Wenn du das einfach mal ausprobierst, wirst du schnell merken, wie viel besser du mit dir und dem Leben zurechtkommst. Und bald wirst du erleben, dass das äußere Leben dein inneres Erleben widerspiegelt. Dann wirst du natürlich mehr wollen. Mit der Zeit wird es immer einfacher, auf diese Stimme zu hören und ihr zu vertrauen. Je mehr du auf die Botschaften vertraust, die dein höheres Selbst dir schickt, desto mehr Führung wird dir zuteil. Die Botschaften selbst werden zudem ebenfalls immer klarer.

Mein höheres Selbst kommuniziert ständig mit mir. Es sagt mir immer, was ich als Nächstes tun soll, was ich besser lasse und was ich von Herzen bejahen soll. Es macht mir Themenvorschläge für meine Videos, Bücher, Vorträge, Workshops und Retreats, die mir helfen, die Balance zwischen der materiellen Welt und meiner Verbundenheit mit dem Reich des Nicht-Materiellen zu halten. Das fühlt sich an wie eine ganze Reihe von Aha-Momenten. Meine innere Stimme leitet mich auch jetzt an, während ich diese Worte schreibe. Auf eine Weise, dass ich beinahe das Gefühl habe, ich bin nur Kanal für die Worte, die sie der Welt sagen will. Tatsächlich *ist* der Ausdruck dieses Leitsystems eine Art von Channeling. Ich nenne das nur für gewöhnlich nicht so, denn wenn ich mich tatsächlich als »Kanal« bezeichne, dann wird man mit dem Wunsch an mich herantreten, Antworten zu »kanalisieren«. Ich aber möchte alle Menschen dazu auffordern, dies für sich selbst zu tun. Mir ist wichtig, dass du zu deinem Leitsystem genauso Verbindung aufnehmen kannst wie ich zu meinem. Es gibt dir ein immer stärkeres Gefühl von Selbstwirksamkeit, wenn du dich auf deinen Kanal einstellen kannst und deine eigene Frequenz findest, statt diese Botschaften bei jemand anderem zu suchen.

Doch es gibt noch andere Mittel und Wege, zwischen der Stimme deines höheren, grenzenlosen Selbst und den Einflüsterungen der Ängste in deinem Kopf zu unterscheiden: Folgst du deiner höheren Stimme, fühlst du dich gelöster und leichter. Das lädt deine Batterien auf, während es dich erschöpft, der Stimme deiner Ängste nachzugeben. Dein höheres Selbst ist bedingungslose Liebe pur. Dein höheres Selbst wird dich niemals absichtlich verletzen oder anderen Menschen Schaden zufügen. Gibst du jedoch deinen Ängsten nach, wirst du dich unwohl fühlen und dich für unfähig halten.

Hörst du auf dein inneres Leitsystem, kommst du immer mehr in den Fluss. Dein Leben läuft glatt, und alles geschieht mühelos. Das ist ein großartiges Gefühl. Oft bin ich in diesem Flow. Doch auch ich kenne Zeiten, da ich das Gefühl habe, etwas katapultiere mich aus diesem Fluss heraus, und ich verliere meine Frequenz. Damit meine ich, dass mich etwas zurück in die Sphäre niedriger materieller Schwingungen zieht, wo ich meine innere Stimme nicht hören kann. Das passiert mir zum Beispiel, wenn ich grob kritisiert werde, wenn man mir mit Bösartigkeit begegnet oder mir jemand online Beleidigungen an den Kopf wirft. Aber es gibt noch andere Dinge, die uns aus der Verbundenheit mit dieser höheren Frequenz herauskatapultieren: Schuldgefühle, Angst, Ärger und das ständige Streben nach Anerkennung.

Gib gut acht, wann und bei welcher Gelegenheit du deine Frequenz verlierst. Wenn ich sage, dass du in einen niederen

Frequenzbereich fällst, meine ich damit nicht, dass ich auf einer höheren Frequenz unterwegs bin als andere Menschen – ganz und gar nicht. Was ich sagen will, ist: Die Stimme deines inneren Selbst sendet in einem höheren Frequenzbereich als die Stimme deines Verstandes, denn der bezieht seinen Input von der Außenwelt und den Denkmustern, die unser Leben bestimmen. In einem niederen Frequenzbereich zu sein, bedeutet, dass wir anderen Menschen Macht über uns geben.

Aber du kannst deine Frequenz erhöhen. Wenn du niedergeschlagen bist, dich abgelehnt fühlst und nicht weißt, warum, dann dreh einfach den Regler ein bisschen höher, und zwar so: Halte in deiner unmittelbaren Umgebung nach etwas Ausschau, das dir Freude macht. Spüre einem Gefühl der Dankbarkeit nach. Stell dich auf diese höheren Schwingungen ein. All das hilft dir, deine Frequenz ein wenig zu erhöhen. Je öfter du auf deinen inneren Mystiker hörst und spürst, wie die Gedanken und Einsichten, die sich dir mitteilen, auf deinen Körper einwirken, desto mehr wird dies zu deiner Hauptfrequenz werden. Weil es dich zum Schwingen bringt.

Oder du stellst dir vor, wie sich deine Aura ausdehnt – das mache ich jedenfalls. Ich stelle mir vor, wie meine Aura immer größer wird und heller strahlt, bis ich das Gefühl habe, eine leuchtend schöne, farbenfrohe Lichtkugel zu sein! Oder du denkst an einen der glücklichsten Momente deines Lebens und spürst deinen Gefühlen von damals nach. Denk an jemanden, den du liebst, und geh ganz in diesen Gefühlen auf – das kann dein Partner sein, dein Kind, aber auch dein Haustier. All diese Dinge lassen deine Gefühle umschlagen und erhöhen deine Frequenz.

Als Empath und Jasager, der seine Filter abgelegt hat, hast du vermutlich Probleme damit, dich in einem Umfeld aufzuhalten, das nach wie vor von seinen Filtern bestimmt wird. Vielleicht fällt es dir schwerer als anderen Menschen, die eine Wandlungserfahrung in ihren Alltag integrieren wollen, dich weiterhin an ein System anzupassen, das von Filtern gesteuert wird. Vielleicht überzeugt dich deine Umgebung auch, dass mit dir etwas nicht stimmt, weil schließlich du der Mensch bist, der anders ist als andere. Denn es können ja nicht *alle* falschliegen, oder? Gedanken wie diese holen mich immer aus meinem höheren Frequenzbereich heraus. Sie sind es, die uns Empathen krank und müde machen, weil wir eben in die vorherrschende Denkweise passen wollen. Dabei ruft uns gleichzeitig unsere innere Wahrheit und erinnert uns daran, was wir wirklich wissen und wer wir wahrhaft sind.

Wenn es mich auch aus meiner Frequenz herauswirft, so weiß ich trotzdem, dass meine innere Stimme immer noch da ist. Nur hat sich meine Tuningnadel verstellt, und ich muss mich wieder neu justieren. Wenn ich meine Zeit damit vergeude, mich gegen Kritiker zu verteidigen und mit ihnen zu streiten, dann raube ich mir dadurch nur Energie, weil ich länger als nötig auf einer Frequenz bin, die nicht meinem Normalzustand entspricht. Also achte ich darauf, nicht zu reagieren und mich nicht auf solche Scharmützel einzulassen. Ich lecke vielleicht mal meine Wunden und tröste mich, aber im Großen und Ganzen konzentriere ich mich darauf, meine innere Stimme wiederzufinden.

Kritik nutze ich dabei als Anlass, mir jene Fragen zu stellen, die mich auf das Niveau zurückbringen, auf dem ich die Botschaften von meinem inneren Leitsystem wieder wahrnehmen kann. Ich sehe die Kritik als Chance, tiefer zu gehen und meine Frequenz zu erhöhen. Ein Beispiel: Erst nachdem ich mich von einer Kritik sehr verletzt fühlte, verstand ich, wie schwer es für

Empathen sein kann, sich furchtlos auszudrücken. Dieses ganze Buch, seine Thematik und der Titel *Hochsensibel ist das neue Stark* entstanden aus dem Schmerz, den ich empfunden habe, als ich im Netz schlimm von Trollen attackiert wurde. Dieser Schmerz veranlasste mich, mich mit folgenden Fragen zu beschäftigen:

- Ich bin doch sicher nicht die Einzige, der Kritik so wehtut?
- Heißt dies etwa, dass alle hochsensiblen Menschen Angst davor haben, für sich einzutreten und über ihre wahre Lebensgeschichte sowie ihre außerordentlichen Erfahrungen zu berichten?
- Und noch wichtiger: Haben alle hochsensiblen Menschen Angst davor, Führungsrollen zu übernehmen, die sie ins Licht der Öffentlichkeit rücken, weil sie damit automatisch zur Zielscheibe von Kritik werden? Ist dies der Grund, warum so wenige hochsensible und empathische Menschen in der Öffentlichkeit stehen?
- Was wäre, wenn alle stark empathisch veranlagten Menschen, die die Welt besser machen wollen, lernen könnten, sich vor Kritik weniger zu fürchten? Dann könnten wir, wenn wir ins Licht der Öffentlichkeit treten, den Weg frei machen für eine neue Denkweise (statt im Schatten von Narzissten und Bullys zu verschwinden).

Mit diesen Überlegungen im Gepäck trat ich ans Licht der Öffentlichkeit, um meine Ideen mit der Welt zu teilen. Meine Botschaft ist, dass Sensibilität und Mitgefühl unsere Rettung sind, wenn wir unsere Art vor dem Aussterben bewahren wollen. Wäre da nicht meine Angst vor Kritik gewesen, hätte ich nicht den Antrieb verspürt und das Gewahrsein entwickelt, mit deren Hilfe ich den Weg für andere Empathen und Hochsensible bahnen kann. Damit sie vortreten und Führungsrollen übernehmen können.

Hätte ich nicht auf mein höheres Selbst gehört und nur meinem ängstlichen Geist gehorcht, wäre ich nicht, wo ich heute bin, und täte nicht, was ich jetzt tue. Hätte ich auf die Kritiker gehört, hätte ich meine Geschichte nie erzählt und den Menschen damit auch nicht geholfen. Ich hätte ja weiter auf der Frequenz meiner Fußabtreter- und Opfermentalität funken können. Aber ich wusste, dass diese mich direkt in die Krebserkrankung geführt hatte, und dort wollte ich garantiert nicht wieder hin. Daher beschloss ich, dieses Mal der Stimme meines inneren Selbst zu folgen, die mich offen machte für Liebe, Stärke und Mut.

Und so möchte ich auch dich einladen, dich für deine eigene Wandlung zu öffnen. Lass deine Filter fallen und lebe ohne Furcht – vor allem, wenn du gegen die Überzeugungen anderer antreten musst.

Meditation zum Einstellen deiner Frequenz

Diese Meditation hilft dir, die Kanäle zu öffnen, auf denen deine innere Führung sendet. Mit der Zeit werden diese »Stimmen« oder Downloads zu einem essenziellen Teil deiner selbst.

Während ich ruhig dasitze, stelle ich mich auf meine innere Führung ein.
Ich vernehme ihre stille, feine Stimme, unhörbar für menschliche Ohren.
Manchmal vermittelt sie mir eher ein Bild als Worte.

Sie kommuniziert mit liebevollen telepathischen Schnappschüssen, mit Worten oder Bildern.
Ich öffne mich und sauge diese Botschaften mit allen Sinnen ein.
Ich atme sie hinein in mein Herz und meine Seele.
Ich fühle mich beschützt.
Ich fühle mich geliebt.

8

Sich ohne Schuldgefühle für den Wohlstand öffnen

Nehmen ist ebenso selig wie Geben.

Wir können nicht über unser Dasein in der Welt, unsere Berufung und unseren Selbstausdruck reden, ohne über Geld zu sprechen. Schon die bloße Erwähnung des Themas Finanzen lässt die meisten Menschen emotional reagieren: mit Angst oder Begeisterung. Und häufig fallen diese Gefühlsregungen auch recht heftig aus. Geld ist ein heikles Thema, der Elefant im Zimmer, der immer unerwähnt bleibt, weil viele sich gar nicht erst damit befassen wollen. Ich jedenfalls gehe dem Ganzen gern aus dem Weg. Erstens weil ich keine Expertin bin, was Geld angeht. Und zweitens, weil die Thematik, sofern sie nicht äußerst vorsichtig angesprochen wird, manche Menschen in Aufruhr versetzt, vor allem in spirituellen Kreisen (mehr dazu weiter unten).

Doch da wir ohne Geld in der materiellen Welt nicht überleben können, denke ich, dass dieses Buch nicht vollständig wäre, würde ich mich nicht mit Fragen beschäftigen, die vielen nun mal auf den Nägeln brennen. Aus den Briefen und Mails, die ich erhalte, geht hervor, dass viele Empathen Geldprobleme haben und nicht genug verdienen, um ihren Lebensunterhalt zu bestreiten. Vor allem, wenn sie spirituelle Lehrer sind, sich mit den Heilkünsten beschäftigen oder andere Dienste anbieten, in die sie ihr Herzblut einfließen lassen können.

Wir Empathen befinden uns diesbezüglich in einem tiefen Zwiespalt: Einerseits sind wir ganz auf die Rhythmen des Universums eingestellt, was uns einen einzigartigen Vorteil verschafft, wenn es um Geld und Macht geht, die wir durch uns hindurchleiten können. Wir sind einfach gut darin, uns auf unsere innere Stimme, unsere Weisheit und die Verbundenheit mit der ganzen Schöpfung zu verlassen. Andererseits begegnen wir dieser Macht prinzipiell mit einiger Scheu. Wir trauen uns nicht zu verlangen, was wir verdienen, weil man uns irgendwann einmal eingebläut hat, dass die Liebe zum Mammon die Wurzel allen Übels ist. Und dass Geben seliger ist denn Nehmen.

Daher werden wir uns in diesem Kapitel damit auseinandersetzen, wie wir uns von solchen Hindernissen und Überzeugungen befreien können, die so viele Empathen in Armut und Mangel verharren lassen.

Die zentralen Werte unserer Gesellschaft sind gaga

Fangen wir also mit dem größeren Problem an – mit unseren persönlichen beziehungsweise spirituellen Werten hinter der materiellen Wirklichkeit. Wenn du nicht gerade als Einsiedler lebst, wirst du schnell merken, dass in unserer Kultur alles mit Geld zu tun hat. Diese Verflechtung ist so grundlegend und so eng, dass wir sie nicht einfach auflösen können, ohne massive Verluste befürchten zu müssen. Für fast alles, was wir zum Leben brauchen, ist Geld nötig – von den Grundbedürfnissen wie Nahrung oder Obdach bis hin zu unserer schöpferischen

Freiheit. Kurz und gut, wir können in der modernen Welt ohne Geld nicht überleben.

Wir aber, die wir in den hoch entwickelten Ländern leben, haben die Abhängigkeit vom Geld auf eine ganz neue Stufe gehoben: Wir beten es an und mit ihm die Menschen, die es kontrollieren (und damit unseren Nachschub an Energie, sei es nun in Gestalt von Medikamenten, Nahrung oder anderen lebenswichtigen Gütern). Wir haben diesen Menschen unsere Macht überlassen, und sie kontrollieren ihrerseits unsere politische Führung sowie die Massenmedien. Und damit haben sie die Kontrolle über uns. Vielleicht haben wir das zugelassen, weil wir den Wert von Menschen an ihrem Vermögen bemessen und Erfolg daran, wie sehr sich etwas in barer Münze niederschlägt. Tatsächlich heißt »erfolgreich« sein heutzutage schlicht »reich« sein. Vielleicht war das ja immer schon so. Doch seit es das Internet gibt, ist diese Gleichsetzung offensichtlicher und für jeden von uns klarer.

Wir jagen diesem Hirngespinst hinterher und vergeuden damit unser Leben, was bis hin zum Burn-out geht. Nur damit wir uns mehr und mehr Dinge kaufen können, die uns (kurzfristig) das Gefühl vermitteln, erfolgreich zu sein. Bis das neuere, schnellere und glänzendere Modell herauskommt. Zwar kämen die meisten Menschen mit deutlich weniger Geld aus, doch die Werbeindustrie macht sich unsere Ängste und unsere Unsicherheit zunutze. Sie überzeugt uns, dass wir Versager sind, wenn wir uns nicht das neueste Auto, die neueste Marken-Handtasche oder die Ferien im jüngst eröffneten Luxushotel auf den Bahamas leisten können. Nur damit wir immer weiter Geld ausgeben und uns immer weiter in der niemals endenden Tretmühle abplagen, weil wir keine Erfüllung finden, solange wir nicht stets nach mehr jagen.

Das Ergebnis ist, dass die meisten Menschen das Streben nach Geld zu ihrer wichtigsten Aufgabe gemacht haben, die ihnen mehr bedeutet als ihre Gesundheit, ihre Beziehungen, ihre moralischen und spirituellen Werte. (Mit einer – ermutigenden – Ausnahme: Die Generation der Millennials scheint ihre Schwerpunkte anders zu setzen. Für sie sind sinnvolle und erfüllende Arbeit, eine gute Work-Life-Balance und eine befriedigende Unternehmenskultur anscheinend wichtiger als Geld.[18]) Da das finanzielle Ungleichgewicht global ein Allzeithoch erreicht hat[19] und die Erdbevölkerung zu dem Zeitpunkt, zu dem ich diese Zeilen schreibe, auf 7,7 Milliarden Menschen angewachsen ist, sind wir alle davon überzeugt, dass es nicht genug Geld für alle gibt. Dass wir zu anderen Menschen in Konkurrenz treten müssen, weil uns sonst ein anderer das Geld vor der Nase wegschnappt. Diese Sicht lässt viele Menschen Dinge tun, die nicht nur unethisch sind, sondern regelrecht kriminell. Unternehmen werden heute meist durch Gier getrieben (da sie sich ausschließlich ihren Aktionären und deren Profit verpflichtet fühlen). Längst geht es nicht mehr darum, der Menschheit zu dienen. Und diese Einstellung bedroht mittlerweile unseren ganzen Planeten.

Geld ist uns auch wichtiger als Zeit. Oder wir müssen einfach noch mehr arbeiten, damit der Verdienst auch bis zum Monatsende reicht. Wir nutzen die Zeit, die wir haben, also keineswegs, um unser Leben in vollen Zügen zu genießen.

Ein Beispiel: Ich war Gast in einer Radiosendung, bei der ich auch Hörerfragen beantwortete. Ich hatte kaum »Hallo« gesagt, als mich eine Anruferin mit folgenden Worten überfiel: »Ich habe einen Beruf, den ich hasse. Und das macht mich echt fertig. Ich habe jeden Tag Angst davor, zur Arbeit zu gehen. Ich weiß wirklich nicht, was ich tun soll. Was soll ich denn tun?«

Ich schlug ihr vor, dass sie sich selbst mehr lieben und wertschätzen sollte. »Vielleicht können Sie ja weniger arbeiten. Oder kündigen und sich einen anderen Job suchen, der Ihnen mehr Spaß macht, auch wenn er schlechter bezahlt ist.« Ich spürte, wie die Wut in ihr kräftig aufflammte, und wollte ergänzen: »Möglicherweise ist das ja auch nur eine vorübergehende Maßna...«.

»Nein«, stieß sie hervor. »Das geht nicht! Wenn ich diese Arbeit kündige, verliere ich meine Krankenversicherung. Und dann habe ich kein Geld mehr für die Hypothek, für meine Rechnungen, ja überhaupt für Essen. Es wäre mein Tod, wenn ich kündige.«

Ich versuchte, ihr zu erklären, dass sie sich ihrer Lebensenergie beraubte, wenn sie weiter einer Arbeit nachginge, die sie hasste. Auch das könnte sie das Leben kosten.

»Okay, danke«, sagte sie. Dabei war völlig klar, dass sie das nicht wirklich meinte. Dann legte sie auf. Sie konnte sich nicht einmal anhören, was ich zu sagen hatte. Sie war voller Angst und steckte geistig völlig im Überlebenskampf fest.

Wenn wir – wie diese Frau – das Gefühl haben, wir müssten um unser Überleben kämpfen, so leiden, wie Studien belegen, unsere Exekutivfunktionen, mit denen wir unser Verhalten an unsere Umwelt anpassen. Dann sind wir nicht mehr imstande, kreative Lösungen zu finden. In solchen Fällen hilft es, wenn wir uns zentrieren, durchatmen und uns mit dem Netz des kosmischen Bewusstseins verbinden. So können wir unser System herunterfahren, sehen die Dinge aus einer anderen Perspektive, und schon entzündet sich jener kreative Funke, den wir jetzt brauchen. Bleiben wir ruhig und öffnen uns, tun sich wunderbare Chancen auf. Ich weiß von Menschen, die auf diese Weise quasi aus dem Nichts fantastische Jobmöglichkeiten angeboten bekamen. Unerwartete finanzielle Glücksfälle ergaben sich, oder sie konnten ihr Hobby zu Geld machen.

Spiritualität und Wohlstand

Vielleicht liegt es an dieser vollkommen verrückten Beziehung, die wir zum Geld haben, dass viele spirituelle oder religiöse Lehrer und Institutionen die Liebe zum Geld als Wurzel allen Übels bezeichnen. Mit Spiritualität jedenfalls habe sie *nichts zu schaffen*. Die heiligen Schriften der Religionen ermahnen ihre Gläubigen, nur ja keinen Reichtum anzuhäufen, denn Geld habe einen zerstörerischen Einfluss auf unsere ewige Seele. In solchen Kreisen gilt Geld als unspirituell, ja geradezu als Gift, denn es macht angeblich eine spirituelle Lebensweise unmöglich. Viel Geld zu verdienen ist eine Angelegenheit, über die in spirituellen Kreisen nicht gesprochen wird. Und Geld mit einer spirituellen Tätigkeit zu verdienen gilt als vollkommen tabu. Lehren und Heilmethoden sollen kostenlos oder nur gegen eine Spende angeboten werden, damit sie von der schlimmen Verschmutzung durch Geld geschützt und rein bleiben. Wer aber spirituelle Lehren, Heilmethoden oder ähnliche Dienste gegen Bezahlung anbietet, wird als unspirituell und gierig abgestempelt. Solchen Leuten könne man doch nicht vertrauen, die haben bestimmt irgendwelche finsteren Hintergedanken.

Oberflächlich betrachtet scheint es ja eine gute Idee zu sein, das Geld aus spirituellen Institutionen herauszuhalten, weil man so in unsere geld-verrückte Kultur möglicherweise mehr Balance bringen kann. Doch wenn man diesen Gedanken weiterspinnt, dann erhalten die Vermögenden dadurch nur eine neue Art von Macht über uns. Erinnerst du dich? Ich hatte doch gesagt, dass sich Empathen von Spiritualität angezogen fühlen wie die Nachtfalter vom Licht. Empathen sind von Natur aus offen für die tieferen Geheimnisse des Lebens. Sie sind als spirituelle Lehrerinnen und Heiler Naturtalente. Sie retten Tiere, schützen die Umwelt, kämpfen für den Frieden, schaffen Kunst, lehren Menschen und sind überhaupt für alles geeignet, was aus dem Herzen kommt. Es ist ihnen angeboren, ihre Gaben dafür einzusetzen, dass es anderen besser geht, denn dadurch fühlen sie sich auch selbst besser. Ihnen den Ausdruck ihrer Gaben zu verwehren, hieße, sie der Atemluft zu berauben.

Nun, wenn sie ihren Selbstausdruck in einer Kultur leben müssen, in der es als unspirituell gilt, Geld für spirituelle Herzensarbeit zu verlangen, dann ist es kein Wunder, dass gerade die Menschen, deren Natur es ist, spirituelle Arbeit zu leisten, sich folgendes Credo zu eigen machen: »Ich will anderen Menschen dienen, aber ich verdiene nicht genug Geld, wenn ich tue, was mir wirklich am Herzen liegt.«

Anders ausgedrückt: Unsere Gesellschaft hat ein Denkmuster hervorgebracht, das uns davon abhält, Unternehmen, die tatsächlich von Gier motiviert sind, zu regulieren (selbst wenn sie in Entwicklungsländern Kinder und Frauen ausbeuten). Aber wir bestrafen unsere spirituellen Lehrer und Heilerinnen, wenn sie Geld für das verlangen, was sie am besten können. Wir beschuldigen sie sogar, nicht spirituell zu sein.

Diese Denkweise öffnet der Ausbeutung von Empathen Tür und Tor. Wenn unsere Heiler und Herzarbeiter unter finanziellen Problemen leiden, wenn sie nicht das Glück haben, bezahlte Arbeit in einem Bereich zu finden, in dem sie ihr hochsensibles Naturell zum Ausdruck bringen können, dann werden auch sie eingespannt in eine Unternehmenskultur, die ihnen immer mehr Arbeit abverlangt. Dann müssen sie einen zusätzlichen Job annehmen, um ihre Rechnungen bezahlen zu können. Und nach ein paar Jahren droht ihnen der Burn-out. Auch die jungen Leute von heute müssen manchmal zwei oder drei Jobs annehmen, nur um ihre Miete bezahlen zu können. Nicht unbedingt der beste Start ins Erwachsenenleben.

Nach Krebs und Nahtoderfahrung musste ich mir überlegen, was ich mit dem Rest meines Lebens anfangen wollte. Damals lebte ich noch in Hongkong. Während der vier Jahre meiner Krankheit hatte ich nicht gearbeitet. Und ich wollte auch nicht wirklich zurück in diese Unternehmenskultur, die ich damals verlassen hatte. Auch mein Mann Danny hatte seinen Job verloren, weil er häufig nicht zur Arbeit erschienen war, wenn es mir schlecht ging. Schließlich glaubten wir beide, ich würde bald sterben. Und beide waren wir tief berührt von meiner Erfahrung. Alles, was uns wichtig war, war auf den Kopf gestellt worden.

Wir hatten zwar keine Arbeit, aber dafür so viel mehr, was wir zu schätzen wussten. Ich war gesund, und wir waren beide dankbar, dass ich vom Leben eine neue Chance erhalten hatte. Ich wusste, dass ich sicher war und beschützt wurde. Ich hatte keinen Anlass zur Sorge, auch wenn wir noch nie so pleite waren. Wir hangelten uns von Monat zu Monat durch. Ich wusste einfach: Es hatte seinen Grund, dass man mich zurückgeschickt hatte. »Du hast Gaben, die auf der anderen Seite auf dich warten«, hatte mein Vater zu mir gesagt. Ich war so sicher, dass sich irgendetwas ergeben würde.

Ich hatte angefangen, in einem Online-Forum über meine Nahtoderfahrung zu schreiben. Dort schilderte ich alles, was mich dieses Erlebnis gelehrt hatte. Vielleicht war es mir ja *bestimmt*, dass ich diese Erfahrung mit anderen Menschen teilen und das Gelernte weitergeben sollte. Der Gedanke vermittelte mir ein unglaublich gutes Gefühl. Ich fand die Vorstellung toll, dass es möglicherweise mein Lebenssinn war, diese Lehren allen zugänglich zu machen.

Ich kontaktierte ein Zentrum für alternative Heilmethoden in der Nachbarschaft und buchte einen kleinen Raum für einen ersten Vortrag ein paar Monate später. Dann fing ich an, mir über die Inhalte, über die ich reden wollte, Gedanken zu machen. Ich wollte alles weitergeben, was mir auf der anderen Seite gezeigt worden war. Ich wollte die Menschen wissen lassen, dass sie einen sechsten Sinn hatten. Und ich wollte ihnen zeigen, wie sie Zugang zu ihrem inneren Leitsystem finden konnten. Ich wollte sie lehren, wie wir gemeinsam unsere Energie stärken können. Und wie wir, falls jemand unter den Anwesenden gesundheitliche Probleme hatte, zuerst unsere kollektive, dann unsere individuelle Heilenergie auf diese Person richten konnten.

Ich gestaltete einen Flyer für den Vortrag, den ich per Mail an Freunde und Bekannte schickte mit der Bitte, ihn weiterzuleiten. Das war im Jahr 2008, als die sozialen Medien noch nicht diese Verbreitung hatten wie heute. Ich fand das Ganze wirklich aufregend. Vielleicht war das ja wirklich das, was mir zugedacht war. Anderen zu berichten, was mir auf der anderen Seite gezeigt worden war, fühlte sich einfach so durch und durch *richtig* an! Dann aber erschütterte mich eine einzige E-Mail von einer Frau namens Brenda, die tatsächlich glaubte, sie tue mir damit etwas Gutes.

Brenda schrieb mir eine ätzende Mail, in der sie sich zwar als »wohlmeinende Freundin« bezeichnete, die nur mein Bestes wollte. Doch gleichzeitig beschuldigte sie mich, verwundbare Menschen auszubeuten, weil ich für meinen Vortrag Geld verlangte. »Wie können Sie nur mit sich leben?«, fragte sie. »Wie können Sie für Ihre Dienste Geld fordern? Ihre Nahtoderfahrung und alles, was Sie daraus gelernt haben, ist ein Geschenk von Gott. Sie aber nutzen verzweifelte Menschen aus, vor allem solche, die Krebs haben, und knöpfen ihnen Geld ab. Sie sollten sich wirklich schämen.«

Solche Dinge passieren uns Empathen, wenn wir unsere Gaben als – vorzugsweise spirituelle – Dienstleistungen anbieten, jeden Tag. Das macht es uns so schwer, das zu verlangen, was wir wert sind. Brendas Worte hallten in meinem Kopf wider. Meine Ohren brannten, mein Herz schlug wie wild, während mich ihre Anschuldigungen ins Mark trafen. Die wunderschöne Seifenblase, in der ich mich befunden hatte, platzte. Ich fühlte mich tatsächlich so, als habe mir jemand die Luft abgelassen. Natürlich wollte ich nichts tun, das man als Ausbeutung verletzlicher Menschen empfinden konnte. Das war das Letzte, was ich wollte. Im Internet war ich schon viele Male kostenlos als Lehrerin aufgetreten, doch ich hatte nicht genug Geld, um den Vortrag – mein kleines Event – ohne Gegenleistung anzubieten. Schon die Kosten für den Raum waren zu hoch, also sagte ich ab.

Irgendwie war mir aber auch die Ironie der ganzen Angelegenheit bewusst: Brenda war nämlich eine reiche Überfliegerin, eine Firmenanwältin, die für jede Stunde Arbeit Hunderte von Dollar verlangte. Sie lebte in einem sehr luxuriösen Haus und verkaufte ihre von Gott gegebenen Gaben wirklich gut. Danny und ich hingegen ging es damals finanziell nicht besonders. Wir kamen von Monat zu Monat durch in unserem kleinen, bescheidenen Haushalt in einer ärmlichen, eher ländlichen Gegend an der Peripherie von Hongkong. Mir war egal, wie viel Geld Brenda verdiente oder wie reich sie war. Nur fühlte ich mich eben zu Unrecht verurteilt. Die Frau kannte mich ja noch nicht mal!

Ich wollte die Leute schließlich nicht ausnehmen. Ich wollte sie nur im Kampf gegen die eigenen Ängste unterstützen. Ihnen eine andere Sichtweise auf ihren Körper und ihre Krankheit aufzeigen, ihnen zeigen, wie sie über beides hinausdenken konnten. Ihr Augenmerk auf Heilung zu richten, weil sie sich und das Leben liebten. Und sich nicht ständig darauf zu fixieren, wie sie die Krankheit ausmerzen konnten. Ich wollte den Menschen, die mit einer Krankheit leben mussten, Kraft schenken und Hoffnung. Gleichzeitig betonte ich immer wieder beharrlich, dass sie all das nicht dazu veranlassen sollte, ihre Behandlung abzubrechen. Ich verhielt mich also durchaus verantwortungsvoll.

Auch wenn meine Erfahrung ein Geschenk des Göttlichen oder des Universums war, wollte ich doch nur eines: sie mit anderen teilen und weiter in dieser Welt leben. Sollten die Gaben unseres Herzens denn nicht entlohnt werden so wie alle anderen Dienstleistungen, für die wir schließlich auch bezahlen? Ich *war mir absolut sicher*, dass mir das, was ich auf der anderen Seite gelernt hatte, helfen konnte. Einige Menschen, die über meine Erfahrung im Internet gelesen hatten, bestätigten mir dies. Jetzt aber hatte ich Angst, über meine Nahtoderfahrung zu sprechen, weil ich annahm, dass alle anderen genauso reagieren würden wie Brenda. Vor allem, wenn mir die Einkünfte aus diesen Vorträgen und Workshops tatsächlich wieder ein Einkommen verschaffen würden.

Viele Empathen haben mir berichtet, dass sie mit den gleichen Schwierigkeiten kämpfen. So manche haben Angst, überhaupt etwas für ihre Arbeit zu verlangen. Anderen macht man genau dies zum Vorwurf, besonders dann, wenn sie es wagen, ihre Preise zu erhöhen. Aber wie steht es eigentlich mit normalen Lehrern? Sie sind (in den USA) unterbezahlt, und doch geben sie ihren Schülern, so viel sie können. Wenn sie mehr Gehalt fordern und dann dafür vielleicht sogar noch streiken, heißt es, sie seien verantwortungslos, weil sie die Kinder, für deren Erziehung sie verantwortlich sind, sich selbst überlassen. Dabei geht es um ihren Lebensunterhalt, um die Ernährung ihrer eigenen Familie. Wenn deren Bedürfnisse nicht erfüllt werden, haben sie auch ihren Schülern nichts mehr zu geben. Zuerst musst du deine eigenen Bedürfnisse erfüllen, damit dein Licht leuchten kann. Erst dann kannst du es mit anderen teilen.

Wie du lernst, die Lage anders zu sehen

Damit mich auch bestimmt keiner verdächtigte, ich würde verletzliche Menschen ausbeuten, nahm ich einen Teilzeitjob in einem Unternehmen an, damit wir unsere Rechnungen zahlen konnten *und* ich die Arbeit machen konnte, an der mein Herz wirklich hängt. Wenn ich nicht für meine Firma tätig war, konnte ich tun, wozu es mich im Innersten drängte: das, was ich auf der anderen Seite gelernt hatte, mit anderen Menschen zu teilen und damit zu experimentieren. In den Online-Foren schrieb ich weiterhin über meine Erfahrung und lernte dazu. Ich verband mich mit Menschen aus aller Welt, die ich über Skype kennenlernte. Was ich online machte, mochte ich so sehr, dass ich bald wieder weniger Aufträge aus der Unternehmenswelt annahm. Ich verwendete mehr und mehr Zeit darauf, Heilübungen, Meditationen und andere energetische Experimente zu leiten, die den Menschen halfen, ihr Energieniveau zu steigern. Auf diese Weise fassten sie auch während ihrer

Erkrankung immer wieder neue Hoffnung und Kraft. Dafür nahm ich nichts, ich liebte diese Arbeit einfach. Aber weil ich mich immer weniger für meinen Brotberuf engagierte, verdiente ich nicht eben viel Geld.

Danny versuchte, eine neue Business-Idee zu verwirklichen, und zu zweit hatten wir gerade mal so viel, dass es fürs Überleben reichte. Diese Erkenntnis aber kehrte ich einfach unter den Teppich in der Hoffnung, dass sich das Problem lösen würde, wenn ich es nur lange genug übersah. Irgendwie war mir klar, dass meine Rückkehr auf diese Erde einen Grund gehabt hatte. Und ich wusste auch, dass jemand auf mich aufpasste.

Sobald jedoch die nächste Rechnung zu begleichen war, spürte ich, wie finanzielle Ängste in mir aufstiegen. Ich sah zu, wie unsere Ersparnisse langsam zusammenschmolzen, und wusste nicht, wie es weitergehen sollte. Andererseits hatte ich auch keine Idee, was sich dagegen unternehmen ließe. Ich war hin- und hergerissen, weil ich nicht glaubte, dass ich von der anderen Seite zurückgekommen war, um weiter als kleines Rädchen in der Maschinerie eines riesigen Unternehmens zu buckeln, nur damit ich meine Rechnungen zahlen konnte. Geld zu verdienen um des Geldes willen interessierte mich nun mal überhaupt nicht.

Schlimmer noch: Ich konnte fast nicht mehr. Ich war total erschöpft. Da ich meine Heilarbeit kostenlos anbot, zog ich viele Menschen an, die mit mir reden wollten und meine Hilfe brauchten. Das waren viel mehr Kontakte, als gut für mich gewesen wären. Und die Doppelbelastung führte dazu, dass ich kaum noch Zeit für mich selbst hatte, Zeit zum Ausruhen. Legte ich mich mal hin, hatte ich gleich ein schlechtes Gewissen, weil so viele Menschen ja schwer krank waren. Sie wollten mit mir sprechen, weil sie wissen wollten, wie sie geheilt werden konnten. Am Ende stand ich kurz vor dem Burn-out, und die Angst flammte wieder in mir auf. Ich erkannte die alten Gefühle wieder, die zu meiner Krebserkrankung geführt hatten. Da war die *Angst*, nicht für alle da sein zu können. Und die *Schuldgefühle*, weil ich gesund war und diese Menschen nicht.

Wie soll ich nur weitermachen?, fragte ich mich. *Soll ich vielleicht wieder für diese Unternehmenskultur arbeiten, in der man nicht kritisiert wird, wenn man Geld verdienen möchte?* Tatsächlich wird man in dieser Welt umso mehr bewundert, je mehr Geld man verdient. Aber es hatte doch wohl keinen Sinn, vom Tod berührt und zurückgekehrt zu sein, nur um weiter in dieser seelenlosen Welt arbeiten zu können. Ich wusste einfach nicht, was ich tun sollte.

Die Antwort kam, als ich mich schon fast zwei Jahre in dieser angespannten Lage befunden hatte. Ich wurde zu einer Dinnerparty der International Coaching Community von Hongkong eingeladen. An jenem Abend gab es auch einen inspirierenden Vortrag von einem Gast aus Tel Aviv: Lenny Ravich. Er hatte von meiner Nahtoderfahrung gehört und wollte mehr darüber wissen. Daher setzte man mich beim Abendessen neben ihn. Ich erzählte ihm meine Geschichte und schloss mit folgendem Satz: »Mein Vater hat mir dann gesagt, ich solle gehen und furchtlos mein Leben führen! Und da bin ich dann aus dem Koma erwacht. Der Krebs war geheilt, und hier bin ich nun.«

Lenny strahlte mich an, dann fragte er: »Und? Haben Sie's gemacht?«

Ich sah ihn verblüfft an: »Was denn?«

»Na, Ihr Leben furchtlos gelebt?«

»Nun ja ... mehr oder weniger.«

»Wie meinen Sie das?«, hakte er nach. »Entweder Sie haben es, oder Sie haben es nicht!«

Ich erzählte ihm, dass ich das die meiste Zeit über getan hätte, aber in letzter Zeit würden mich finanzielle Ängste bedrücken.

»Sie sind gestorben und wieder zurückgekommen!«, sagte er. »Sie hatten Krebs, und der war plötzlich weg. Wie können Sie sich auch nur vor *irgendetwas* fürchten, nach solch einer Erfahrung, geschweige denn davor, zu wenig Geld zu haben?«

Ich erzählte ihm von Brendas E-Mail und meiner Angst, mit meiner Leidenschaft Geld zu verdienen. Ich wollte nicht, dass es so aussah, als würde ich verletzliche und kranke Menschen ausbeuten.

Lenny sah mich ungläubig an. »Sie sind aus einem bestimmten Grund zurückgeschickt worden. Ihr Vater hat Ihnen gesagt, Sie sollten Ihr Leben furchtlos führen! Wie können Sie in diesen Zyklus der Angst zurückfallen, nur aufgrund der Worte dieser Frau? Sie gehört doch genau in diese Kultur, mit der Sie gebrochen haben, als Ihr Krebs geheilt wurde. Warum sollten Sie sich gegen die Belohnung durch das Universum sperren, wie sie auch aussehen mag, wenn Sie Ihrem Herzen folgen?« Lennys Worte loderten förmlich vor Begeisterung. Sie machten einen tiefen Eindruck auf mich.

»Ihr Vater hat Ihnen aufgetragen, furchtlos Ihr Dasein zu leben«, sagte er noch einmal. »Er sagte, Sie würden geheilt werden, und das stimmte doch! Wie können Sie ihm also nicht vertrauen, was das angeht? Wie können Sie ihn auf diese Weise im Stich lassen und eben nicht furchtlos leben, wie er Sie aufforderte?«

Er hatte recht. Ich enttäuschte meinen Vater, wenn ich meinem Herzen nicht folgte und nicht furchtlos lebte. Schlimmer noch: Ich ließ mich selbst im Stich. Wieso hatte ich die Worte meines Vaters nur angezweifelt? Ich hätte Lenny um den Hals fallen können. Wenn ich mich recht erinnere, habe ich ihn tatsächlich umarmt!

Bei Lennys Vortrag hatte ich fast den Eindruck, mein Vater spräche durch seinen Mund. Und nach unserem Gespräch hatte sich tief in mir drinnen etwas verändert. Ich hatte eine neue Ebene des Verständnisses erreicht, was meine Beziehung zum Geld anging.

Mir wurde eines klar: Wenn ich weiterhin glaubte, es sei nicht spirituell, für meine Herzensarbeit Geld anzunehmen, dann würde ich weiter in einem Brotberuf meinen Lebensunterhalt verdienen müssen. Der Glaube, Geld sei nicht spirituell, würde mich dazu zwingen, einen Job zu finden, der mit Spiritualität *nichts* zu tun hatte. Solche Jobs aber waren für mich seelenlose Schufterei, die nur den einen Zweck hatte, meine Rechnungen zu bezahlen. Damit aber verriet ich meinen Dharma, den Weg, der mir in die Wiege gelegt worden war.

Zeit für einen Spurwechsel!

Sobald ich begriff, wie schädlich der Glaube, Geld sei nicht spirituell, für mich war, konnte ich diese Überzeugung endlich ohne Gewissensbisse loslassen. Als Empathin war mir klar: Ganz egal, wie viel Geld ich verdiente, ich würde mit mir selbst nicht leben können, wenn ich nicht anderen Menschen half. Das gilt für die meisten Empathen, vor allem für jene, die im Moment diese Worte lesen. Mach dir keine Sorgen: Du wirst nicht in die Falle der Gier tappen. Du bist Empath oder Empathin. Du wirst den Menschen immer helfen. Das ist so sicher wie die Luft, die du atmest. Ganz egal, was passiert. Es ist deine Bestimmung.

Damals gab ich mir selbst ein Versprechen: Ich würde nur noch Arbeit machen, die tief aus dem Herzen kam. Denn es war wichtig, meinem Lebenssinn zu folgen und zu tun, was mir Energie gab. Und nur wenn ich genug Energie hatte, konnte ich für andere da sein. Das war der beste Dienst, den ich für mich und andere leisten konnte, weil er aus dem Gefühl der Leidenschaft, der Wonne heraus entstand. Um meine Arbeit verrichten zu können, musste ich den Wohlstand in meinem Leben willkommen heißen. Dieser Wandel im Denken eröffnete mir eine ganze neue Welt. Mein erster Schritt war, dass ich einen bezahlten Vortrag im Zentrum für Alternative Heilmethoden einer Freundin akzeptierte. (Sie hatte mich schon mehrfach eingeladen.) Kurz darauf entdeckte Wayne Dyer meine Geschichte im Internet und machte seinen Verlag auf mich aufmerksam – der Rest ist Geschichte!

Aber erst, als ich die Angst vor der Verurteilung durch andere loslassen konnte, die Vorstellung, Geld sei nicht spirituell, reagierte die Welt auf mich und unterstützte mich bei dem, was ich tue. Ich bin zutiefst davon überzeugt: Je mehr wir an uns glauben, je tiefer das Wissen reicht, dass wir es wert sind, desto mehr Geld kann uns auch zufließen. Auf diese Weise erlangen wir die Freiheit, uns mehr und mehr zu verwirklichen – für andere, für uns selbst und für die Erde.

Schuldgefühle sind eine häufige Begleiterscheinung, wenn Empathen Geld verdienen. Sie fühlen sich schuldig, Geld zu bekommen, während andere leiden müssen. Schuldig, wenn sie Geld für sich selbst ausgeben, wo doch so viel Hunger und Armut in der Welt herrschen. Eben das ist es, was Empathen zu guten Gebenden macht, ihnen aber das Empfangen erschwert.

Bei einem meiner Facebook-Live-Videos, in dem es um Geld und Schuldgefühle ging, meldete sich eine Empathin, die finanziell ständig am Abgrund entlangschrammte. Ich las einen ihrer Kommentare vor, den sie geschrieben hatte: »Wenn ich Geld bekomme, haben die Obdachlosen etwas zu essen.« In anderen Worten: Kaum war ihr Konto im Plus, hob sie ab, was immer sie bekommen konnte, und verteilte es an jene Menschen, die weniger besaßen als sie. Mit dem Resultat, dass sie dann wieder pleite war. Das war zwar wirklich hochherzig, aber ihr Leben wäre weniger Kampf gewesen, hätte sie genug für sich selbst zurückbehalten. Hätte sie sich selbst etwas gegönnt, hätte dies den gegenteiligen Effekt gehabt, denn je mehr du dich selbst liebst und glaubst, dass du dieses Geld wert bist, desto mehr Geld fließt in deine Taschen, und desto mehr kannst du mit anderen teilen. Vergiss nicht: Geld ist keine endliche Ressource, sondern steht grenzenlos zur Verfügung. Vieles von dem, was in unser Leben tritt, hängt davon ab, wie offen wir dafür sind und wie würdig wir uns fühlen, es zu empfangen.

Ich wurde erst kürzlich für den Podcast-Kanal *London Real* von Brian Rose interviewt. Es ging um Empathen und wie schwer es für sie ist, Geld für ihre Arbeit zu verlangen. Mein Interviewpartner, seinerseits Ex-Banker, erzählte mir eine Geschichte aus seinem Business-Accelerator-Programm: »Ein Student war wirklich sehr empathisch, hatte aber immer Probleme, Geld zu verlangen. Daher gründete er kein Unternehmen, sondern stets gemeinnützige Organisationen. Und die haben ihn am Ende fast ruiniert.« Er erzählte weiter: »Schließlich ging auch seine Ehe deswegen in die Brüche. Als er sich für das Programm einschrieb, sagte ich zu ihm: ›Nein, nein, nein. Geld ist nicht schlecht. Geld erlaubt dir schließlich, mehr Menschen zu helfen.‹ Sobald er diesen Wandel (in seiner Wahrnehmung) vollzogen hatte, wendete sich das Blatt vollständig, und er wurde sehr erfolgreich. Einfach, weil er sich selbst mehr mochte.«

Ich bin sicher, viele meiner Leserinnen und Leser können sich mit dem Problem identifizieren, das der junge Mann hatte. Und mit der Lektion, die er schließlich lernte: Wenn du verlangst, was du verdienst, dann ziehst du Leute an, die dich für deine Dienste gut bezahlen. Und diese Leute arbeiten dann auch gern mit dir.

Der Sprung vom Pfui zum Hui

Was die meisten Menschen nicht verstehen: Die Unternehmen, die das Geld kontrollieren, und die Empathen, die keines verlangen und ihre Dienste kostenlos anbieten, sind die zwei Seiten derselben Medaille. Und diese Medaille ist der Glaube, es wäre nicht genug für alle da. Die sich ewig abmühenden Empathen mögen die gierigen Konzerne kritisieren, aber letztlich werden sie von derselben Idee beherrscht: der Vorstellung vom Mangel.

Wenn dich der Kampf ums Geld deine Gesundheit kostet, deine Zeit, deine Beziehungen oder dein Leben, dann bist du zum Sklaven des Geldes geworden. Dann aber *raubt* dir das Geld dein Leben, statt es zu bereichern. Der beste Dienst, den du dir selbst und deinen Mitmenschen erweisen kannst, ist, dir den Glauben zu erlauben, dass Geld gut ist. Dann kannst du zum Kanal für Wohlstand werden und anderen Geschöpfen helfen.

Denk an die Frau aus dem Facebook-Broadcast: »Wenn ich Geld bekomme, haben die Obdachlosen etwas zu essen.« Und dann stell dir vor, du würdest richtig gut bezahlt. Dann hätten noch mehr Leute zu essen, und du könntest dich darüber hinaus um dich selbst kümmern!

Also, wie stellt du es nun ganz konkret an an, mehr Geld in deine Richtung zu lenken?

1. Mach dir bewusst, dass du Empathin oder Empath bist und folglich die Tendenz hast, viel von dir zu geben, ohne umgekehrt etwas in Empfang nehmen zu können. Und du neigst dazu, dich schuldig zu fühlen – zum Beispiel wenn du Geld für etwas nimmst, das dir ganz natürlich vorkommt und sich aus deinem Lebenssinn ergibt.
2. Versuche, dir deinen Lebenssinn deutlich zu machen, zum Beispiel, indem du dir Fragen stellst wie: *Wer bin ich? Was macht mir Freude? Welche Tätigkeit kommt mir ganz natürlich vor? Was gibt mir das Gefühl, zutiefst lebendig zu sein? Was schenkt mir Energie? Was tue ich ständig, wenn auch unentgeltlich? Was könnte ich jeden Tag machen, ohne je einen Burn-out zu bekommen?*
3. Öffne deine Empfangskanäle, indem du dir vor Augen hältst: Du bist es wert. Du verdienst es, dafür belohnt zu werden, dass du deinen Lebenssinn verwirklichst. Liebe dich selbst so sehr, dass du dir erlaubst zu nehmen. Liebe dein ganzes Selbst, nicht nur deinen materiellen Körper. Liebe auch deinen Geist, dein spirituelles Selbst, dich in deiner Gesamtheit. Auch all das, was du noch nicht sehen kannst.

   Mach dir bewusst, dass es auf dieser Erde eine unbegrenzte Menge an Geld und Wohlstand gibt. Dieses Wissen wird schon in alten Weisheitslehren erwähnt. Heute findest du es in den Lehren von Stephen Covey, Wayne Dyer, Esther Hicks und Abraham (ihre spirituelle Stimme von der anderen Seite), Deepak Chopra, Brené Brown und Rhonda Byrne (Autorin von *The Secret*), um nur einige Autoren zu nennen. Mich spricht auch eine alte Sufi-Weisheit an: »Wohlstand stellt sich ein, wenn man empfängt, was ohnehin längst gegeben wurde.« Anders ausgedrückt: Dankbarkeit ist ein Weg, sich für Wohlstand zu öffnen. Unsere inneren Blockaden, um die es in diesem Kapitel ging, loszulassen, ist ein weiterer Weg. Oder wie Wayne Dyer sinngemäß schreibt: Wenn wir die Sicht auf die Dinge ändern, dann verändern sich die Dinge. Du kannst die Welt als einen Ort der Fülle und des Wohlwollens sehen – und dann eröffnen sich dir durch deine Intention großartige Chancen.[20]

Angesichts dieser Tatsache kannst du Überzeugungen wie die folgenden ablegen: »Ich muss für mein Geld hart arbeiten.« Oder: »Geld wächst nicht auf Bäumen.« Und: »Für spirituelle Tätigkeiten sollte man kein Geld verlangen.« Die Welt braucht dich und deine Gabe. Dafür habe ich eine hilfreiche Visualisierungsübung entwickelt: Stell dir vor, du packst deine dich beschränkenden Glaubenssätze (die dich belasten und behindern) in einen Rucksack, den du auf dem Rücken trägst. Nun nimm den Rucksack ganz bewusst ab und überreiche ihn deinem spirituellen Lehrer, wen auch immer du dafür auswählst – Buddha, Jesus, deinen Schutzengel, einen Erzengel oder einen aufgestiegenen Meister. Dieser Lehrer steht direkt vor dir und sagt zu dir: »Gib mir diesen Rucksack. Gib mir diesen Rucksack. Du musst ihn nicht mehr tragen. Er gehört mir. Ich nehme dir diese Last ab. Nun bist du frei und ledig. Du bist frei, dem Göttlichen Ausdruck zu verleihen. Du bist frei und ledig.« Ich mache diese Meditation jeden Morgen. Jeden Morgen übergebe ich so das Päckchen, das ich getragen habe.

4. Mach dir bewusst, dass deine Empathie eine Gabe ist. Stell dir vor, dass du ein Kanal bist, durch den dir Geld zufließt. Und kein Damm, der diesen Fluss blockiert. Überlege dir, wofür du es ausgibst. Was würdest du für dich selbst tun, damit du dich mit Energie aufladen kannst? Wie würdest du anderen Geschöpfen helfen? Was würdest du für die Welt tun, wenn du genug Geld hättest? Hab keine Angst vor großen Träumen. Lass dir von der Angst, nicht genug Geld zu haben, keine Grenzen auferlegen.
5. Nun kommt der schwierige Teil: Nachdem du die ersten vier Punkte verinnerlicht hast, hör auf, an Geld zu denken. Richte deine Aufmerksamkeit vielmehr auf deinen Lebenszweck. Dieser hat nun in deinem Leben oberste Priorität. Konzentriere dich auf das, wozu du hier auf dieser Welt bist, auf deine Träume für dich und diesen Planeten. Darauf, wie du deine Energie vermehren kannst. Wenn dir dein Lebenssinn noch nicht klar ist, richte dein Augenmerk darauf, wie du deine Lebensenergie stärken kannst, indem du Dinge tust, die dir Freude machen. Und indem du lernst, dich für all das zu öffnen und es in Empfang zu nehmen.
6. Wenn der Rubel allmählich rollt, erlaube dir selbst, diesen Zustand zu genießen! Halte dich mit Schuldgefühlen zurück. Wenn du arm bist, hilft das niemandem. Die beste Methode, ein durchlässiger Kanal für mehr zu sein, ist Dankbarkeit. Nimm das Geld, das du erhältst, dankbar an.
7. Wenn du dazu neigst, all dein Geld für andere auszugeben oder dich um deine Lieben zu kümmern, während du dir selbst alles Mögliche versagst, dann ist es an der Zeit, diese Gewohnheit zu ändern. Leg für dein Vergnügen und für deine Versorgung Geld beiseite. Und gib dieses Geld (alles!) ohne Schuldgefühle für dich aus. Das verstärkt deinen

Glauben, dass du all das Geld auch wirklich verdienst. Dass du es wert bist! Außerdem wächst dadurch dein Vertrauen, dass noch mehr auf dich wartet.

8. Wenn dein Geschäft allmählich zu florieren beginnt, lerne, dieses Mittel zum Zweck zu *lieben*. Und mach dir klar, dass dein Geschäft *dich* liebt. Viele Menschen, die eine von Herzen kommende Arbeit verrichten, finden Geld und Geschäft irgendwie *igitt*. Sie glauben, dass es ihren Lebenssinn vergiftet. Oder sie betrachten die Leitung ihres Geschäfts als lästige Pflicht, die man eben zu erledigen hat, auch wenn sie keinen Spaß macht. Als ich diese Sicht der Dinge ablegte, blühte mein Geschäft noch mehr auf!

   Dieser Umschwung stellte sich ein, als mir klar wurde, dass mein Geschäft für mich sorgt. Es schenkt mir die Mittel, die ich brauche, um mich, meine Familie und mein Team zu versorgen, damit wir alle das tun können, was wir für die Welt tun. Da mein Geschäft mich versorgt, wurde mir klar, dass es mich liebt. Und das brachte mich dazu, mein Geschäft wertzuschätzen. Mittlerweile sehe ich es nicht mehr als lästige Pflicht an, als widerwärtige Angelegenheit, mit der ich mich widerwillig beschäftigen muss. Seitdem macht es mir Spaß, wenn ich sehe, wie es wächst. Ich genieße auch die geschäftlichen Besprechungen mit meinem Team und meinen Buchhaltern, weil ich bei diesen Gelegenheiten erfahre, wie ich das Unternehmen wachsen lassen kann, um noch mehr positiven Einfluss auf die Welt und das Leben anderer zu entfalten. Und das ist sogar richtig aufregend.

Ich möchte dich dazu anspornen, diese Schritte praktisch zu erproben. Denn sie funktionieren wirklich! Dahinter steht die

Vorstellung, das Thema »Geld« aus der Schmuddelecke zu holen und es als das zu behandeln, was es ist – ein Instrument, das dich und deine Lieben versorgt und nährt, während du hinausgehst in die Welt, um all das zu sein, was in dir steckt. Je mehr du diese Überzeugung in dir selbst zum Tragen bringst, desto mehr öffnest du den Kanal, durch den das Universum dir Wohlstand schenkt.

Es fühlt sich gut an, Geld als Signal zu sehen, dass du auf dem richtigen Weg und im Fluss bist. Und sollte das Geld trotzdem nicht fließen, muss das nicht heißen, dass du auf dem falschen Weg bist. Deine Zeit ist vielleicht einfach noch nicht gekommen. Wenn du das, was du tust, voller Leidenschaft machst, dann bleib dabei.

Erobere dir deine Macht zurück

Dieses Kapitel zu schreiben ist mir vergleichsweise schwergefallen. Aber ich finde, dass es ein wichtiges Thema behandelt. Solange wir unsere finanziellen Bedürfnisse nämlich nicht erfüllen können, wird unser Leben vom Geld beherrscht – genauer gesagt, vom Mangel daran. Ich sehe Geld als Mittel zum Zweck, eine Form der Energie, die uns dienen kann, weil sie uns und all jene ernährt, mit denen wir zusammenarbeiten, während wir unseren Lebenssinn verwirklichen. Was mich angeht: Geld versorgt mich und mein Team, während ich der Welt diene.

Ich glaube und hoffe, dass wir weniger finanzielle Ungleichheit sehen werden, wenn Empathen anfangen, so viel Geld zu verdienen, wie sie wert sind, und in Gesellschaft und Unternehmen Macht- und Führungspositionen übernehmen. Dass es zu einem Wandel unserer Sicht des Geldes kommen wird und zu mehr Gleichgewicht. In meinen Augen sind wir Empathen und andere hochsensible Menschen die wahrscheinlichsten Kandidaten, um das aktuell bestehende Ungleichgewicht ein für alle Mal zu beseitigen. Es ist für uns ganz entscheidend, dass wir tiefer gehen und den Mut finden, uns unsere Macht zurückzuerobern.

Wie aber fangen wir das an? In einem ersten Schritt steigerst du deine innere Kraft und dein intuitives Wissen, indem du dich auf die Ideen einlässt, die in diesem Buch vorgestellt werden. Dann aber stellst du dich der Außenwelt. Du teilst deine Gedanken und Ideen mit anderen – du gibst deinem inneren Wissen, deiner Zuversicht und Selbstliebe nach außen hin Ausdruck. Und davon ausgehend beschließt du zu handeln, dich sichtbar zu machen und eine Führungsrolle zu übernehmen. Hol dir deine Macht zurück, statt sie ständig an andere abzugeben.

Ob du nun ein eigenes Unternehmen führst oder unter einem Chef mit Kollegen zusammenarbeitest, du kannst deine Macht einfordern und sie ausdrücken, welche Position du auch einnehmen magst. Sag klar deine Meinung. Trage zu Lösungen bei. Und tu dies alles aus einer liebevollen Haltung heraus. Wenn du aus deiner inneren Stärke heraus agierst und dich auf deine Intuition im Hinblick auf Menschen und Situationen verlässt, wirst du überrascht sein, wie viel Freiheit das mit sich bringt. Damit will ich nicht sagen, dass deine Stimme immer Gehör finden wird und du dich unweigerlich mit deiner Sicht durchsetzen kannst. Aber du wirst jene innere Freiheit finden und jenen äußeren Selbstausdruck, die so entscheidend dafür sind, dass du in der Welt etwas bewirken kannst. Und vergiss eines nicht: Wenn du dich in einem Job unterdrückt fühlst oder mit einem Kunden nicht zurechtkommst: Du kannst ja immer noch deine Stelle wechseln oder den Kunden gehen lassen, und zwar mit Liebe.

Ein ganz entscheidender Punkt ist, dass wir aufhören, auf die Anerkennung anderer zu warten oder darauf, dass sie uns »erlauben«, tätig zu werden. Wir müssen uns unseres Selbstwerts bewusst werden im Wissen, dass unsere eigene Erlaubnis absolut ausreicht. Das ist der Schlüssel zu allem. Ich möchte, dass Empathen mehr Erfolg haben. Ich hätte gern, dass mehr Empathen aufblühen, damit die Welt für viele andere Menschen zu einem besseren Ort wird, statt dass die Kontrolle über unseren Wohlstand nur in einigen wenigen Händen liegt. In meinen Augen ist es von zentraler Bedeutung, dass wir Empathen an uns selbst glauben und unsere Macht einfordern. Ich bitte dich inständig, diesen Schritt nach vorn zu tun.

Dazu solltest du dir zunächst einmal Klarheit darüber verschaffen, wo Geld dir wichtiger ist als andere Lebensbereiche. Zum Beispiel deine Beziehungen, deine Zeit, der Planet, auf dem wir leben, die Luft, die wir atmen – all diese Dinge opfern die Menschen für Geld. Ich glaube, dass unser Leben schöner wäre, wenn wir diese Prioritäten umkehren könnten. Stell dir vor, was für ein gewaltiger Umschwung das wäre.

Während du lernst, deine Macht zurückzufordern, während du dich der Herausforderung stellst, ans Licht der Öffentlichkeit zu treten – gegenüber Leuten, die dich übervorteilen wollen, die deine Philosophie des Geldes nicht teilen oder dir vorwerfen, dass du für das, was du tust, zu viel Geld verlangst –, solltest du dich nicht von deinem Weg abbringen lassen. Ich würde das, was ich durchgemacht habe, gegen nichts auf der Welt eintauschen, weil ich finde: Je mehr ich mich in meine Richtung vorwärtsbewege, desto mehr erreiche ich eine Position, von der aus ich mehr Menschen helfen kann. Und das ist schließlich eine meiner größten Freuden. Ich möchte so vielen Menschen wie möglich helfen. Vielleicht ist es ja deine Berufung, für andere zu kochen, Lehrer oder Schauspielerin zu sein, zu schreiben oder die Heilkünste auszuüben. Wenn du deine Macht vermehrst, wirst du mehr Menschen erreichen und darfst den Überfluss genießen, weil du mehr als genug hast, um auch anderen davon etwas abzugeben.

Was, wenn wir die Ausgangslage ein wenig verändern und, statt dem Geld die oberste Priorität einzuräumen, unsere Gesundheit oder unsere Lebenskraft wichtiger nähmen? Wenn wir die Lebensenergie, die wir zur Verfügung haben, zum wichtigsten Gradmesser für unseren Erfolg nähmen? Wie würde sich dadurch unsere Lebensqualität verändern?

Verlöre das Geld seine Macht über uns, würde sich unser Leben und mit ihm die Welt dramatisch verändern. Unsere Prioritäten würden sich wandeln. Für mich beginnt das damit, dass wir unser Verständnis dessen ändern, was Erfolg ausmacht. Der nächste Schritt ist, die Vorstellung abzulegen, dass wir in einer Welt des Mangels leben, in der es nicht genug für alle gibt. Und das Ergebnis? Wir sind dankbar für das, was wir haben. Wir wissen unsere einzigartigen Gaben zu schätzen und unseren Beitrag zu dieser Gesellschaft. Und wir können uns frei und voller Freude selbst ausdrücken. Das Wissen, dass wir alle miteinander verbunden sind, das Gespür für diese Verbundenheit, sie bringen unsere eigene Göttlichkeit in Fluss.

Meditation für mehr Wohlstand

Indem du die folgenden Worte wiederholst, öffnest du die Kanäle für den reichen Fluss des Gebens und Nehmens.

Ich werde auf jede nur denkbare Weise unterstützt, auch finanziell.
Während ich meine Gaben mit der Welt teile, öffne ich mich für das Nehmen im Wissen, dass ich den Überfluss wert bin.
Ich erlaube mir, zu einem Kanal für Wohlstand zu werden, der mich durchströmt und mich erfüllt und mir erlaubt, allen Geschöpfen zu dienen, die ich erreiche.

9

Sag Ja zum Neinsagen

Es ist in Ordnung, mich so sehr zu lieben, dass ich Nein sagen kann.

Dich für deine Göttlichkeit zu öffnen heißt, das Göttliche in dir zu ehren. Das kann sich durchaus zur Herausforderung entwickeln. Wenn du ähnlich gestrickt bist wie ich, hast du vermutlich sogar dann Probleme damit, Nein zu sagen, wenn du etwas absolut nicht willst. Nicht alle Empathen tun sich schwer damit, jemandem ein Anliegen rundweg abzuschlagen. Die meisten von uns aber doch, schon weil wir die Gefühle anderer oft stärker wahrnehmen als unsere eigenen. Dass wir gern für andere da sind, ist natürlich gut. Trotzdem solltest du dich fragen, ob es deine Lebensenergie stärkt oder schwächt, wenn du anderen einen Gefallen tust. Anders gesagt: Sagst du Ja, weil du wirklich den Wunsch zu helfen hast? Oder sagst du Ja, weil du denkst, du *solltest* es tun, weil es deine Pflicht ist?

Wir Empathen glauben, anderen einen Gefallen zu tun, wenn wir Ja sagen, wo wir Nein meinen. Doch unsere Abneigung dagegen, auch einmal Nein zu sagen, verleitet uns letztlich nur dazu, uns Ausflüchte zu suchen. Außerdem tun wir auf diese Weise manches, was wir besser nicht täten, nur weil wir nicht Nein sagen können. Ersteres ist unehrlich, Letzteres kostet uns viel Kraft. Am Ende sind wir ausgelaugt, überarbeitet, und in manchen Fällen werden wir auch krank. Das aber zehrt auch an der Energie jener Menschen, die uns lieben. Je sensibler wir sind, desto eher empfinden wir Scham, Schuldgefühle und Unbehagen, wenn wir andere enttäuschen. Unsere Neigung, anderen einen Gefallen zu tun, ist – wie bereits gesagt – ein zweischneidiges Schwert: Da ist zum einen das Bedürfnis, die Probleme anderer zu lösen, einfach weil wir ihre Gefühle so gut nachempfinden können. Und dann das Bedürfnis, die Schuldgefühle zu vermeiden, die sich unweigerlich einstellen, wenn wir andere in ihren Erwartungen enttäuschen.

Die Bedürfnisse anderer Menschen, denen unsere Wünsche gleichgültig sind, zu erfüllen und die eigenen stets hintanzustellen, führt letztlich zu Groll und unterdrücktem Ärger. Eine 2013 veröffentlichte Studie der T. H. Chan School of Public Health an der Universität Harvard in Zusammenarbeit mit der Universität Rochester belegt, dass bei Menschen, die ihre Gefühle unterdrücken, die Wahrscheinlichkeit eines vorzeitigen Todes über alle möglichen Todesursachen hinweg um 30 Prozent steigt. Das Risiko, Krebs zu bekommen, erhöht sich sogar um 70 Prozent.[21] Wie also sollen Empathen mit ihren Beziehungen umgehen? Und wo liegen die Probleme für all jene Menschen, die in Beziehung zu uns stehen? Eine solche Beziehung kann nämlich für beide Partner schwierig sein. Wir Empathen brauchen viel Zeit für uns allein, konkret heißt das: unseren eigenen Raum und eine ruhige Umgebung. Wir können unbewusst unsere Beziehungen sabotieren, indem wir zu Jasagern werden, keine Grenzen setzen und uns dem Partner ständig unterordnen. Gleichzeitig sind wir immer zum Geben bereit, sind verständnisvoll und reagieren äußerst sensibel auf die Bedürfnisse des oder der anderen. Wir helfen jederzeit gern.

Wenn wir mit einem Menschen zusammen sind, der für unser äußerst empathisches Wesen kein Verständnis hat und unseren Bedürfnissen keinen Raum lässt, können wir uns ganz und gar verlieren. Oder wir opfern unsere Wünsche, weil wir unter allen Umständen den Frieden wahren wollen. Dann aber gehen die Schwierigkeiten erst richtig los. Auch wenn sich die Bedürfnisse unseres Partners von unseren Wünschen grundlegend unterscheiden, wird es für beide Beteiligten problematisch. Möglicherweise will der Partner ununterbrochen mit uns zusammen sein, oder er geht gern aus, mag es laut und geschäftig und kann überhaupt nicht aufhören zu reden. Erst wenn solche Unterschiede erkannt und akzeptiert werden, ist es möglich, einen gesunden, für beide tragbaren Kompromiss zu finden.

Von einer Art Beziehung aber sollten wir die Finger lassen: mit der Sorte Mensch, die sich nur für sich selbst interessiert. Narzissten fühlen sich von uns besonders angezogen, weil wir hinter der Maske, die sie der Welt zeigen, ihr wahres Selbst erkennen und ihnen Gutes tun wollen. Auf eben diese bedingungslose Liebe sind Narzissten wirklich scharf. Aber sobald wir sie verärgern – weil wir nicht ihrer Meinung sind, sie kritisieren oder sonst etwas tun, was ihr wackliges, aber doch aufgeblasenes Ich bedroht –, können wir uns selbst vollkommen verlieren, nur weil wir ihre Missbilligung vermeiden und ihre Zuneigung behalten wollen.

Finden sich zwei Empathen, dann führt diese Verbindung von Herz zu Herz, das wechselseitige Verständnis und die Fähigkeit, die Gefühle des anderen nachzuempfinden, zu einer tiefen Verbundenheit beider Seelen. Mit einem Nachteil: Jeder der Partner erlebt die emotionalen und körperlichen Belastungen des jeweils anderen hautnah mit. Und Raum für Geheimnisse gibt es nicht. Der andere weiß immer, was du empfindest oder nicht sagen willst.

Jede Beziehung ist letztlich ein spirituelles Band, das von beiden Partnern mit Liebe und Verständnis behandelt werden muss. Für Empathen ist es besonders wichtig, ihre Bedürfnisse und Wünsche klar auszudrücken und einen Weg zu finden, beides zu würdigen. Kommunikation, Liebe und gegenseitiger Respekt schaffen eine starke Grundlage für eine dauerhafte Beziehung.

Stolperstein Schuldgefühle

Schuldgefühle sind der Hauptgrund, warum wir uns von anderen unterbuttern lassen. Sie sind für uns Empathen eine Art Dauerzustand, und vor allem deshalb können wir so oft nicht Nein sagen. Mich befielen unweigerlich Schuldgefühle, wenn ich jemanden enttäuschte oder im Stich ließ, und davor hatte ich Angst. Ständig wog ich das eine gegen das andere ab: entweder tun, was ich nicht tun wollte, oder Schuldgefühle haben, weil ich Nein gesagt hatte. Als ich Anfang zwanzig und noch Single war, hatte ich eine Freundin namens Tanisha. Tanisha war alleinerziehende Mutter, und ihre beiden Schulkinder machten ihr eine Menge finanzieller Probleme. Tanisha wollte unbedingt mal wieder Männer kennenlernen, hatte aber null Zeit für irgendetwas anderes außer Arbeit und die Versorgung ihrer Kleinen. Sie tat mir wirklich leid, und zwar gehörig! Ich konnte mich gut in ihre Lage versetzen – wie alle Empathen. Ich spürte, wie schwer mir all das fallen würde, wäre ich an ihrer Stelle. Dieses Gefühl gefiel mir nicht, also machte ich es zu meiner Aufgabe, ihr zu helfen, weil es für mich *buchstäblich nötig* war, dass sie sich besser fühlte. Ich kümmerte mich oft um die Kinder, während sie ausging, oder half ihr auf andere Weise.

Doch Tanishas Situation verbesserte sich nicht, und sie fing allmählich an, sich auf meine Hilfe zu verlassen. Ich hingegen hatte bald das Gefühl, dass sie mich für selbstverständlich nahm. Ich war sozusagen die Dauerlösung für ihre Probleme. Da ich selbst Single war und noch recht jung, hatte ich eigene Wünsche und Bedürfnisse. Ich hatte immer mehr das Gefühl, dass meine Bedürfnisse zu kurz kamen, weil ich die ihren erfüllte. Ich kann das Tanisha noch nicht mal verübeln, denn Empathen wie ich laufen häufig in diese Falle. Wir ziehen bedürftige Menschen an, die sich mit uns bald unglaublich wohlfühlen. So wohl, dass sie keine Motivation mehr haben, an ihrer Situation etwas zu ändern.

In der Folge reden wir uns ein, dass Freunde das füreinander tun, auch wenn wir tief drinnen wissen, dass wir dasselbe nie von jemand anderem verlangen würden, weil wir es niemals annehmen könnten. Das Problem ist: Je länger so eine Situation andauert, desto schwerer fällt es uns, uns daraus wieder zu befreien. Das wiederum führt zu Konsequenzen, die sich hätten vermeiden lassen oder die man eher hätte ansprechen können. In Tanishas Fall schluckte ich meinen Groll so lange, bis wir einen massiven Streit hatten, der viel heftiger ausfiel, als es dem Anlass gerecht gewesen wäre. Nachdem unser Zorn verraucht war, war ich es, die sich entschuldigte, weil sie in die Luft gegangen war. Der Anlass war ja tatsächlich nichts im Vergleich zu dem Ärger, dem ich Luft gemacht hatte. Das Ergebnis war, dass das eigentliche Problem immer noch nicht gelöst war, ich mich aber schuldig fühlte, weil ich Tanisha meinen Ärger zugemutet hatte. Ich verurteilte mich selbst, machte mich regelrecht fertig und war fortan der festen Überzeugung, ich sei eine schreckliche Freundin. Also strengte ich mich noch mehr an, um eine gute Freundin zu sein. Was mich insgeheim noch wütender machte, weil Tanisha mittlerweile meine ganze Freizeit und Aufmerksamkeit in Beschlag nahm. Dieses Muster – Groll, Explosion und noch mehr Schuldgefühle – schien mittlerweile viele Situationen in meinem Leben zu beherrschen. Diese Art von Falle, in der letztlich beide Partner verlieren, ist für Empathen das tägliche Brot. Eine verrückte Art, sein Leben zu führen und seine Energie zu verschwenden.

Die Lage spitzte sich zu, als ich meinen Mann Danny kennenlernte und mich in ihn verliebte. Wir gingen miteinander aus und verbrachten viel Zeit zusammen, und ich merkte, dass sich Tanisha keineswegs für mich freute. Das überraschte mich wirklich. Ich dachte, sie wäre begeistert, weil ich endlich jemanden kennengelernt hatte, der mich glücklich machte. Aber ich hatte nicht mehr so viele Kapazitäten für sie, und mit der Zeit entwickelte sie Hass auf Danny. Wie immer riss ich mir fast ein Bein aus, um sie zu beschwichtigen. Aber oft hatte ich doch den Eindruck, sie bringt mich bewusst in Situationen, in denen ich zwischen ihr und Danny zu wählen hatte. Sie akzeptierte also keineswegs, dass er nun zu meinem Leben gehörte. Das aber wäre vernünftig gewesen.

Natürlich entschied ich mich für Danny. Was zugleich hieß, dass ich mich gegen unsere Freundschaft entscheiden musste, was mir wirklich wehtat und zudem noch Schuldgefühle verursachte. Was damals wirklich ablief, begriff ich erst in der Rückschau. Nach einer gewissen Zeit kam Tanisha zurück in mein Leben und entschuldigte sich sogar. Aber erst, als sie merkte, dass ich nicht von selbst wieder auf sie zuging und trotzdem mit meinem Leben glücklich war.

Wenn ich heute auf diese missglückte Freundschaft und auf ähnliche Erfahrungen in meinem Leben zurückblicke, ist mir klar, dass das ewige Jasagen und die dauernde Konfliktvermeidung auf lange Sicht nur zu mehr Streit führt. Wir gehen jeder Konfrontation aus dem Weg, weil wir fürchten, dass sie uns zu viel Energie kosten könnte. Aber wenn wir furchtlos für uns eintreten und das so freundlich, wie uns das möglich ist, dann fällt uns dieser Schritt mit der Zeit immer leichter. Und wir empfinden dabei eine starke Selbstliebe, weil wir endlich für uns sorgen. Hätte ich schon früher auf mein Herz gehört und gesagt, was ich dachte, wäre das vielleicht schmerzlich gewesen. Aber es hätte mir später viel mehr Schmerz erspart.

Ein klares Nein zu ungesunden Beziehungen

Wenn wir Angst haben, Menschen zu enttäuschen, werden wir am Ende so, wie sie uns haben wollen. Diese Angst, andere zu enttäuschen, lässt uns immer wieder vor ihnen Männchen machen. Ich weiß heute, dass mir ein klares Nein zu ungesunden Beziehungen den nötigen Raum für lebendige Beziehungen gibt. Oder dafür, dass sich der Mensch, mit dem ich diese untragbare Beziehung habe, fragt, wie viel ihm das Band zu mir wert ist. Vielleicht arbeitet er dann mit mir daran, unser Miteinander zu verbessern.

An dieser Stelle möchte ich dir einen Rat geben: Warte und hoffe nicht darauf, dass der andere sich ändert. Ich habe das bei Tanisha jahrelang so gemacht, und es ist einfach nicht passiert. Solange wir uns zum Fußabtreter machen lassen, hat der andere ja keinen Anlass, sich zu ändern. Ich musste also gehen. Wenn du in einer einseitigen Beziehung feststeckst und erklärst, dass du dich daraus zurückziehen wirst, mag dein Gegenüber versprechen, sich zu ändern. Du solltest dich darauf nicht verlassen. Und wenn diese Änderungen ausbleiben, heißt das: Die Beziehung kann nur dann weiterbestehen, wenn du dich zum Fußabtreter machen lässt. Wenn du das nicht willst, dann bleib dabei: Geh. Das Schwierigste dabei ist, fest zu bleiben, wenn der andere dir mit neuerlichen Versprechen hinterherrennt. In meinem Fall musste sich Tanisha ändern, weil sie begriff, wie sehr Danny und ich uns liebten. Als sie das verstanden hatte, achtete sie peinlich genau darauf, mich nicht von sich zu stoßen oder mich zu zwingen, mich zwischen ihr und Danny zu entscheiden, wenn es darum ging, wem ich meine Zeit und Energie widmete.

Der Wunsch, dass es zuerst dem anderen gut gehen muss, bevor du dich selbst gut fühlen kannst, ist erst recht schwierig zu handhaben, wenn du in einer zerrütteten oder co-abhängigen Beziehung steckst und dein Partner sich in puncto Bedürfnisse als Fass ohne Boden erweist. Ich bin einfach unendlich dankbar, dass Danny auf meine Bedürfnisse genauso sensibel reagiert wie ich auf die seinen. Ich könnte mir niemanden wünschen, der besser zu mir passen würde. Und ich weiß, dass es ihm genauso geht.

Was mir an Danny von Anfang an gefiel, war die Tatsache, dass er mich stets ermutigte, Nein zu sagen, wenn ich etwas nicht machen wollte. Er wollte, dass ich authentisch bin und ausdrückte, was tatsächlich in mir vorging. Und er verurteilte mich nie, ganz egal, was war. Er verlangte nie von mir, etwas zu tun, was sich für mich nicht richtig anfühlte, nur weil er es lieber anders gehabt hätte. Wie oft wies er mich auf diesen Punkt hin! Denn natürlich merkte er schnell, wie schwer mir ein Nein fiel. Ich fühlte mich von ihm bedingungslos geliebt.

Bei anderen Menschen aber schaffte ich es nie, Nein zu sagen. Selbst als ich an Krebs erkrankt war, fiel mir das schwer. Der Tod heilte mich von diesem Leiden. Nach meiner Nahtoderfahrung verlor ich viele Freunde, auch Tanisha, weil ich nicht mehr bereit war, mich für sie aufzuopfern. In der Rückschau sehe ich, dass mein Körper mit der Krebserkrankung meine Unfähigkeit, Nein zu sagen, bekämpfen wollte.

Vor meiner engen Berührung mit dem Tod schien ich viele sehr bedürftige Menschen wie Tanisha anzuziehen. Bedürftige Menschen fühlen sich zu Empathinnen und Empathen ganz besonders hingezogen, weil jeder Mensch, der weniger aufopfernd ist, einseitige Beziehungen ablehnt. Wir Empathen aber bleiben, weil wir uns schuldig fühlen, wenn wir Menschen, die Hilfe brauchen, nicht retten oder unterstützen können. Diese psychische Dynamik kostete mich Unmengen Kraft. Denn ich war entweder vollkommen erschöpft, weil ich die nie enden wollenden Bedürfnisse anderer erfüllte. Oder ich versank in Schuldgefühlen, weil ich eben das nicht tat. Das war eine Situation, in der ich nur verlieren konnte. Ein Albtraum.

Mein früherer Verlag Hay House betrieb einen Radiosender für seine Autorinnen und Autoren, für den ich wöchentlich eine Sendung machte. Während einer dieser Sendungen rief mich einmal eine Frau namens Lorraine an. Ich hatte gerade die Geschichte mit Tanisha erzählt, und Lorraine berichtete daraufhin von ihrem Verhältnis zu Ben, ihrem Chef. »Es war mein absoluter Traumjob«, sagte sie über ihre Stellung als Projektleiterin in einem Marketingunternehmen. »Ich war wild entschlossen, alles zu tun, um zu beweisen, dass ich die Beste für diesen Job war. Ich wollte glänzen. Jeder, vor allem aber mein Boss, sollte wissen, dass ich extrem qualifiziert war. In Wirklichkeit wollte ich mich vor allem selbst überzeugen. Und so übernahm ich mich vom ersten Tag an: Ich ahnte jedes Bedürfnis im Voraus; ich legte alle nur möglichen Berichte vor, ausführlichst erstellt; ich wurde mit allen Projekten vor der Zeit fertig und verbrauchte immer ein geringeres Budget als angesetzt. Natürlich machte ich reihenweise Überstunden und zermarterte mir ständig den Kopf: Was kann ich noch tun? Wie kann ich das besser machen? Wie kann ich Ben das Leben erleichtern? Statt von neun Uhr morgens bis halb sechs abends zu arbeiten, fing ich morgens um halb acht Uhr an und ging nie vor zwanzig Uhr nach Hause. Mir war das egal, ich liebte meine Arbeit. Aber mit der Zeit wurde ich süchtig nach dem Druck, dem Ackern, süchtig nach Bens Lächeln oder nickender Bestätigung. Und wenn ich auch nur einen kleinen Fehler machte oder mal früher ging, fühlte ich mich gleich zutiefst schuldig.«

Natürlich gewöhnte Ben sich schnell an diese Behandlung. Als Lorraine dann die Liebe ihres Lebens kennenlernte und mit ihrem Freund öfter ausging, verließ sie das Büro um eine vernünftige Zeit, zum Beispiel um halb sieben. Da kamen dann schon mal spitze Bemerkungen von ihrem Chef, weil sie »so früh« ging. Da hieß es dann am nächsten Tag: »Na, gestern hast du es ja ganz schön eilig gehabt, von hier wegzukommen. Muss schön sein.« Das war lächerlich, denn Lorraine fing immer noch um halb acht morgens an und nahm ihr Mittagessen ständig am Arbeitsplatz ein. Wenige Tage, bevor sie mich in der Sendung anrief, spitzte sich die Lage weiter zu. Lorraine fuhr um halb sieben den Computer herunter, worauf Ben verärgert sagte: »Nächstes Mal, wenn du früher gehen willst, musst du mir Bescheid sagen, damit ich dir meine Berichte früher zum Bearbeiten geben kann.«

»Da wurde es mir echt zu viel«, erzählte Lorraine. »Zum ersten Mal überhaupt. Er schaute mich einfach so eingebildet und selbstgefällig an. Also sagte ich: ›Wenn du das nächste Mal willst, dass ich länger arbeite, dann sag *du* bitte *mir* rechtzeitig Bescheid!‹ Und dann bin ich ab Richtung Aufzug.«

Lorraine fühlte sich großartig. Ungefähr fünf Minuten lang. Dann kamen die Schuldgefühle – weil sie so unfreundlich gewesen war und weil sie Ben im Stich gelassen hatte. Außerdem machte sie sich Sorgen, ob sie nicht ihren Job verlieren würde. Am nächsten Morgen war sie noch netter zu Ben als üblich, um ihn wieder positiv zu stimmen. Sie blieb abends wieder länger, obwohl sie wusste, dass das so nicht mehr weiterging.

»Und da war ich nun wieder«, sagte sie. »Ich saß fest im Gefängnis des Besser-schneller-die-Beste-Sein.«

Während unseres Gesprächs riet ich ihr, ehrlich zu Ben zu sein und ihm zu sagen, dass sie auch ein Privatleben habe und dass es für sie auf Dauer einfach nicht machbar sei, jeden Tag so lange zu arbeiten. Sie musste wirklich ganz offen sein und ihrem Chef zu verstehen geben, dass es so für sie nicht weiterging. Dann würde sie ja sehen, wie er reagieren würde. Wenn er das nicht einsah, musste sie sich wohl oder übel nach einem anderen Job umsehen. Ich bat sie außerdem, später noch mal in der Sendung anzurufen und mir zu erzählen, wie es gelaufen sei.

Zwei Wochen später erhielt ich wieder einen Anruf von Lorraine. Sie hatte tatsächlich mit Ben gesprochen. Die gute Nachricht? Er hatte gesagt, dass auch er sich an jenem Abend schrecklich gefühlt hatte, weil ihm klar geworden war, dass er ihre Gutmütigkeit ausnutzte. Er hatte ihr auch gesagt, wie sehr er sie schätzte und dass er sich freue, weil sie endlich jemanden fürs Herz gefunden hatte. Lorraine meinte, das ehrliche Gespräch mit Ben war das Beste, was sie hatte tun können. Sie wünschte nur, sie hätte es früher getan, statt abzuwarten und immer mehr Groll in sich aufzustauen. Darüber hinaus wusste Lorraine nun auch, wie sehr ihr Chef sie schätzte! Und natürlich schätzte sie sich auch selbst mehr.

Die Nagelprobe dafür, ob du in der richtigen Beziehung oder Situation (zum Beispiel am Arbeitsplatz) bist, sind folgende Fragen: *Tue ich all diese Dinge für meine Freundin, meinen Kollegen, meine Chefin, meinen Partner, weil ich ihm/ihr wirklich helfen will, da ich ihn/sie liebe und unterstützen möchte (oder im Arbeitsumfeld: mag und respektiere) und dieser Mensch tatsächlich meine Hilfe braucht? Oder tue ich es nur, weil ich das Gefühl habe, ich sollte es tun, um ein guter Mensch zu sein? Und weil ich nicht von dieser Person verurteilt werden und später mit Schuldgefühlen kämpfen möchte*? Ist Letzteres der Fall, dann bist du auch nicht ehrlich zu diesem Menschen.

Stell dir nur mal vor, alles, was deine Freunde oder dein Partner für dich tun, geschähe aus dem gleichen Grund – weil sie sich verpflichtet fühlen oder Angst haben, als schlechte Menschen zu gelten. Wie würde es dir damit gehen, dass sie all das nur für dich tun, weil sie glauben, das *müsse* so sein? Wäre das der Fall, würdest *du* dich sicher schuldig oder verletzt fühlen, wenn du es herausfändest.

Auch folgende Frage kannst du dir stellen: *Habe ich Angst, mit dieser Person über meine Gefühle der Schuld und Pflicht zu sprechen*? In anderen Worten: Kannst du sie auf nette Weise wissen lassen, dass du so nicht mehr weitermachen kannst? Und was dich die bisher geleistete Hilfe kostet? Hast du tatsächlich Angst, mit deinem Freund oder Partner über deine wahren Gefühle zu reden, und lässt lieber zu, dass der Groll in dir immer mehr wird, dann ist das keine gesunde Beziehung. Vermutlich wird sie auch nicht gut enden. Wenn du das Gefühl hast, dass sich dein Gegenüber von dir abwenden wird, wenn du nicht zu allem Ja und Amen sagst, dann ist auch dies ein Zeichen für eine ungesunde Entwicklung in der Beziehung.

Allein die Tatsache, dass du dich *fragst*, ob diese Beziehung gut ist oder nicht, zeigt schon, dass irgendetwas nicht ganz stimmt. Mit diesem Gefühl solltest du dich auseinandersetzen. Hast du sogar Angst, die Frage anzusprechen, dann ist die Beziehung definitiv nicht das Richtige für dich. Auch hier solltest du dir vorstellen, wie du dich fühlen würdest, wenn dein Gegenüber solche Gefühle im Blick auf dich hegt. Wenn du das schlimm findest, dann mach dir klar: Genau das denkst du im Moment über die andere Person! Du bist also nicht ganz ehrlich zu ihr, aber auch nicht zu dir selbst.

Hast du hingegen eine Beziehung zu jemandem, der dir wirklich am Herzen liegt, dann weißt du instinktiv, dass du mit niemandem lieber zusammen wärst als mit dieser Person, selbst wenn ihr harte Zeiten durchmacht – zum Beispiel, wenn dein Partner unter einer lebensbedrohlichen Krankheit leidet oder anderweitig in einer schwierigen Lage ist. Selbst wenn du etwas anderes zu tun hast, kannst du nur daran denken, wie es dem anderen jetzt geht. Ist dein Partner, deine Ehefrau oder dein Freund aber leidend und du empfindest die Lage so: »Lieber Himmel, ich wünschte wirklich, ich müsste das nicht mitmachen! Immer muss ich helfen, während alle anderen freihaben. Aber ich muss wohl bleiben, wenn ich mir später nicht anhören will, was ich alles falsch gemacht habe. Aber ich wäre wirklich lieber anderswo oder mit jemand anderem zusammen«, dann bist du wirklich in der falschen Beziehung.

Ein Beispiel: So, wie es mir im Augenblick mit Danny geht, weiß ich, dass ich nie von seiner Seite weichen würde, sollte er – körperlich oder seelisch – Schwierigkeiten haben. Ich würde alles tun, um ihm da durchzuhelfen. Und zwar nicht aus dem Gefühl der Schuld oder Verpflichtung heraus, sondern weil ich ihn liebe und mir sein Glück alles bedeutet. Bräuchte ich dann eine Pause, um aufzutanken, dann könnte ich ihm das sagen, weil er meine Bedürfnisse ebenfalls versteht. Wir sind so sensibel auf die Bedürfnisse des jeweils anderen eingestellt, dass wir uns eben nicht gegenseitig belasten. Wir ermutigen uns gegenseitig, das zu tun, was sich richtig anfühlt und uns glücklich macht. Und wir können darüber ganz offen reden, ohne Angst haben zu müssen, dass der andere enttäuscht ist oder gar geht. Jeder von uns will, was für den anderen das jeweils Beste ist und ihn glücklich macht.

Als ich meine Krebserkrankung durchlebte, war Danny einhundertzehnprozentig für mich da. Ich hatte nie das Gefühl, er tut das, weil er sich verpflichtet fühlt. Und er machte mir klar, dass er nichts weiter wollte, als an meiner Seite zu sein. Wenn du und dein Freund oder deine Partnerin nicht das gleiche Gefühl habt, dann ist es besser, ehrlich zueinander zu sein, statt nur auf das Gefühl der Verpflichtung zu hören.

Wie du mit den Schuldgefühlen beim Neinsagen umgehst

Nun, wo du weißt, wie wichtig es ist, Nein sagen zu können, solltest du auch lernen, wie du mit den Schuldgefühlen umgehst, die sich dann vermutlich einstellen werden. Wie bereits gesagt: Diese Schuldgefühle sind ein Hauptgrund, warum wir Ja sagen, wenn wir Nein meinen. Wir opfern unser Selbst, unsere Gesundheit, unser Wohlbefinden für andere auf, weil wir uns schuldig fühlen. Ganz besonders gilt das für uns Frauen und Mütter unter den Empathen. Die Bedürfnisse anderer scheinen für uns stets Vorrang zu haben – die des Ehemanns, der Kinder, der Freunde oder die des Obdachlosen, der immer an der Straßenecke bettelt.

Wir fühlen uns schuldig, wenn wir Grenzen setzen, um uns zu schützen – selbst wenn unser Gegenüber uns verletzt. Und wir fühlen uns schuldig, wenn wir grobe Menschen zurechtweisen. Das aber macht es uns so schwer, uns vor solchen Leuten zu schützen.

Manchmal fühlen wir uns auch schuldig, wenn wir glücklich sind und bei uns alles gut läuft. Selbst wenn wir nichts falsch gemacht haben, wir niemanden verletzt haben und unser Glück oder Erfolg redlich verdient ist, fühlen wir uns schuldig. Wir fühlen uns einfach schuldig, schon weil es uns gut geht. Wow! Die Art von Schuldgefühl ist völlig fehl am Platz, und wir Empathen müssen uns immer selbst daran erinnern, dass wir unseren Erfolg und unser Glück tatsächlich verdient haben.

Ich habe mit diesem Thema lange gekämpft und durch Versuch und Irrtum einige wirksame Strategien entwickelt, wie ich solchen Schuldgefühlen begegne:

1. Akzeptanz und Gewahrsein

Sei dir der Schattenseiten deiner empathischen Natur stets bewusst (Angst, fehlgeleitete Schuldgefühle, Selbstverleugnung) und freunde dich damit an. Hör auf, dich zu verurteilen, weil du Schuldgefühle hast, hochsensibel bist oder gern gefallen möchtest. Lerne, diese Charakterzüge als unvermeidliche Zutaten deiner Begabung zu betrachten.

2. Entscheide dich für das Bessere

Wenn du in die klassische Zwickmühle gerätst und hin und her schwankst zwischen Selbstfürsorge und deinen Schuldgefühlen, weil du deshalb für jemand anderen nicht da sein kannst – dann spüre in diese Situation hinein. Visualisiere beides und versuche herauszufinden, was sich besser oder authentischer anfühlt, und sei es nur ein klitzekleines bisschen. Selbst wenn du dann immer noch Schuldgefühle hast, ist das emotional sicher besser als dein Fußabtreter-Dasein oder die völlige Unkenntnis deiner Bedürfnisse.

3. Werde zum Beobachter

Wenn du dich nach Punkt 1 und 2 immer noch schuldig fühlst, dann geh in dein Beobachter-Bewusstsein. Du registrierst einerseits deine fehlgeleiteten Schuldgefühle, andererseits deine Bereitschaft, Konflikte zu vermeiden, sowie die Anstrengung, die dich beides kostet. Nun beobachte deine Gefühle, so als wärst du aus deinem Körper herausgetreten. Registriere genau, was du im Körper fühlst und wo. Mach dir bewusst, in welchen Zusammenhängen diese Gefühle entstehen. Spüre den Mustern nach. Schau dir zu, als würdest du eine fremde Person beobachten. Mir fällt das seit meiner Nahtoderfahrung leichter, aber ich glaube, mit ein bisschen Übung sollte das schließlich jedem gelingen. Auf jeden Fall lindert es die konkreten körperlichen Auswirkungen solcher Gefühle, diese schweren, stressigen, angstvollen Empfindungen.

4. Entwickle eine behutsame Sprache für dein Nein

Das wird dir helfen, Konflikte zu lösen. Wenn du auch nur ansatzweise so bist wie ich, dann hasst du jede Art von Streit. Um es gar nicht erst so weit kommen zu lassen, möchte ich dir hier ein paar Tipps mitgeben. Wenn mich Leute um etwas bitten, das ich nicht oder zumindest nicht sofort tun möchte, dann antworte ich ihnen wie folgt:

- Das muss ich mir noch überlegen. Ich melde mich dann.
- Darüber muss ich noch nachdenken. Ist es in Ordnung, wenn ich das nicht sofort entscheide?
- Es freut mich wirklich, dass du mit deiner Bitte zu mir gekommen bist, aber im Moment habe ich zu viel um die Ohren und kann sie daher nicht erfüllen.
- Ich habe darüber nachgedacht. Im Augenblick ist für mich keine gute Zeit. Aber danke, dass du an mich gedacht hast.

5. Lerne zu nehmen, was dir gegeben wird

Ich weiß, ich weiß ... ich habe das schon mehrfach gesagt. Aber man kann es gar nicht oft genug wiederholen. Mach dir bewusst, dass du Schwierigkeiten damit hast, etwas zu empfangen. Öffne deine Kanäle für alle Gaben. Visualisiere, wie du Geschenke entgegennimmst und dich für Überfluss öffnest. Für die Liebe. Sei gut zu dir selbst, indem du für das eintrittst, was du glaubst, und Nein sagst, wenn du nicht Ja sagen willst. Du musst lernen zu nehmen, damit du deine Batterien aufladen kannst. Damit du dir selbst treu bleiben und Nein sagen kannst. Damit du dich nicht abstrampelst, um nur ja niemanden zu enttäuschen. Damit du in der Welt weiterhin Gutes tun kannst.

6. Führe ein Tagebuch

Mir hilft es enorm, meine Gefühle schriftlich zu sortieren. So kann ich einen Großteil meiner unterdrückten Emotionen freisetzen. Ein Tagebuch hilft dir auch, die Beobachterposition einzunehmen, die ich in Schritt 3 erläutert habe. Schreiben unterstützt dich dabei, dich mit deinen Gefühlen zu desensibilisieren. Und du kannst Wochen oder Monate später nachlesen, was du empfunden und wie du dich entwickelt hast.

7. Zu guter Letzt: Lerne, dich selbst zu lieben

Dieser Punkt ist der wichtigste. Mach dich nicht dauernd fertig! Liebe dich mehr und lache auch mal über dich. Über deine Schrullen. Nimm dich selbst nicht so ernst. Lache über deine Schuldgefühle, wenn du tatsächlich mal Nein sagst. Über alles, was dir durch den Kopf schießt, bevor du Grenzen setzt oder diese Möglichkeit auch nur in Erwägung ziehst. Und rede darüber offen mit anderen Menschen: über die Schlangengrube der Gefühle, in die dich deine Abneigung gegen Streit regelmäßig stürzen lässt; über die Angst davor, andere zu enttäuschen; und über die Schuld und Schuldgefühle. Die anderen werden den Austausch mit dir höchst interessant finden. Ein absolut sicheres Zeichen dafür, dass du dich liebst und akzeptierst, ist es, wenn du ganz ohne Scheu über dieses Thema sprechen kannst und es nicht mehr auf Teufel komm raus vermeidest. Mach dir klar, dass du ein Mensch mit vielen Gaben bist, mit denen du aber sinnvoller umgehen könntest, wenn du dich selbst weniger streng beurteilen würdest und nicht zuließest, dass deine fehlgeleiteten Schuldgefühle alles Schöne überwuchern.

Diese sieben Punkte können dir helfen, mit deinen übermäßigen Schuldgefühlen besser umzugehen. Sie reduzieren die Angst, den Stress, ja den Schmerz, der mit dem Gefühl von Schuld und der Anstrengung der dauernden Konfliktvermeidung einhergeht.

Ich kann gar nicht genug betonen, wie wichtig es ist, dass du lernst, dich auf dein inneres Leitsystem einzustellen: damit du Nein sagen kannst, wenn sich etwas für dich nicht richtig anfühlt. Das allein wird dein Leben zum Besseren wenden. Schon diese Fähigkeit macht dich zu einem authentischeren

Menschen, dessen Leben klar und deutlich widerspiegelt, wer er im Innersten ist.

Meditation fürs Neinsagen

Sprich die folgenden Worte im Geist, wenn du vor einer Situation stehst, in der du Nein sagen möchtest:

Ich würdige mich selbst, indem ich mich auf meinen inneren Kompass verlasse.
Ich erlaube mir, ohne Schuldgefühle Nein zu sagen.
Nein zu sagen macht mich nicht zu einem schlechten Menschen.
Ganz im Gegenteil: Ich werde dadurch authentischer.
Wenn ich loslasse, was nicht zu mir gehört, werde ich frei.
Und ich kann mich für das Ich öffnen, das sich zu zeigen beginnt.

10

Schluss mit einschränkenden Geschlechternormen

Ich nehme mein Geschlecht vollkommen an.

Wir leben schon viel zu lange in einer Welt, in der das Männliche dominiert. Mittlerweile zeichnen sich die Auswirkungen der Unterdrückung der weiblichen Energie (die Frauen und Männer gleichermaßen besitzen) an allen Ecken und Enden ab. Es ist an der Zeit, das Pendel in die entgegengesetzte Richtung schwingen zu lassen, um wieder zu einem Gleichgewicht zu finden.

Empathinnen ordnen sich der Schwerkraft der Verhältnisse unter, um niemanden zu enttäuschen und Schuldgefühle und Ablehnung zu vermeiden. Männliche Empathen leiden genauso, aber infolge einer umgekehrten Geschlechterdiskriminierung – sie gelten als nicht »männlich« genug.

Ich wuchs in einer Kultur auf, in der die Ungleichheit zwischen den Geschlechtern enorm ausgeprägt war. Ich glaubte, Frauen seien Männern von Natur aus unterlegen. Und diese Vorstellung begleitete mich bis ins Erwachsenenleben. Es ist Teil unserer indischen Kultur, dass Frauen von Männern behütet werden müssen, weil wir ja angeblich so schwach und viel zu empfindsam sind. Die Rolle des Beschützers obliegt zuerst unseren Vätern. Daher erwartet man von uns, dass wir bis zu unserer Verheiratung im Elternhaus leben. Und dann muss sich der Ehemann um uns kümmern.

Selbst als erwachsene Frau durfte ich mit meinen Freundinnen nur mit Anstandswauwau ausgehen – meinem Bruder oder einem anderen Mann, dem die Familie vertraute. Alle Arbeiten im Haushalt musste ich erledigen, während mein Bruder davon befreit war. Wenn ich meine Eltern fragte, wieso er nicht beim Abwaschen oder Kochen helfen muss, hieß es nur: »Weil du ein Mädchen bist und er ein Junge.« Dasselbe galt natürlich für Führungspositionen: Männer waren Anführer. Wenn Frauen sich um gehobene Stellungen bemühten, galten sie als wenig begehrenswert für Männer. Arzt, Politiker, Nachrichtensprecher: alles durchweg Männerberufe. Frauen dagegen hatten dienende Berufe: Sekretärin, Krankenschwester, Assistenz der Geschäftsleitung.

Wenn du in einer ähnlich strukturierten Kultur groß geworden bist, überleg mal kurz, welche Botschaften sie dir vermittelt hat. Welche Überzeugungen sich dadurch in uns Frauen einnisten: dass wir ständig von Männern beschützt werden müssen, wenn wir uns mal vorwagen. Das aber führt dazu, dass wir unsere Fähigkeiten, zu denken, aktiv zu werden und etwas auf die Beine zu stellen, massiv in Zweifel ziehen. Wir lernen, unseren Gefühlen und Reaktionen zu misstrauen.

In gewisser Weise existieren diese geschlechtsspezifischen Vorurteile in allen Kulturen. Viele Menschen meinen ja, dass dies in der westlichen Kultur (vor allem in den USA) anders sei. Dass Frauen dort nichts zu beklagen hätten. Dass wir frei seien und aller Geschlechterklischees ledig. Und in gewisser Weise stimmt das auch. Aber eben nur in gewisser Weise.

Denn selbst in den Vereinigten Staaten konnte eine Frau bis zum Jahr 1973 ohne die Unterschrift ihres Vaters oder Ehemanns keine Kreditkarte und kein Darlehen beantragen. Selbst wenn sie in der Familie die Hauptverdienerin war, zählte das nicht. Und wenn man nur ein bisschen an der Oberfläche kratzt, kommen alle alten Vorurteile wieder zum Vorschein. Wir Frauen kommen im Laufe unseres Lebens auf einen Lohnverlust von 20, teilweise sogar von bis zu 51 Prozent, weil wir uns um unsere Kinder und Verwandten kümmern.[22] Häufig fehlt es uns an Selbstvertrauen, um in Führungspositionen aufzusteigen, selbst wenn wir qualifizierter sind als unsere männlichen Kollegen. Ich denke immer an den bekannten Hewlett-Packard-Report: Frauen bewerben sich nur dann um eine Aufgabe, wenn sie das Anforderungsprofil zu 100 Prozent erfüllen. Männer trauen sich das schon zu, wenn sie nur zu 60 Prozent qualifiziert sind.

Weltweit sind zwar durchaus Fortschritte zu verzeichnen, aber es gibt immer noch eine enorme Kluft zwischen den Geschlechtern. Der Bericht des Weltwirtschaftsforums über die Geschlechterungleichheit führt aus, dass diese Ungleichheit im westlichen Europa nach einundsechzig Jahren verschwunden sein wird. Das südliche Asien wird dazu noch siebzig Jahre brauchen, Nordamerika aber einhundertfünfundsechzig Jahre![23] Meiner Meinung nach geht das viel zu langsam.

Diese Art der Konditionierung, diese kulturellen Glaubenssätze sind schwer zu überwinden. Und sie führen zu falschen Überzeugungen: »Ich bin unwichtig.« Oder: »Ich bin nicht gut genug.« »Ich bin nichts wert, wenn ich keinen Mann an meiner Seite habe.« »Verheiratete Frauen sind mehr wert als unverheiratete.« Und so weiter, und so fort. Bei den kulturell bedingten Vorstellungen über die Geschlechter und ihren »Wert« handelt es sich um Filter und nicht um Wahrheiten. Außerhalb unserer dreidimensionalen Wirklichkeit gibt es keine Geschlechterungleichheit, weil es erst gar keine Geschlechter gibt – nur Energie, die weder männlich noch weiblich ist. Das Geschlecht ist jener Teil der Biologie auf unserem Planeten, der mit Fortpflanzung zu tun hat. Wenn wir uns das klarmachen, sehen wir die einschränkenden Ideen über beide Geschlechter als das, was sie sind: Brillengläser, die unseren Blick verzerren. Und die wir deshalb ablegen müssen.

Die Braut, die sich nicht traute

Sich von diesen Normen zu befreien kann sehr schwierig werden, aber es ist leichter, wenn wir es im Bewusstsein unserer Macht tun können. Diese Macht erwächst uns daraus, dass wir leben, was wir wahrhaft sind. Wenn wir gegen die Vorurteile ankämpfen, die mit diesen Normen verbunden sind, wird dieser Weg sehr schmerzhaft, wenn wir nicht aus Liebe zu uns selbst handeln und aus der Stärke, Überzeugung und dem inneren Frieden, der damit einhergeht.

Ich habe ja bereits erwähnt, dass meine Ursprungskultur von mir erwartete, einem passenden Gemahl, den meine Eltern für mich auswählen würden, eine gute Ehefrau zu sein. Natürlich musste dieser Mann aus unserem Kulturkreis stammen, musste die gleichen Traditionen hochhalten und den gleichen sozioökonomischen Hintergrund haben. Daher war es für mich das Allerwichtigste, für einen solchen Mann attraktiv zu sein. Diese Prägung schleppte ich mit mir herum, bis mich der Tod berührte. Da unverheiratete Frauen in der traditionellen indischen Gesellschaft wenig gelten, beginnt die Jagd nach einem Ehegespons schon sehr früh.

Ich war noch nicht mal im Teenageralter, als meine Eltern mich schon für mein Ehefrauendasein vorzubereiten begannen. Ich musste lernen, unterwürfig zu sein, folgsam, begehrenswert und natürlich eine in jeder Hinsicht gute Hausfrau. Es hieß im Übrigen auch, dass ich nicht arbeiten oder studieren durfte, wenn mein künftiger Gatte *oder* seine Familie damit nicht einverstanden waren. Denn in einer traditionellen indischen Familie heiratest du nicht nur den Mann, sondern seine ganze Familie mit dazu. Und du lebst mit den Eltern und Geschwistern deines Gatten. Mit dem Ergebnis, dass Frauen ihren Vätern gehorchen, bis sie heiraten. Dann gehorchen sie ihrem Gemahl – bis zum Ende ihrer Tage.

Die Aussicht auf ein solches Leben machte mir seit jeher Angst. Es fühlte sich an wie der Tod meiner Gefühle. Ich wollte selbst entscheiden, was für ein Mensch ich war und welche Arbeit ich annehmen würde, weil sie mir Spaß machte. Ich wollte die Welt sehen, meine Träume leben und mein eigenes Geld verdienen. Ich wollte *meinen* Weg finden. Das Letzte, was ich wollte, war, jemanden zu heiraten, den ich nicht selbst ausgesucht hatte. Ich war eine hoffnungslose Romantikerin, die sich verlieben wollte und es nicht erwarten konnte, dass jemand ihr Herz eroberte.

Und so sah ich zu, wie meine engsten indischen Freundinnen eine nach der anderen verheiratet wurden (eine mit siebzehn, eine mit neunzehn!). Die meisten von ihnen sahen ihrer Ehe mit Freude entgegen, selbst wenn der zukünftige Mann von den Eltern im eng abgesteckten Rahmen des Möglichen ausgewählt worden war. Während meine Freundinnen ihre Brautkleider entwarfen, fragten die Leute meine Eltern immer wieder, warum ihre Tochter noch Single war. Natürlich hieß das in den Augen der anderen, dass mich keiner wollte. Meine Selbstzweifel wurden immer massiver, als ich feststellte, dass meine Freundinnen, die mir so sehr ähnelten, den Status quo einfach so hinnahmen. Tatsächlich fanden sie aufregend, was für mich einfach nur der Horror war.

In diesem Umfeld wurde ein Denk- und Verhaltensmuster gelegt, das ich erst nach Jahrzehnten wirklich abstreifen konnte. Ich fing an, meine innerste Natur anzuzweifeln, und glaubte bald selbst, dass mit mir etwas nicht stimmte. Die Unfähigkeit, meinen eigenen Weg zu wählen und mein Leben selbst zu bestimmen, ließ mich voller Einsamkeit zurück. Ich fühlte mich missverstanden und hatte Angst, dass ich allein bleiben würde. Ich schwankte hin und her zwischen dem Bedürfnis nach Selbstausdruck und dem Wunsch, meine Familie zu beruhigen. Ich wollte zu meinem Umfeld Ja sagen, obwohl ich Nein meinte. Und ich versuchte, jede Aufmerksamkeit zu vermeiden, statt mich voller Stolz der Welt zu zeigen.

Als ich schon in den Zwanzigern war, stimmte ich schließlich einer arrangierten Ehe zu – nur um dann etwas zu tun, was noch viel verrückter und schockierender war als die pinkfarbenen Haare meiner Teeniezeit in den frühen Achtzigern. Ich büxte aus – in letzter Minute, kurz vor der Hochzeit. Denn meine innere Stimme dröhnte fast in meinem Kopf: *Mach das nicht! Das bist nicht du! Du bist nicht dazu auf diese Welt gekommen*!

Die Hochzeit sollte in Bombay stattfinden und war als prachtvolles Fest geplant. Verwandte aus aller Welt sollten eingeflogen werden. Die Räumlichkeiten waren schon gebucht, genauso wie das Personal – Fotografen, Caterer, Musiker und so weiter. Wie bei indischen Hochzeiten üblich, sollte es mindestens sieben Zeremonien geben. Vor dieser Hochzeit wegzulaufen war wirklich eine schwere Entscheidung, aber ich sah keine andere Möglichkeit. Ich war seit acht Monaten mit meinem Bräutigam verlobt. Während dieser Zeit war ich all das gewesen, was seine Familie sich von mir wünschte. Ich musste all meine Entscheidungen, groß und klein, mit meinem Verlobten und seinen Eltern besprechen, angefangen bei dem, was ich jeden Tag anziehen würde, bis hin zu der Frage, welche Gerichte ich als künftige Ehefrau kochen können musste. Als der Hochzeitstermin schließlich vor der Tür stand, war ich fix und fertig. Und der Gipfel: Mein Verlobter und seine Familie fanden es unschicklich, dass ich außer Haus arbeiten wollte. Ich durfte kein eigenes Geld verdienen, nicht reisen oder überhaupt irgendeinem meiner Träume nachgehen.

Eine solche Ehe hieß für mich nur eines: Ich würde vom Regen in die Traufe kommen. Wie bereits gesagt: Bei einer arrangierten Ehe heiratet man in Indien nicht nur einen Mann, sondern eine ganze Familie. Die Tatsache, künftig Schwiegertochter zu sein, war mindestens genauso wichtig, wie Ehefrau zu werden, vor allem, weil ich künftig ja mit meinen Schwiegereltern würde leben müssen. Und die waren offensichtlich noch strenger als mein Vater!

Drei Tage vor der Hochzeit konnte ich den Aufruhr in meinem Herzen nicht mehr verbergen, also beschloss ich, mich meiner Mutter anzuvertrauen. Ich sagte ihr, dass ich meinen Verlobten selbst nach acht Monaten noch nicht richtig kannte. Seine Eltern waren in meinem Leben viel präsenter als er. Sie lehrten mich, wie ich zur perfekten indischen Ehefrau wurde, wie ich seine Lieblingsgerichte zuzubereiten hatte und wie ich mich in indischer Kleidung bewegen sollte. Der Gedanke, meine Hochzeitsnacht mit einem Mann zu verbringen, den ich kaum kannte, erschreckte mich mehr als alles, was ich auf dieser Welt an Schlimmem je erlebt hatte.

Meine Mutter verhielt sich wie eine echte Löwenmutter: Sie umarmte mich, tröstete mich und meinte, sie würde mich nicht zu dieser Heirat zwingen. Das war natürlich eine unglaubliche Erleichterung. Andererseits aber fand ich den Gedanken schrecklich, wie meine Schwiegereltern auf diese Nachricht reagieren würden, von den zahllosen geladenen Gästen und Verwandten ganz zu schweigen. Und meine Eltern mussten sich um die Abmachungen mit Lieferanten, Fotografen etc. kümmern! Meine Mutter aber meinte, sie würde das schon hinbekommen. Sie würde auch mit meinem Verlobten und den Schwiegereltern sprechen und dafür sorgen, dass alle Hochzeitsgäste rechtzeitig eine Absage erhielten und ihre Geschenke ersetzt bekämen. Sie nahm alles in die Hand und schimpfte mich nur aus, weil ich ihr nicht schon früher gesagt hatte, dass ich mich mit der ganzen Angelegenheit nicht wohlfühlte.

Als meine Mutter mit meinem Verlobten und den Schwiegereltern redete, kam es, wie es kommen musste: Sie waren stocksauer und warfen meiner Mutter vor, mich zu sehr verwöhnt zu haben. Es gab eine Riesenauseinandersetzung. Meine Schwiegereltern verlangten von meiner Mutter, mich grün und blau zu schlagen, damit ich am festgesetzten Tag im Tempel erschien. Was meine Mutter natürlich rundweg ablehnte.

Ich hatte nicht die Nerven mitanzusehen, wie meine Quasi-Schwiegereltern auf meine Entscheidung reagieren würden. Ich wusste, dass sie nach mir suchen würden, also lief ich weg und versteckte mich bei meiner besten Freundin. Auch sie hatte sich mit neunzehn Jahren auf eine arrangierte Ehe eingelassen und das seitdem jeden einzelnen Tag ihres Lebens bereut. Nun musste sie mit den Konsequenzen leben. Aber sie wohnte jetzt in Bombay und gewährte mir Unterschlupf.

Die Familie meines Verlobten suchte nach mir und tauchte sogar vor dem Haus meiner Freundin auf, aber ich versteckte mich im Schlafzimmer, während sie die Leute abwimmelte.

Doch ich konnte das Haus nicht mehr verlassen, weil die Familie mir draußen auflauerte. Offensichtlich war ihnen klar, dass ich mich bei meiner Freundin versteckt hielt. So blieb ich einen vollen Monat lang bei ihr, bis das Schlimmste vorbei war und auch die letzten Verwandten aus Übersee wieder nach Hause geflogen waren.

Vor dem Altar davonzulaufen wirkt auf den ersten Blick ungeheuer mutig, aber in gewisser Weise war diese Aktion genau das, was Empathen nun mal tun. Ich hatte nicht den Mut, Nein zu sagen, weil ich niemanden enttäuschen und keinen Streit heraufbeschwören wollte. Also steckte ich den Kopf in den Sand und ließ mich auf eine arrangierte Ehe ein. Als dann der Moment kam, in dem das Band geknüpft werden sollte, riss ich aus, was nur *mehr* Enttäuschung und Streit bedeutete – also genau das, was ich eigentlich hatte vermeiden wollen, indem ich alles brav über mich ergehen ließ. Wie man es auch drehen und wenden mochte, ich befand mich in einer unhaltbaren Lage. Und der anschließende Skandal beschämte nicht nur meine Familie, sondern auch die meines Bräutigams.

Als meine Mutter von ihren Eltern gezwungen wurde, eine arrangierte Ehe einzugehen, hatte sie sich geschworen, sie würde alles tun, um ihrer Tochter, sollte sie eine bekommen, dieses Los zu ersparen. Sie selbst nahm die Ehe auf sich. Sie heiratete meinen Vater, musste aber ihr wahres Selbst verbergen. Sie wurde nicht einmal wütend, weil ich nicht das Gleiche tun wollte. Sie machte mir nie Vorwürfe wegen meiner rebellischen Haltung. Sie hielt sogar dann noch zu mir, als ich weglief. Unsere Großfamilie warf ihr natürlich vor, mich viel zu sehr zu verwöhnt zu haben, weil sie mich weder bestrafte noch aus dem Haus verstieß. Dann nämlich hätte ich zu dem Mann zurückkehren müssen, den sie für mich ausgesucht hatten. Das war eine schwierige Gratwanderung: Sie musste einerseits die Unterstützung meines Vaters gewinnen *und* für mich da sein. Sie tadelte mich nie, verurteilte mich nie, nicht einmal dann, als die ganze Welt, mein Vater eingeschlossen, gegen mich zu sein schien. Sie verteidigte mich gegen alle Angriffe, stand an meiner Seite und hielt sich in der Balance zwischen unseren kulturellen Traditionen und meinen Träumen.

Meine Mutter versagte mir ihre Anerkennung nie, mein Vater dagegen sehr wohl. Ich musste mich wirklich schwer ins Zeug legen, um von ihm überhaupt einmal gelobt zu werden. Und selbst wenn ich mich einmal über ein anerkennendes Wort freuen durfte, war es sozusagen »auf Widerruf« erteilt. Daher legte ich mich krumm, um nur ja sein Einverständnis nicht zu verlieren. Und wenn er es mir dann doch entzog, hatte ich immer das Gefühl, der Fehler liege bei mir und ich hätte ihn mit irgendwas verletzt. Dabei genügten schon Kleinigkeiten, um sein Missfallen zu erregen: zum Beispiel, dass ich ein lebensgroßes Poster eines Popstars in meinem Zimmer aufhängte oder bis spät in die Nacht mit einer Freundin telefonierte. Alles Dinge, die Teenager eben so machen, aber mein Vater reagierte darauf total überzogen. Und er verlor nicht nur mit mir die Geduld, sondern auch mit meiner Mutter, die mich in seinen Augen angeblich nicht richtig erzog. Sein Zorn löste bei mir Schuldgefühle aus, und so verbog ich mich wieder und tat alles Menschenmögliche, um eine gute Tochter zu sein, damit er mit mir zufrieden war.

Und so kam es, dass mein Vater regelmäßig tobte und mir und meiner Mutter Vorwürfe machte, wenn ich aus seiner Sicht eine Grenze überschritt – später nach Hause kam als erlaubt; mit Jungs ausging, die nicht unserer Kultur angehörten; mich auch nur ein bisschen provokant kleidete. Natürlich fühlte ich mich dabei schrecklich. Ich war ständig hin- und hergerissen. Wenn ich mich den strengen Normen der traditionellen indischen Kultur unterwarf, geschah das nicht aus Angst vor dem Zorn meines Vaters. Nein, ich wollte nur einfach nicht die Ursache von Problemen in der Ehe meiner Eltern sein. Meine emotionale Belastung verdoppelte sich dadurch noch, ohne dass ich mir dessen bewusst gewesen wäre. In jenen Tagen verließ eine Inderin das Haus ihrer Eltern erst, wenn sie heiratete. Dass ich mir einen Job suchte und auszog, war also nicht möglich. Die Beziehung zwischen mir und meinem Vater blieb schwierig bis zu seinem Tod. Unsere Probleme wurden erst gelöst, als ich ihm während meiner Nahtoderfahrung begegnete.

Die Glasdecke durchstoßen

Als ich starb, wurde mir bewusst, dass es auf der anderen Seite kein Geschlecht gibt. Schon aus dem einfachen Grund, weil wir dort keinen biologischen Körper mehr haben. Wir sind reine Geistwesen. Und wir sind über die Maßen wundervoll. Wir sind stark, wir sind mächtig. Diese Eigenschaften gehören ganz selbstverständlich zu uns, weil wir uns lieben und Teil des universellen Bewusstseins sind. Daher sollten wir sie auch hier in unserem physischen Dasein annehmen: unsere Empathie, unsere Hochsensibilität, unsere Selbstsicherheit. Unsere Männlichkeit ebenso wie unsere Weiblichkeit. All diese Dinge sind wichtig, weil sie uns in unserer Ganzheit ausmachen: Denk nur einmal an die Qualitäten von Yin und Yang. Auf der anderen Seite gilt Yin nicht als positiver oder negativer denn Yang. Dort gibt es überhaupt keinerlei Bewerten oder Verurteilen. Punktum!

Dieses Bewusstsein fühlte sich völlig real an. So ungeheuer richtig! Während ich heranwuchs, gab es immer irgendwelche Dinge, die sich für mich verkehrt anfühlten, aber während meiner Nahtoderfahrung sah ich sie dann in vollkommener Klarheit, und das Ganze ergab wahrhaft Sinn.

Mir wurde klar, dass die Rollen, die wir spielen und an denen wir festhalten – die Geschlechterrollen, die man uns beigebracht hat –, nichts weiter sind als kulturelle Gepflogenheiten. Diese Rollen, die wir verinnerlichen, sind nichts weiter als soziale Konditionierungen: die Schuldgefühle von Frauen, wenn sie außerhalb des Hauses arbeiten wollen; die Selbstaufopferung (im Gegensatz zur Selbstliebe), die man uns beibringt; die Unterdrückung unseres Ego, die man Frauen in viel höherem Maße abverlangt als Männern. Meine Erfahrung auf der anderen Seite zeigte mir, dass es nicht nur möglich ist, all diese Konditionierungen, diese Geschlechternormen hinter uns zu lassen. Es fühlt sich auch einfach fantastisch an!

Mein Mann Danny war in puncto Hausarbeit von Anfang an besser als ich. Doch vor meiner Begegnung mit dem Tod empfand ich das nicht als tolle Eigenschaft meines geliebten Gatten, sondern als Mangel, der mir anhaftete. Es war mir immer peinlich. So peinlich, dass ich es zu verbergen versuchte, wann immer uns Freunde oder Angehörige besuchten. Seit meiner Nahtoderfahrung prahle ich jetzt regelmäßig damit, dass mein Mann unseren Haushalt perfekt im Griff hat. Und er spottet über meine mangelnden Hausfrauentalente. Im Guten natürlich.

Hier auf dieser Erde sind beide Geschlechter gleichermaßen von Bedeutung. Wie das Zusammenspiel von Yin und Yang: Eines ohne das andere führt zu Unausgewogenheit. Als Empathin – die wie alle Empathen emotionaler ist als andere Menschen – möchte ich dir ans Herz legen, deine Superkräfte als Stärken zu sehen. Ob du nun Mann oder Frau bist, Transgender, Hetero oder Gay – öffne dich für dein So-Sein. Wir versehen unsere Sensibilität immer mit dem Etikett »weiblich«. In gewisser Weise stimmt das ja auch, aber nur, wenn du »weiblich« als Yin verstehst. Wir müssen solchen Eigenschaften kein Geschlecht anheften. Sie sind genauso wichtig wie die Yang-Qualitäten, die unsere Kultur so sehr schätzt: Durchsetzungsfähigkeit, Willensstärke, Unbeirrbarkeit, Kampfgeist, Festigkeit.

Empathische Männer kennen diese hochsensible Seite, aber sie haben Angst, sie zu zeigen, weil sie nicht als Schwächlinge gelten wollen. Andererseits gibt es Frauen, die glauben, sie müssten sich »männliche« Qualitäten aneignen, wenn sie Erfolg haben wollen. Auch das stimmt nicht. Tatsächlich brauchen wir feminine Qualitäten in unserer Welt mehr als je zuvor.

Wir brauchen mehr Frauen, die als Vorbilder dienen können. Wir brauchen starke Frauen, die uns vorleben, wie man weiblich führt. Jedenfalls möchte ich dich ermutigen, dein Ego anzunehmen, denn du wirst es brauchen, wenn du Führungspositionen übernimmst. Das Ego ist nicht dein Feind. Dein Feind hat vielmehr folgende Gestalt: Du unterdrückst dein spirituelles Gewahrsein, deinen inneren Mystiker, die Verbundenheit mit dem universellen Netz des Bewusstseins. Wenn du Empathin bist und über ein hohes spirituelles Gewahrsein ebenso verfügst wie über tiefes Mitgefühl, dann musst du dich für dein Ego öffnen. Ohne dein Ego wirst du nicht verstehen, wie wichtig deine Botschaft ist und wie sehr die Welt sie braucht, auf welcher Ebene auch immer.

Eine der Lektionen, die ich gelernt habe, ist, immer kompromisslos authentisch zu sein – ohne mich um mein Geschlecht zu kümmern. Und ich möchte dich ermutigen, es genauso zu halten. Nimm dich so an, wie du bist. Nimm deine Stärken und Gaben an. Und wenn du etwas gar nicht beherrschst – sagen wir mal Mathe oder Rechtschreibung –, dann steh dazu. Ich hoffe, du wirst die gleiche Entdeckung machen, die auch mir geholfen hat: Je mehr du dich akzeptierst und je weniger du dich verurteilst, desto weniger wirst du dich vor der Verurteilung durch andere fürchten. Dann kannst du deine Stärken leben.

Meditation zur Akzeptanz deines So-Seins

Du hast so viel zu geben. Die folgenden Worte werden dir helfen, dich so anzunehmen, wie du bist. Mit beidem, deiner Yin- und deiner Yang-Seite.

> *Ich entspanne mich tief in meinen Körper hinein.*
> *Ich weiß, dass es einen Grund dafür gibt, warum ich bin, wer ich bin.*
> *Ich fühle mich mit meinem Geschlecht hundertprozentig wohl.*
> *Alles an mir wird in diesem Leben gebraucht und geschätzt.*
> *Ich erlaube mir, mich ganz und vollkommen authentisch auszudrücken.*
> *Ich nehme meine Stärken kompromisslos an.*
> *Ich nehme meinen Körper ohne jede Scham an und pflege ihn auf die beste Art und Weise.*

11

Leben ohne Furcht

Ich lebe mein Leben ohne Furcht.

Als ich mich aus meinem Körper verabschiedet hatte, sagte mir mein Vater auf der anderen Seite, ich solle zurückgehen und künftig mein Leben frei von Angst führen. Genau das habe ich getan. Meine Nahtoderfahrung lehrte mich, dass wir zu eben diesem Zweck auf der Welt sind – ganz wir selbst zu sein und uns zu lieben, wie wir sind. Und aus diesem Bewusstsein heraus unser Leben zu führen. Furchtlos zu leben ist der vollkommene Ausdruck unseres wahren Selbst. Das bedeutet, dass wir unsere Gedanken akzeptieren, die negativen ebenso wie die positiven. In unserer Fünf-Sinne-Welt unterdrücken wir für gewöhnlich all jene Gedanken, die nicht ins allgemein akzeptierte Weltbild passen. Meine Arbeit mit unzähligen hochsensiblen Empathinnen und Empathen hat mir gezeigt, dass wir unsere Gedanken auch deswegen unterdrücken, weil wir die anderer Menschen lesen können. Wir gehen davon aus, dass sie die unseren ebenso leicht wahrnehmen können. Daher unterdrücken wir vor allem »verräterische« Gedanken. Wir umgeben uns mit einer schützenden Schale, um uns dahinter zu verstecken.

Und dann ist da noch das tyrannische Schreckgespenst des negativen Denkens – der Glaube, wenn wir nur einen winzigen

Augenblick lang etwas Negatives denken, würde sich das Gedachte gleich bewahrheiten. Diese Angst ist vor allem bei uns Empathen weitverbreitet, weil wir für Suggestionen jeglicher Art anfällig sind. Als ich mit der Herausforderung meiner Krebserkrankung kämpfte, erzählte mir jemand vom »Gesetz der Anziehung«. Das war damals eine Riesensache. Ich vermag gar nicht zu sagen, wie oft man mir erklärte: »Du hast den Krebs angezogen.« Oder: »Deine Art zu denken hat den Krebs ausgelöst.« Und: »Negative Gedanken schaffen eine negative Wirklichkeit.« Ich verstand das nicht. Wie konnte das sein? Ich war immer so ein positiver Mensch gewesen. Immer fröhlich, immer gut gelaunt. Zu mir kamen die Leute, wenn sie positive Bestärkung brauchten. Ich hatte Freundinnen, die immer mürrisch, launisch oder zickig waren – aber ich doch nicht! Ich war immer die, die alle anderen aufheiterte. Ich wollte ja schließlich, dass alle mich mochten.

Wenn wir versuchen, unsere Gedanken und Gefühle zu unterdrücken, dann senden wir unserem Ich folgende Botschaft: *Ich bin nicht gut genug, daher muss ich diesen Teil meiner selbst unterdrücken.* Wir ersticken einen Teil dessen, was wir sind. Und das ist ungesund. Jeden einzelnen Gedanken zu überwachen – um ihn dann zu eliminieren oder zuzulassen –, heißt, dass wir über unsere Gedanken urteilen. Damit aber urteilen wir über uns selbst. Das ist eine gekünstelte, keine authentische Art zu leben.

Darauf müssen wir achten, wenn wir uns mit dem Gesetz der Anziehung beschäftigen, ohne es vollständig verstanden zu haben. Ich glaube nicht, dass wir Menschen, Ereignisse und Lebensumstände durch unsere *Gedanken* anziehen. Die Anziehung erfolgt einfach durch das, was wir in jedem Augenblick unseres Lebens wirklich sind.

Auch ich habe vor meiner Begegnung mit dem Tod das Gesetz der Anziehung nicht verstanden. Damals habe ich gelernt, dass der Schlüssel darin liegt, sich selbst so zu lieben, wie man ist. Wenn du dich liebst und wertschätzt, dann musst du nicht mehr auf deine Gedanken achten.

Sei, wer du bist!

Ich weiß es aus eigener Erfahrung: Wenn man sich erlaubt, der Mensch zu sein, der man ist, begegnet man auch seinen negativen Gedanken furchtlos. Sie kommen, und sie gehen. Negative Gedanken sind wie die positiven einfach ein Teil dessen, was wir sind. Wenn wir uns erlauben zu sein, wer wir sind, ziehen wir an, was tatsächlich unser ist. Wir müssen uns keine Sorgen um unser Denken machen oder darum, wie wir an positiven Erfahrungen, Gelegenheiten, Beziehungen und Resultaten festhalten können, wenn wir sie angezogen haben. Wir müssen aber auch negative Gedanken nicht fürchten, wenn wir schwere Zeiten durchleben. Es sind einfach nur Gedanken. All deine Gedanken machen dich zu dem, was du bist.

Ich persönlich klebe meinen Gedanken nicht das Etikett »positiv« oder »negativ« auf. Sie sind einfach, was ich bin. Auch du kannst das. Denk an kleine Kinder, die auch ohne irgendeine Überlegung, bevor sie loslegen, alles einfach rausplappern, selbst wenn es negativ ist. Denn in der nächsten Minute denken sie schon an etwas anderes, an das nächste Spiel. Und die negativen Gedanken der Kleinen ziehen auch keine Katastrophen nach sich. Und du verurteilst sie auch nicht für das, was sie sagen. Genauso wenig wie die Kinder selbst. Sie wissen, dass sie trotzdem geliebt werden. Und sie lernen. Ebenso wie wir. Also sei nicht so streng mit dir selbst. Schenk dir einfach nur Liebe. Und sei ganz du selbst.

Einen schönen Weg dorthin kannst du dir mit den folgenden Fragen bereiten: *Wenn ich mich selbst ganz neu erschaffen würde, wer wäre ich dann? Wer wäre ich, wenn niemand da wäre, der mir zusieht?* Vergiss dabei nicht, dass du nicht länger mit geschlossenen Augen durchs Leben gehst, wie wir das in Kapitel 1 besprochen haben. Du lebst nicht mehr in der Welt der fünf Sinne. Du erlebst die Welt vielmehr mit ganz neuen Augen. Kannst du dich auch sehen, ohne dass irgendwelche Glaubenssätze, wie die Dinge sein sollten, deinen Blick beeinträchtigen? Wie erlebst du dich in dieser Form? Wenn du nicht sicher bist, stell die Frage doch deinem inneren Mystiker: *Will ich mich als Persönlichkeit sehen, die gelöst, frei, erfolgreich und kreativ ist?* Und dann achte darauf, welche Bilder sich dir zeigen.

Der Grund, warum wir Dinge anziehen, die wir in unserem Leben nicht haben wollen, ist nicht, dass wir negative Gedanken hegen. Es liegt vielmehr daran, dass wir unsere Wirklichkeit rund um den Ballast erschaffen, den wir mit uns schleppen, rund um unsere alten Überzeugungen. Sobald wir all das loslassen können, sobald wir gelernt haben, auf unseren inneren Mystiker zu hören und uns selbst so zu lieben, wie wir sind, fangen wir an, die Welt mit der daraus resultierenden Klarheit zu sehen. Wir erschaffen uns das Leben, das wir wollen, und erlauben der Welt, es uns zurückzuspiegeln.

Wie wir aber die Welt sehen, hängt ganz davon ab, welche Brille wir auf der Nase tragen. Und wenn wir unsere Überzeugungen ändern, wir also eine andere Brille aufsetzen, dann ändert sich auch unsere Sichtweise. Anders ausgedrückt: Betrachten wir die Welt durch den optischen Filter des Wohlwollens, sehen wir auch mehr positive Dinge. Sehen wir die Welt durch die Brille des Ärgers, reflektiert sie uns den Ärger zurück. Ein Beispiel: Wenn du ein neues Auto kaufst, bemerkst du plötzlich, wie viele Fahrzeuge dieser Marke auf den Straßen unterwegs sind, während sie dir vorher gar nicht aufgefallen sind. Oder nehmen wir mal an, du kaufst ein Auto in einer ganz bestimmten Farbe, nur um nicht zu sein wie alle anderen. Mein erstes Auto war leuchtend rot. Ich dachte damals, es gäbe nicht viele rote Autos auf den Straßen. Nachdem ich es hatte, sah ich mich um und: wow!

Wenn wir die ganze Angelegenheit nun mal esoterisch betrachten, dann gibt es wissenschaftliche Nachweise dafür, wie wir unsere Umwelt beeinflussen. Zum Beispiel im Buch von Masaru Emoto: *Die Botschaft des Wassers*. Darin beschreibt er seine Experimente mit Wasser. Er entdeckte, dass Gedanken und Gefühle, Seinszustände, ja selbst Musik unsere physische Wirklichkeit beeinflussen, in dem Fall die Form der Kristallbildung in gefrierendem Wasser.[24] 1998 führten Forscher am Weizmann Institute of Science unter kontrollierten Bedingungen ein Experiment durch, das belegte, wie Elektronen von der Tatsache beeinflusst wurden, dass sie beobachtet wurden.[25] Das Experiment zeigte auch, dass sich das Geschehen umso stärker verändert, je länger man es beobachtet.

Während meiner Nahtoderfahrung wurde mir eines ganz deutlich: Meine Wirklichkeit entsteht nicht allein durch die *bloßen* Gedanken, sondern vor allem dadurch, dass ich würdige und schätze, *wer ich bin*. Das Einzige, was ich tun muss, ist, ganz ich selbst zu sein. Furchtlos. Ohne Angst davor, ich selbst zu sein. Bist du furchtlos, liebst du dich genug, um dir zu erlauben, ohne Ballast und falsche Überzeugungen zu leben. Ohne die Welt so zu sehen, wie andere dies tun oder dir vorgeben. Es bedeutet, dass du keine Anerkennung von anderen Menschen brauchst, um dich wertvoll zu fühlen; keine Krankheit als Entschuldigung, dir selbst mit Fürsorge zu begegnen. Du musst dich nicht dafür rechtfertigen, dass du bist, wie du bist. Du weißt einfach, dass du wertvoll bist, ohne dich ständig beweisen zu müssen.

Kurz und gut: Es war *Angst*, die mich daran gehindert hatte, zu sein, wer ich bin. Angst, dass man mich vielleicht nicht mag, Angst vor Missbilligung, Angst, nicht gut genug zu sein, keinen Wert zu haben. Und es ist *Liebe*, die mir hilft, bei mir zu bleiben. Je mehr ich mich selbst liebe, desto deutlicher erkenne ich, dass ich wertvoll bin und meinen kompromisslosen Selbstausdruck verdiene. So ist das nämlich. Je mehr du dir erlaubst zu sein, wer du bist, desto klarer vermittelst du dir: *Ich liebe mich selbst, und mit mir ist alles in Ordnung.*

Erlaube dir, authentisch zu sein, der Mensch zu sein, der du wahrhaft bist. Tust du das, dann siehst du, dass mit deinen Gedanken alles in Ordnung ist. Selbst wenn du hin und wieder negative oder angstbesetzte Gedanken hast, kannst du sie zulassen. Sag dir einfach: *Gut, diese Gedanken sind ein Teil meiner selbst. Schauen wir mal, was sie sagen.* Dann vergehen sie auch wieder. Das fühlt sich doch viel besser an als: *Hilfe! Ich muss diesen negativen Gedanken unbedingt loswerden, sonst wird er wahr.* Das macht nur Angst. Wir fürchten den Gedanken und bekommen dann auch noch Angst vor der Angst, weil wir denken, er könnte noch weitere negative Gedanken nach sich ziehen ... Damit aber verurteilen wir uns, weil wir überhaupt einen negativen Gedanken hatten.

Wie kannst du dich von deinen Ängsten frei machen, damit du endlich aufhörst, dir und deinem wahren Sein Hindernisse in den Weg zu legen? Oder anders ausgedrückt: Wie kannst du die Angst, ganz du selbst zu sein, ablegen und dich stattdessen lieben?

Zunächst solltest du verstehen, woher die Angst kommt. Ängste haben für gewöhnlich mit der Außenwelt zu tun. Selbst wenn du sie als inneres Erleben wahrnimmst, weil sie deinen Geist in Besitz nehmen, entspricht das nicht der Wirklichkeit. Denn wenn du wirklich nach innen gehst, dann ist da nur Liebe. *Nur Liebe.* Unsere aktuelle, globale Wirklichkeit scheint im Ungleichgewicht zu sein und mehr von Angst als von Liebe beherrscht zu werden. Da du als Leserin oder Leser dieses Buches wahrscheinlich hochsensibel und höchst empathisch bist, empfindest du das noch stärker als andere Menschen. Und du hältst das, was du fühlst, für deine inneren Ängste. Aber das ist nicht richtig – diese Ängste wurzeln in den Denkweisen, die momentan im Äußeren herrschen.

Versuch einfach mal, den Input von außen zu verringern. Wir haben ja schon in Kapitel 3 darüber gesprochen, wie du kurzfristig den Stecker ziehen kannst. Nimm dir eine Auszeit von Menschen, die Angst in dir auslösen.

Hol dir Rat bei deinem inneren Mystiker. Wann immer du Ängste verspürst, ist dies ein Aufruf, dich nach innen zu wenden. Obwohl es natürlich deine Aufgabe ist, hier in deinem Körper in dieser materiellen Welt zu leben, ohne vor ihr davonzulaufen, kann deine Umgebung manchmal zu laut und beängstigend werden. Das bringt dich aus dem Gleichgewicht. Wenn du dir Zeit nimmst, um dich auf dein Innenleben einzulassen, kannst du dem gegensteuern. Es geht darum, dass du dich wieder auf deine innerseelische Berufung einstimmst, auf deine Absichten und Ziele und auf die Liebe, die dich ursprünglich in diese Welt geführt hat.

Liebe und schätze dich, wie du bist!

In diesem Buch ging es schon viel darum, wie du dich selbst lieben und wie du diese Selbstliebe stärken kannst. Als Nächstes möchte ich erläutern, wie du genau das mithilfe deines inneren Kompasses tun kannst. Frage dich: *Wie kann ich mich selbst mehr lieben? Wie kann ich mir erlauben, authentischer zu sein? Wo kann ich Ängste loslassen?* Ein authentisches Leben zu führen heißt nicht, dass du ständig deine Gedanken beobachten oder vor ihnen Angst haben musst. Es geht vielmehr um eine Haltung wie: *Okay, wie schaffe ich es, mich mehr zu lieben?*

Wenn du eine Krankheit durchlebst, mit Depressionen oder anderen Belastungen zu kämpfen hast, dann sag dir bitte nicht: *Ich habe das angezogen.* Und: *Meine negativen Gedanken haben diese Wirklichkeit geschaffen.* Oder gar: *Sei doch nicht so negativ*! Das ist das Letzte, was du jetzt brauchst. Bist du mit Schmerz, Verletzungen, Verwirrung, Ängsten oder Krankheiten konfrontiert, dann sag dir lieber Dinge wie: *Das ist eine Einladung an mich, mich mehr zu lieben und mehr gute Dinge in meinem Leben zuzulassen.* Frage dich: *Wie kann ich das anstellen? Wie kann ich mehr Freude in mir und meinem Leben finden? Was macht mich wirklich glücklich?*

Dich auf diese Fragen zu fokussieren hilft dir, ein authentischeres Leben zu führen. Und das ist wichtig, denn wie gesagt: Du ziehst an, was du wirklich bist. Wenn du also heiter bist, dann holst du damit mehr Freude und Heiterkeit in dein Leben. Und Freude zu empfinden heißt, dass du dich mehr liebst und deine Gedanken nicht verurteilst. Auf dieselbe Art und Weise kannst du auch andere Menschen unterstützen, die gerade schwere Zeiten durchmachen.

Eine Möglichkeit, dich selbst mehr zu mögen, ist es, die Art zu ändern, wie du mit dir sprichst. Statt dich zu verurteilen oder zornig auf dich zu werden, weil du gesundheitliche oder andere Probleme hast, behandle dich lieber so, als wärst du dein bester Freund. Wenn deine beste Freundin durchmachen würde, was du gerade erlebst, was würdest du dann sagen? Vermutlich so etwas wie: »Hab keine Angst. Ich bin für dich da.« Oder: »Das wird vorübergehen, und du bist danach umso stärker.« Oder: »Ich werde dich mit Liebe begleiten.« Ich wünsche mir, dass du dich auf dein inneres Leitsystem einstellst, dich mit den obigen Fragen auseinandersetzt und aufmerksam auf die Antworten lauschst. Wenn sie dir richtig vorkommen, dann werde aktiv.

Es ist ganz entscheidend, dass du in einen Raum eintrittst, in dem du dich mehr geliebt fühlst. Immer und zu jeder Zeit. Dass du lernst, dich selbst mehr zu akzeptieren und zu lieben. Denn nur so gelangst du auf eine höhere Frequenz. Das ist die ganze Idee hinter dem Erreichen einer höheren Frequenz, einer höheren Schwingung. Wir wissen, dass alles aus Energie besteht. Das Gesetz der Schwingung besagt, dass Energie immer in einem Schwingungszustand vorliegt. Und damit jeder einzelne Teil von dir. Je höher diese Schwingung, desto leichter, intuitiver und bewusster fühlst du dich. Du erreichst aber keine höhere Frequenz, wenn du deine Gedanken fürchtest, statt sie zu akzeptieren. Wenn du Menschen helfen willst, die in Schwierigkeiten sind, musst du ihnen zeigen, wie sie sich akzeptieren und lieben können. Dadurch erhöht sich der Schwingungsgrad auf beiden Seiten. Vergiss nicht: Liebe ist die Antwort auf jedes Problem dieser Welt. Liebe ist die Lösung für alles.

Wir Empathinnen und Empathen lieben es, den Menschen in unserem Umfeld Freude, Glück und Licht zu bringen. Aus diesem Grund retten wir Menschen und helfen ihnen. Wir genießen es, andere aufzurichten. Aber dafür müssen wir uns selbst lieben. Deshalb lautet mein Motto: »Liebe dich selbst, als hinge dein Leben davon ab, denn das ist tatsächlich so!« Mich selbst lieben zu lernen war eine Erfahrung, die mich viel gekostet hat. De facto fast das Leben.

Tatsächlich müssen wir Empathen in dem Glauben unterstützt werden, dass es nicht selbstsüchtig ist, sich zu lieben und die eigenen Bedürfnisse zu erfüllen. In Wahrheit wäre es selbstsüchtig, das *nicht* zu tun, denn dann verschärfen wir die Probleme nur noch. Und doch gibt es Leute, die es für egoistisch halten, wenn du dich um dich selbst kümmerst. Ganz zu Anfang, als ich gerade begonnen hatte, die Geschichte meiner Nahtoderfahrung und meiner Spontanheilung vom Krebs mit anderen zu teilen, schlugen mir immer wieder (hauptsächlich in den sozialen Medien) Reaktionen entgegen wie: »Sie können sich ja den Luxus erlauben, sich um Ihre eigenen Bedürfnisse zu kümmern. Aber es gibt Leute, die wirklich leiden. Menschen, die arm und krank sind. Menschen, die im Sterben liegen! Was soll es diesen Menschen helfen, wenn Sie behaupten, das Allerwichtigste wäre, sich selbst zu lieben?«

Aber damit zäumt man das Pferd von hinten auf. Allerdings verspüre ich heute noch einen Anflug von Schuld, wenn man mir solche Vorwürfe macht. Was in dem Feld, in dem sich meine Arbeit abspielt, häufig vorkommt. Von jemandem, der eine spirituelle Botschaft verbreitet, erwartet man die absolute Selbstaufopferung. Es kann sehr schwierig sein, Menschen von etwas anderem zu überzeugen, die glauben, anderen zu dienen heiße, sich aufzuopfern. Diese Art der Selbstlosigkeit erwartet man auch von Heilern, Lehrern, Eltern, Führungspersönlichkeiten. Und in der Kultur, in der ich aufwuchs, ganz bestimmt auch von Frauen. Habe ich mit jemandem zu tun, der so denkt, der mich tadelt, weil ich mich um meine Bedürfnisse kümmere, dann erinnere ich mich daran, dass ich es bin, die die Konsequenzen zu tragen hat, wenn ich mich nicht liebe, mich nicht fürsorglich behandle und nicht auf meine Intuition, meine innere Stimme höre. So etwas kann krank machen. Und wenn ich krank bin oder leide oder vielleicht sogar sterben muss, weil ich meine Bedürfnisse immer vernachlässigt habe, wem kann ich dann noch helfen? Dann bin ich nicht mehr Teil der Lösung, sondern Teil des Problems.

Zulassen statt anziehen

Furchtlos zu leben bedeutet, dass du furchtlos bist, *wer du bist.* Dass du dich öffnest für Chancen und Möglichkeiten, die du dir nicht mal im Traum vorstellen konntest. Ohne selbst auferlegte Grenzen, die dich ausbremsen, scheinbar für Ordnung sorgen und deine Ängste besänftigen.

Manchmal werde ich gefragt, wie ich dazu stehe, mir selbst Ziele zu setzen. Im Allgemeinen bin ich kein großer Fan von Zielen. Ich glaube, dass uns die Ziele, die wir uns vorstellen können, letztlich beschränken. Wir können weit mehr fertigbringen, als wir uns ausmalen können. Unsere Möglichkeiten gehen über unser Vorstellungsvermögen hinaus, weil wir uns in unserer Gesamtheit nicht kennen. Unsere Anschauungen sind begrenzt auf das, was wir erkennen können. Und das ist unser materieller Körper.

Der entscheidende Punkt ist also zu begreifen, wer du bist – dein körperliches Selbst ist nicht *alles*, was du bist. Schau an deinem Körper hinunter und sieh ihn als das, was er ist. Ich möchte, dass du verstehst, ja wirklich begreifst, dass dieser Körper nur die Spitze des Eisbergs ist. Die viel zitierten 20 Prozent. Die übrigen 80 Prozent von dir liegen auf der anderen Seite. Du kannst sie mit deinen leiblichen Augen nicht sehen, aber das ändert nichts daran, dass sie existieren. Unsere Energie reicht tatsächlich so weit hinaus, dass sie sich mit der Energie aller anderen Wesen um uns herum verbindet. Doch wir gehen mit der Welt und mit anderen Wesen um, als wäre die Spitze des Eisbergs tatsächlich alles, was existiert – als wären wir nur ein Körper in dieser Zeit und diesem Raum und nichts weiter.

Wenn ich vom Dasein in einer Welt der sechs Sinne rede, davon, dass du dir deines sechsten Sinnes gewahr wirst, dann meine ich damit jene 80 Prozent, die du eben nicht mit deinen Augen wahrnehmen kannst. Diese anderen 80 Prozent deines Selbst können weit mehr, als du dir je erträumen kannst. So jedenfalls habe ich es empfunden, als ich meinen Körper zurückgelassen hatte. Ich sah alles und fühlte alles. Und da war ein gewaltiger Teil meiner selbst, der eben *nicht* körperlich war. Deutlich größer als mein körperliches Selbst. Ich war eben nicht nur die sichtbare Spitze des Eisbergs, sondern der ganze Eisberg. Ich war gewaltig und riesig und wunderbar – über jede Vorstellung hinaus!

Wenn wir merken, dass unser körperliches Selbst nur ein winziger Teil dessen ist, was wir wirklich sind, dann wird uns klar, dass auch jeder Mensch, dem wir je begegnet sind, nur eine Facette dessen ist, was *er* wahrhaft ist. Und wir ahnen, wie unbedeutend alle unsere Streitigkeiten, Sorgen und Auseinandersetzungen sind. Uns dämmert auch, dass wir Mücken zu Elefanten machen, wenn wir nicht erkennen, dass das sichtbare Selbst nur ein winziger Teil dieser so viel größeren Realität ist, die weit über das hinausreicht, was wir mit unseren fünf Sinnen erfahren können.

Vor Kurzem wurde ich in einem Brief gefragt: »Was ist, wenn ich einen einzigen, riesigen Wunsch im Leben habe? Woher kommt dieser Wunsch, und wie sollte ich damit umgehen? Ist es richtig, mich mit Gedanken und Gefühlen darauf zu konzentrieren, also das Gesetz der Anziehung anzuwenden? Oder begrenze ich mich selbst, wenn ich das tue?« Meine Antwort war: Wenn du deine Vision oder einen Wunsch für deine Zukunft aus deiner jetzigen Lage heraus formulierst, dann beschränkst du dich auf das, was du heute sehen kannst und was du heute weißt.

Ein Beispiel aus meinem Leben: Als ich meine Krankheit durchlebte, war es mein größter Wunsch, dass es mir wieder gut ginge. Davon ausgehend gestaltete ich sogenannte Vision Boards. Das war 2005, also lange bevor die digitale Version verfügbar war. Ich kaufte mir eine Korktafel, schnitt aus Zeitschriften Bilder gesunder Menschen aus und machte eine Collage. Die Arbeit an meinem Vision Board war auch eine Zeit lang schön. Aber als ich merkte, dass sich die Bilder strahlender Gesundheit nicht in meinem Körper manifestierten, ja dass sich mein Zustand nicht einmal verbesserte, bekam ich es noch mehr mit der Angst zu tun. Der Knackpunkt bei solchen Vision Boards ist: Wenn du nicht Zeuge wirst, wie sich dein Wunsch in der von dir erdachten Form verwirklicht, dann fängst du an, an dir selbst zu zweifeln und noch mehr Angst zu empfinden. Und wenn die Angst überhandnimmt, verlierst du den Zugang zu dem Ort der Liebe und der Inspiration, der dir zu Anfang offenstand.

Wenn du eine schwierige Zeit durchmachst, heißt das, dass die Gegenwart nicht so aussieht, wie du dir das erhofft hattest.

Doch aus dieser Stimmung heraus willst du ja nichts Neues schaffen. Bist du im Moment wütend, verängstigt oder frustriert, dann schaltest du in den Überlebensmodus. Dadurch aber verschließt du dich der Inspiration. Deine kreativen Eingebungen können nicht mehr fließen, wenn du ums Überleben kämpfst. Fehlt es dir aber an Inspiration, wie sollst du da eine gute Lösung finden? Versuche es stattdessen mal damit: Frage dich, wie sich deine momentane Lage verbessern ließe, selbst wenn es nur ein kleines bisschen wäre. Wie deine Lebensumstände im Augenblick auch aussehen mögen, überlege dir, wie du sie ein wenig angenehmer gestalten kannst. Vielleicht kannst du jetzt mehr Zeit mit einem geliebten Menschen verbringen. Oder du hast jetzt mehr Raum für dich selbst. Möglicherweise hast du mehr Zeit, um Musik zu hören, dich mit deinem höheren Selbst zu verbinden und dich zu fragen, was diese Situation dir sagen oder zeigen soll. Oder du fragst dich: *Wer wäre ich, wenn mir niemand zusehen würde?* So jedenfalls mache ich das.

Eine Frau schrieb mir: Sie hatte immer genau das getan, was die Verfechter des Gesetzes der Anziehung vorschlügen, ob dies nun Vision Boards oder andere Techniken seien. Trotzdem habe sie nie bekommen, was sie sich gewünscht habe. Nachdem sie eines meiner Videos angeguckt hatte, meinte sie, sei ihr aufgegangen, dass hinter all dem, was sie tat, das Gefühl von Mangel und Angst um ihre Existenz standen. Das war also die Brille, die sie aufsetzte, wenn sie ihre Vorstellungen von einer anderen Zukunft pflegte. Also beschloss sie, dies von nun an anders zu handhaben. Sie wollte sich künftig darauf konzentrieren, dass es ihr im Moment besser ging. Dabei blieb sie, von Augenblick zu Augenblick. Bald stellte sie fest, dass sie nun eine bessere Ausgangsposition hatte, um sich eine reichere Zukunft auszumalen. Bald brauchte sie auch keine Vision Boards mehr, weil sie diese ohnehin nur gestaltet hatte, als ihr Denken und Fühlen noch ganz von Angst bestimmt waren.

Wenn ich heute auf mein Leben zurückblicke, sehe ich, dass die Wirklichkeit, die ich an mein Vision Board gepinnt hatte, sehr begrenzt war im Vergleich zu dem, was mein Dharma (meine wahre göttliche Vorsehung) für mich in petto hatte. Diese Zukunft war so viel umfassender als das, was ich mir ausgemalt hatte – vor allem, weil meine Imaginationen von der Angst ums Überleben bestimmt waren.

Wir sehen nicht, was wir nicht sehen können – wie bei dem Teil des Eisbergs, der unter Wasser ist. Wenn wir uns Ziele setzen oder Vision Boards gestalten, sind wir frustriert, weil wir uns auf das beschränken, was unsere begrenzte Sicht zulässt. Einfach weil wir uns nicht in unserer Totalität wahrnehmen können.

Doch es kann für dich ja eine Zukunft geben, die so viel größer ist als alles, was du dir vorstellen kannst, einfach weil deine Vorstellung auf das begrenzt ist, was du kennst. Daher ist deine einzige Aufgabe, dein Selbst, so wie es jetzt ist, zu lieben und in diesem Augenblick Freude zu finden. Mangelt es dir an Freude, dann mach etwas, was deine Lebensgeister weckt, damit du dein höheres Selbst feiern kannst. Reagiere ich auf eine allem Anschein nach schwierige Situation mit Stress, dann wechsle ich das Umfeld und konzentriere mich auf etwas ganz anderes: zum Beispiel indem ich einen Strandspaziergang mache, etwas koche, unter die Dusche gehe oder sonst etwas anfange, was ich wirklich gern tue. Dabei stellt sich dann für gewöhnlich eine außerordentliche Klarheit ein, und das Leben fühlt sich sofort besser an. Dementsprechend bin ich besser in der Lage, mit der Situation umzugehen. Solange du aus dem gegenwärtigen Moment heraus das Beste machst, schaffst du auch die besten Bedingungen, damit sich die Zukunft auf die für dich beste Weise entfalten kann.

Die Bilder, die ich an mein Vision Board heftete, kommen dem Leben, das ich heute tatsächlich führe, nicht einmal ansatzweise nahe. Ich hatte keine Vorstellung davon, dass es ein solches Leben überhaupt gab! Also beschränke dich nicht selbst! Setz dir keine Grenzen durch fixe Zielvorstellungen, mit Details, die dein Leben dir bringen soll, mit den exakten Ergebnissen eines Projekts, an dem du arbeitest. Lass das alles einfach offen. Deine einzige Aufgabe ist es, dir in diesem Moment vollkommenen Selbstausdruck zu erlauben. In diesem Augenblick furchtlos du selbst zu sein. Im Hier und Jetzt deine Freude zu finden und dein höheres Selbst.

Beschäftigen wir uns nun damit, wie du das genau anfängst.

Dein Selbst zu lieben heißt, das Ganze zu lieben

Wenn ich jemandem sage, er solle sich selbst lieben, muss ich für gewöhnlich die Sache mit den 80 Prozent erklären, denn die meisten Leute verstehen darunter die Liebe zur Spitze des Eisbergs, zu dem, was sie von sich sehen können. »He, ich lasse mich regelmäßig massieren«, halten sie mir entgegen, wenn sie nur einen Teil dessen mitbekommen haben, was ich ihnen vermitteln möchte. »Ich lasse mir die Haare schneiden und färben oder Strähnchen machen. Ich gehe zur Kosmetikerin. Ich treibe Sport. Ich kümmere mich wirklich intensiv um mich selbst. Wie kann es dann sein, dass mein Leben so ein Kampf ist? Und ich trotzdem nicht das Gefühl habe, mich selbst zu lieben?« Dann erkläre ich ihnen, was sich da abspielt: »Du glaubst nicht, dass du dich selbst liebst, weil du 80 Prozent deiner selbst vernachlässigst. Du liebst lediglich die anderen 20 Prozent.«

Um dich selbst ganz lieben zu können, ist der erste Schritt, ein Bewusstsein dafür zu entwickeln, dass da noch weitere 80 Prozent sind. Und dass du ein Geschöpf mit sechs Sinnen bist. Dann stellst du dich auf diese 80 Prozent ein, die deinen Lebenssinn kennen. Und das ist der Teil, den du lieben, akzeptieren und kennen, dem du vertrauen solltest. Und wenn du das tust, dann verbinden sich die materielle und die nicht-materielle Seite deines Selbst.

Im Augenblick denkst du vielleicht, dass die materielle und die nicht-materielle Welt zwei Paar Schuhe sind. Vielleicht kommst du dir ja vor wie ein Eisberg, der im Ozean herumdriftet, weil du nicht sehen kannst, was sich unter der Wasseroberfläche abspielt. Aus diesem Grund fühlst du dich verloren, einsam und isoliert. Weil du eben nur das Stück siehst, das übers Wasser ragt. Könntest du das Ganze sehen, die wunderbare Welt unterhalb der Oberfläche, die mit allem anderen verbunden ist – mit dem Rest der Welt, den anderen Eisbergen, dem Wasser, der Erde und überhaupt allen Elementen –, wenn dir aufginge, dass du so viel größer bist, als du dachtest, dann könntest du zu dem Teil unterhalb der Wasseroberfläche auch Verbindung aufnehmen. Dazu gibt es verschiedene Wege: Du kannst an einem Retreat teilnehmen, spirituelle Podcasts hören, ein Instrument spielen lernen, köstliche Mahlzeiten zubereiten, ein Bild malen – was auch immer dich mit diesem größeren Teil deiner selbst in Kontakt bringt.

Ich rede immer mit dem Rest meines Eisbergs, wo auch immer ich gerade bin. Ich nehme nachts Kontakt auf, bevor ich einschlafe. Schenke jenem Teil deiner selbst, der deine Seele ist, Liebe, Akzeptanz und Vertrauen in dem Wissen um seine Existenz. Rede mit ihm. Mach dir bewusst: *Ja, da ist noch so viel mehr von mir. Dieser Teil versucht in einem fort, mich anzuleiten. Ja, er kennt meine Berufung und weiß, warum ich hier bin. Er weiß, was meine Zukunft für mich bereithält. Er versucht, mich zu meinem künftigen Selbst zu rufen.* Denn sobald du mit ihm redest, redet er mit dir, und du fühlst dich nicht länger verloren. Das ist wirklich wahr. Jedenfalls geht es mir so. Das ist es, was mir die Nahtoderfahrung geschenkt hat: Sie machte mich auf die Gesamtheit des Eisbergs aufmerksam. Und genau das möchte ich dir jetzt auch empfehlen. Öffne den Zugang. So einfach ist das.

Hast du Kinder und willst ihnen begreiflich machen, wie großartig sie in Wahrheit sind, dann erkläre ihnen, dass ihr physischer Körper nur die Spitze des Eisbergs ist. Dass sie viel mehr sind als das, was sie mit ihren zwei Augen sehen können. So *unendlich* viel mehr. Zeig ihnen, wie sie sich auf ihr ganzes Selbst einstimmen können, auch auf jene 80 Prozent, die unsichtbar sind. Lehre sie, ihren Gefühlen, ihrer Intuition zu vertrauen. Ermutige sie, mit diesen 80 Prozent Kontakt aufzunehmen, indem sie Fragen stellen und auf die Antworten horchen. Frage sie, wie sie sich in jeweils unterschiedlichen Situationen *fühlen*, sodass sie vom Kopf- in den Herzraum kommen.

Denn tatsächlich ist unser Herz mit diesen 80 Prozent enger verbunden. Wenn deine Kinder einen Film ansehen oder ein Spiel machen, hilf ihnen, dass sie damit nicht nur ihren Geist anregen. Frage sie, was sie dabei empfinden. Spüren sie Anspannung, wenn sie bestimmte Filme sehen oder Spiele machen? Angst? Freude? Frage nach, wie sie sich beim Unterricht in der Schule fühlen, zum Beispiel bei bestimmten Themen. Es geht nicht so sehr darum, welche Noten sie bekommen, sondern welche Gefühle sie dabei entwickeln. Hake nach, wie es ihnen geht, wenn sie im Schulhof Pause machen, zu Geburtstagsfeiern eingeladen sind oder an anderen sozialen Ereignissen teilhaben. Hat diese Vorstellung für sie etwas Beängstigendes? Macht es sie nervös? Oder freuen sie sich darauf? Wenn du verstehst, was dein Kind empfindet, bist du auf einem guten Weg, mit seinen 80 Prozent Kontakt aufzunehmen. Und du zeigst ihm damit auch, wie es das allein machen kann.

Wird dein Kind in der Schule gemobbt, dann ist es nur die Spitze des Eisbergs, die schikaniert wird. Zeige ihm, wie es mit der Gesamtheit seines Seins in Verbindung tritt. Erkläre ihm, dass auch die Kinder, von denen es gemobbt wird, nur mit der Spitze *ihres* Eisbergs handeln. Das ist eine Schwäche. Selbst der Mensch, der andere mobbt, ist so viel mehr als das, nur dass er es nicht weiß. Er erkennt seine eigene Größe nicht. Deshalb hat er es nötig, andere herabzusetzen, um sich selbst größer zu fühlen. Genau das tun Bullys.

Wenn du auch zum »Rumpf« des Eisbergs Verbindung aufnimmst, erfährst du diese unglaubliche Größe und Ganzheit. Ich weiß, ich habe gesagt, der alles entscheidende Punkt sei, dich selbst zu lieben und zu akzeptieren. Jetzt aber möchte ich den Rahmen ein wenig weiten, um das große Ganze in den Blick zu nehmen. Bis du erkennst: *Oh mein Gott, jetzt begreife ich es. Ich muss mich gar nicht darauf konzentrieren, mich selbst zu lieben. Einfach weil es kein Selbst gibt. Es gibt kein materielles Selbst. Ich konzentriere mich lieber darauf, das Ganze zu lieben.* Das ist ein ganz natürlicher Fortschritt. Du begreifst, dass du Teil dieses ewigen Selbst bist, des größeren Ganzen, des gesamten Eisbergs, der mit dem gesamten Universum verbunden ist und wo du alle Antworten auf alle Fragen findest. Ich verbinde mich damit, wenn ich in stiller Meditation sitze, wenn ich hinaus in die Natur gehe, aber auch, wenn ich dusche. Ich vernetze mich mit dem größeren Selbst, und von ihm bekomme ich meine Antworten.

Wenn du beginnst, auf diesen höheren Teil deines Selbst zu horchen, wird sich dein Leben auf die Weise entwickeln, die dir zugedacht ist. Dann hörst du auf das, was du bist, und tust, wozu du in dieser Welt bist. Dabei geht es nicht darum zu tun, was andere von dir wollen, nur damit du ins vorherrschende Paradigma passt. Ich musste einfach lernen, das praktisch umzusetzen.

Heute würde ich mit niemandem auf der ganzen Welt tauschen wollen – seit ich 2011 Wayne Dyer kennengelernt und all das erfahren habe, was sich seitdem so zugetragen hat. Ich reise durch die ganze Welt und lerne unglaublich viele Menschen kennen. Ich habe die Chance, meine Geschichte mit Menschen zu teilen, die mich wärmstens willkommen heißen. Und ich kann ihnen helfen, ihre Krankheit anders zu sehen, ihre Ängste zu lindern. Am wichtigsten aber ist mir, dass ich so wunderbare Menschen wie dich kennenlerne und viele andere Lehrende und Vortragende, die sich für ähnliche Dinge einsetzen wie ich. Ich habe mir meine Sippe aufgebaut. Nichts davon wäre passiert, wenn ich nicht an das geglaubt hätte, woran ich glaube, wenn ich nicht auf meine Art meinem Herzen gefolgt wäre. Es wäre einfach nicht passiert.

Also geh in dich: Was erwartet dich, wenn du deinem Herzen folgst und dir erlaubst, alles zu sein, was du furchtlos sein kannst?

Meditation, um kompromisslos ganz du selbst zu sein

Wenn du ab jetzt dein Leben furchtlos führst, dann ist es sinnvoll, die folgende Meditation täglich zu machen. Sie öffnet den Raum der Selbstliebe und des Friedens, in den hinein du wachsen kannst. Den besten Ort, von dem aus du in die Welt hinausgehen und für das eintreten kannst, was du tief im Innern glaubst. An dem du zum Universum sagen kannst: »Her damit! Zeig mir, was als Nächstes kommt!«

Während ich durch den Tag gehe,
erlaube ich mir zu sein, wer ich bin, ohne mich zu verurteilen.
Ich erlaube meinen Gedanken, ohne jede Missbilligung frei zu fließen.
Ich nehme in jedem Augenblick das an, was ich bin.
Wenn ich Angst empfinde, halte ich mich liebevoll im Arm, ohne meine Gedanken zu unterdrücken.
So lange, bis die Angst sich auflöst.
Ich gebe mir den Raum, um ganz ich selbst zu sein.

Sprich deine Wahrheit.

Stoße die Tür zu einem neuen Dasein auf.

Setz die Bewegung in Gang, die unser Planet braucht, um Heilung zu finden und zu überleben.

Danksagung

Für mich ist sie einer der wichtigsten Teile dieses Buches. Hier kann ich meine Dankbarkeit gegenüber all jenen Menschen ausdrücken, die auf die ein oder andere Weise ein wesentlicher Teil meiner Reise waren und die – direkt oder indirekt – dieses Buch mit mir aus der Taufe gehoben haben.

Zuallererst möchte ich hier Stephanie Tade nennen, meine unglaubliche Agentin. Niemand kann sich eine bessere Literaturagentin vorstellen. Sie hat mich gerettet, als es Ärger mit einem Visum gab. Sie hat für mich einen tollen Vertrag mit dem Verlag Simon & Schuster ausgehandelt und mir so eine Herausgeberin mit magischen Fähigkeiten beschert! Danke, Stephanie. Du bist wirklich die Beste!

Und weil wir gerade beim Thema »Verlagsleute« sind: Dieses Buch wäre nie entstanden, gäbe es da nicht die begabte Lektorin Kelly Malone, die mich beim Schreiben unterstützte! Sie ist selbst Empathin und konnte daher erspüren, was ich mir für dieses Buch vorstellte. Sie konnte quasi meine Gedanken lesen und brachte meine Kreativität immer von Neuem ins Fließen! Kelly, ich kann dir gar nicht genug danken. Ich bin so unglaublich dankbar, dass die Sterne dich in mein Leben gebracht haben und du mir bei diesem so wichtigen Buch helfen konntest. Dass ich dich in meiner Ecke wusste, hat es mir leicht gemacht, die Worte aufs Papier zu bannen!

Auch der wunderschönen Zhena Muzyka gebührt mein Dank, weil sie mein Buch bei Simon & Schuster unter ihre Fittiche genommen hat. Zhena, du bist ein unglaublich großzügiges Geschöpf, das viele Menschen zusammenbringt. Ein wahres Einhorn, wenn mir je eines begegnet ist! Danke, dass du in mein Leben getreten und meine Freundin geworden bist.

Mein tiefer Dank geht auch an Debra Olivier, weil sie mir geholfen hat, beim Schreiben überhaupt erst in die Gänge zu kommen! Ich habe so viel von dir gelernt, als es darum ging, die Grundlagen für dieses Buch zu legen. Nur so konnte es zu dem werden, was es heute ist.

Ein tief empfundenes Dankeschön an Daniella Wexler und Loan Le, meine beiden wunderbaren Lektorinnen bei Simon & Schuster: für eure Hingabe, Geduld und die harte Arbeit, die ihr investiert habt, um dieses Buch zu ermöglichen. Ihr habt erkannt, wie wichtig mir diese Arbeit ist. Danke, dass ihr mich bis zur Ziellinie begleitet habt!

Natürlich danke ich auch meinem wundervollen Team, das mich hinter den Kulissen unterstützt und das Getriebe am Laufen hält. Vor allem Roz und Milena. Sie tun alles, damit nirgendwo etwas schiefläuft.

Und last but not least danke ich meinem geliebten Mann Danny, der ein absoluter Schatz ist. Es war mir immer eine Freude, diese Welt, diese raumzeitliche Wirklichkeit, dieses Dasein mit dir zu teilen. Es ist ein wunderbarer Segen, dich in meinem Leben zu haben, und ich liebe dich bis in alle Ewigkeit und zurück. Du bist der wahre Grund hinter allem, was ich tue, der Wind unter meinen Flügeln.

Darüber hinaus möchte ich jedem einzelnen Empathen, jeder einzelnen Empathin auf diesem Planeten danken, insbesondere all jenen, die mir im Laufe der Jahre geschrieben haben, um mir zu sagen, dass sie sich in meinen Erfahrungen wiedererkennen. Ein ganz herzliches Dankeschön an euch, denn ihr seid der Grund, dass es dieses Buch gibt. Aber mein

Dank geht auch an jeden einzelnen von *euch* Menschen, die nun dieses Buch in den Händen halten. Ich danke euch allen für eure Hilfe und Unterstützung, für eure E-Mails und Briefe, für eure Liebe. Ohne euch könnte ich nicht tun, was ich heute mache.

Literaturauswahl

Elaine Aron, *Sind Sie hochsensibel?*, mvg, München 2019

Joe Dispenza, *Du bist das Placebo*, KOHA, Dorfen 2020

Edith Eva Eger, *Ich bin hier und alles ist jetzt*, btb, München 2018

Masaru Emoto, *Die Botschaft des Wassers*, KOHA, Dorfen 2010

Ders., *Liebe und Dankbarkeit*, Kamphausen, Bielefeld 2017

Kelly Noonan Gores, *Heal*, Trinity, München 2019

Matt Kahn, *Seelenlicht*, EchnAton, Ramerberg 2020

Bruce Lipton, *Intelligente Zellen*, KOHA, Dorfen 2019

Anita Moorjani, *Finde deinen Himmel auf Erden*, Arkana, München 2016

Dies., *Heilung im Licht*, Goldmann, München 2015

Gabor Maté, *Wenn der Körper Nein sagt*, Narayana, Kandern 2020

Judith Orloff, *Wenn dir alles unter die Haut geht*, Scorpio, München 2018

Quellen

1 Christiane Northrup, »8 Ways to Turn Your Empathy into a Super Power«, siehe unter: https://www.drnorthrup.com/8-ways-to-turn-your-empathy-into-a-super-power/ [Stand: 16.06.2021].

2 Vgl. Elaine Aron, *Sind Sie hochsensibel?*, München 2019, S. 30.

3 Judith Orloff, *Wenn dir alles unter die Haut geht*, München 2018, S. 13 f.

4 Ebd. S. 17 f.

5 Vgl. Matt Kahn, *Seelenlicht*, Ramerberg 2020.

6 Vgl. Anita Moorjani, *Finde deinen Himmel auf Erden*, München 2016, S. 186 f.

7 Gabor Maté, *Wenn der Körper Nein sagt*, Kandern 2020, S. 134.

8 Vgl. Harriet Brown, »The Boom and Bust Ego: The Less Your Think about Your Own Self-Esteem, the Healthier You'll Be«, *Psychology Today*, 1. Januar 2012, siehe unter: https://www.psychologytoday.com/us/articles/201201/the-boom-and-bust-ego [Stand: 16.06.2021].

9 Vgl. Brian Johnson, »Three Perspectives on Addiction«, *Journal of the American Psychiatric Organisation* 47 (1999), siehe unter: https://journals.sagepub.com/doi/pdf/10.1177/00030651990470031301 [Stand: 16.06.2021].

10 Edith Eva Eger, *Ich bin hier und alles ist jetzt*, München 2018, S. 207.

11 Vgl. Judith Orloff, *Wenn dir alles unter die Haut geht*, München 2018, S. 201.

12 Bruce Lipton, »Mind, Growth, and Matter«, *Interview*, 7. Juni 2012, siehe unter: https://www.brucelipton.com/resource/interview/mind-growth-and-matter [Stand: 16.06.2021].

13 Esther Hicks, *Wunscherfüllung – die zweiundzwanzig Methoden*, Berlin 2011.; dies., *The Law of Attraction*, Isen 2011.

14 Esther Hicks und Abraham, Zitat aus einem Workshop, 2. Oktober 2004, Boston.

15 Joe Dispenza, »Vorwort«, Kelly Noonan Gores, *Heal*, München 2019, S. 10.

16 Vgl. Bruce Lipton, *Intelligente Zellen*, Dorfen 2019, S. 151.

17 Joe Dispenza, *Du bist das Placebo*, Dorfen 2020, S. 110 f.

18 Vgl. »Better Quality of Work Life Is Worth a $7.600 Pay Cut to Millenials«, siehe unter: https://www.businesswire.com/news/home/20160407005736/en/Better-Quality-of-Work-Life-is-Worth-a-7600-Pay-Cut-for-Millennials [Stand: 16.06.2021].

19 Vgl. Tiziana Barghini, »Inequality«, *Global Finance*, 1. Januar 2019, siehe unter: https://www.gfmag.com/magazine/january-2019/inequality [Stand: 16.06.2021].

20 Vgl. Wayne Dyer, *Mit Absicht!*, München 2005.

21 Vgl. Benjamin P. Chapman et al., »Emotion Suppression and Mortality Risk Over a 12-Year-Follow-up«, *Journal of Psychosomatic Research* 75 (2013), S. 381–385; siehe unter: https://www.ncbi.nlm.nih.gov/pmc/articles/PMC3939772 [Stand: 16.06.2021].

22 Vgl. Emma Newburger, »Closing the Gap: A New Study Shows that Women Earn Half of What Men Earn«, *CNBC Make it*, 28. November 2018, siehe unter: https://www.cnbc.com/2018/11/28/study-for-every-dollar-a-man-earns-a-woman-earns-49-cents.html [Stand: 16.06.2021].

23 Vgl. »Global Gender Gap Report 2018«, World Economic Forum, siehe unter: https://reports.weforum.org/global-gender-gap-report-2018/key-findings/ [Stand: 16.06.2021].

24 Vgl. Masaru Emoto, *Die Botschaft des Wassers*, Dorfen 2010; ders., *Liebe und Dankbarkeit*, Bielefeld 2017.

25 Vgl. Weizmann Institute of Science, »Quantum Theory Demonstrated: Observeration Affects Reality«, *ScienceDaily*, 27. Februar 1998, siehe unter: https://www.sciencedaily.com/releases/1998/02/980227055013.htm [Stand: 16.06.2021].

Register